本书获得上海电力学院"中国特色社会主义研究中心"资助

进退维谷

道势间的儒者

［戚卫红 著］

黑龙江人民出版社

图书在版编目(CIP)数据

进退维谷:道势间的儒者/戚卫红著.—哈尔滨:黑龙江人民出版社,2014.12(2021.3 重印)
ISBN 978 - 7 - 207 - 10241 - 6

Ⅰ.①进… Ⅱ.①戚… Ⅲ.①儒家—人格—研究 Ⅳ.①B222.05

中国版本图书馆 CIP 数据核字(2014)第 303818 号

责任编辑: 李　珊
封面设计: 朱建明

进退维谷:道势间的儒者
Jingtui Weigu Daoshijian de Ruzhe

戚卫红　著

出版发行	黑龙江人民出版社
通讯地址	哈尔滨市南岗区宣庆小区 1 号楼
邮　　编	150008
网　　址	www. longpress. com
电子邮箱	hljrmcbs@ yeah. net
印　　刷	三河市华东印刷有限公司
开　　本	787 毫米×1092 毫米　1/16
印　　张	13.5
字　　数	200 千字
版　　次	2014 年 12 月第 1 版　2021 年 3 月第 2 次印刷
书　　号	ISBN 978 - 7 - 207 - 10241 - 6
定　　价	32.00 元

网络出版支持单位:东北网络台(www.dbw.cn)
本社常年法律顾问:北京市大成律师事务所哈尔滨分所律师赵学利、赵景波
(如发现本书有印制质量问题,印刷厂负责调换)

序

　　儒者的道德人格和示范问题是传统文化和道德研究中的显题和难题。说它是显题，是因为诸如"圣人"、"君子"、"成人"、"大人"、"大丈夫"等理想人格在儒家典籍中随处可见，时贤学者关于儒者理想人格的研究成果也层出不穷。说它是难题，则因为规范理想人格易，具体践行道德规范难；描述理想道德境界易，勘定儒者在具体情境中的道德境界难；考证儒者道德操守程度易，综合分析儒者道德操守的社会效应难。

　　有鉴于此，戚卫红老师独具匠心地选择在道势张力间考察儒者道德人格范型，经过长时间的研究与修改，写成《进退维谷——道势间的儒者》一书。这本书是在其博士论文的基础上修改而成，可以说分析儒者在道势张力中的行为抉择，并综合考证其道德人格范型，是一个很少为人重视的视角，具有十分重要的学术价值，同时又具有较高的学术难度。选择这一问题展开深入系统的研究，体现了作者难得的学术眼光和理论勇气，也由此使本书颇多新见与特色。我为她致力于学取得成果感到高兴，同时作为老师亦颇觉欣慰。

　　道势关系绵延于中国的传统文化，但道势间相聚相抗的纠葛与儒者的道德人格范型有什么关系呢？本书在系统梳理二者的历史发展与关系的基础上，以"尚志"和修身为中介，把儒者在道势间的抉择归结为儒者的道德人格境界。作为儒家之道的承载者，"弘道"、"行道"的责任决定了儒者离不开其所处的社会现实，却又不能安于现实，必须以道对社会现实进行改造，而社会现实掌握在政治权威之手，其甚至对儒者握有生杀大权，此时儒者所凭依的道却没有任何外在的、物质性的保障，儒者唯一可以与势相抗衡的只有其以道自任的操守。因此，修身即是儒者"内圣外王"之道的要求，又是儒者以道自持的凭依。所以儒者的修身是有方向的，即儒者的理想人格。如儒者盛赞的尧、舜等圣人，就完美地由"圣"而"王"，但并不是所有的儒者都能达到理想的道德人格境界，在道势间，历代儒者的修身也只是奋斗在前往理想人格的征途中，所以，儒者在道势间的抉择就具有了道德意义，儒者的道德品质呈现为高尚卑下之分，道德人格也就有了高低上下之别。

　　作者以儒者在道势间的抉择为依据，分析整理出道尊于势、道势兼顾、道势疏离、枉道从势四种道德人格范型。可喜的是作者并没有僵化地处理儒者在道势之间的抉择，而是从儒家之道的理论发展、儒者所处的社会现实以及不同儒者的个性选择等多个角度进行了透彻地分析，自然而然地引出儒者在道势间的抉择。如"道尊于势"的道德人格，就因各种原因具体呈现为"从道不从君"的原儒、"忠君殉道"的儒者和"离经叛道"的异端三种不同的道德行为表现。作者又对儒者不同的抉择分别进行比较和评价，有原儒的凛然气概、忠君殉道者求仁得仁后的困惑以及异端离经叛道背后对真正儒家之道的执着等等。表达丝丝入扣，层层递进，布局周密巧妙，文辞空灵别透。更可贵的是，作者在上述坚实的研究学理上，进一步深入分析了当代中国知识分子道德人格的特征及儒者道德抉择的现代意义，以求激励当代的知识分子，促使他们成为一支能够有效地表达民众愿望、监督政治权力、进行社会批判、实现人文关怀的社会力量。

值得一提的是，本书的研究方法十分独到，既从学理上阐述儒家之道的逻辑运演，又结合不同历史时代社会形势，具体分析儒者的道势抉择，把逻辑的推理与事态的历史发展相结合。同时，在描述中既有同一范型的归纳，又有不同表现的比较，同中有异，异中有同。全书主题高度凝练，布局谋篇严谨合度，论述辨析缜密，史料丰富相关。

应当说，研究"道势间的儒者"这一主题是有较高的学术难度的。本书比较全面地分析了道势间不同的儒者的道德人格范型，也详细地阐释了道德抉择何以能够作为划分道德人格范型的依据，虽然该书提出道德人格形成的决定性因素在于道德修养，但我以为该方面的论述还稍显薄弱，若是能够在该方面稍添笔墨，也许衔接更为自然、合理。期待作者能够在今后的研究中进一步增强研究的历史厚度和学术深度，取得更好的研究硕果。

杨 明

2014 年 11 月 2 日

目　录

第一章 导 论

一、问题的提出和意义

"道势关系"是中国古代等级社会一直存在的客观事实,从某种程度上甚至可以说,几千年的中国历史就是一部道势相抗与相聚的历史。"道"原本指人所走的道路、坦途,由此引申为方法和根据,春秋时期具体指规约统治阶级统治政策的价值系统。而在同时期的诸子学语境中,"道"一方面被用来指称世界万物的本原,万物存在的根据等哲学范畴;一方面被用来指称涉及人生层面的法则、治国理念、总体价值观等整个价值系统;哲学范畴往往成为其价值系统的基础而被统摄,"道"成为"学术"、"文化"、"价值观"和"价值理念"等的综合阐述。虽然诸子百家由于各自对世界的认识不同,对"道"的理解也有很大的差异,但"道"都体现着诸子百家的学术操持和精神信仰,体现着他们对社会生活的终极关怀。诸子百家思谋以其"道"治理社会秩序,"此务为治者也",其所秉持之"道"与外在社会秩序不可避免地发生关系。外在社会秩序的实际把握者是最高的权力系统"势"。"势"在古代中国有三种含义,一作"形势",一为"趋势",此外还指统治者所掌握的政治权势和政治地位,君主和帝王是整个权力系统的最高代表,所以"势"犹指"王权"。诸子百家思谋以其"道"治国,则必然要应对外在社会秩序的把持者,所以对与"道"相对应的"势",我们取其第三种含义,指统治者所掌握的政治权势与政治地位。"道势"关系成为各学派比较注重的问题,儒家学派也不例外,孟子就明确提出了"道"尊于"势"的观点,荀子也提出"以道处势",直至明朝末年,吕坤还执着于"理又尊之尊","道势"关系成为历代儒者弘道过程中不可忽视的问题。春秋战国之际,"道"之天然承载者是身份独立,具有精神品格的"士","势"的最高代表是各国君主。及至封建大一统的专制社会,儒家之道成为官方意识形态,实现了文化方面的大一统,则"道势"关系就集中体现为儒者与封建皇帝为代表的权力系统之间的关系。儒学是一个社会历史范畴,历史的传承过程中,儒学分为许多流派,相互争论。但其中亦有一以贯之的价值因素,为不同时期的不同儒家流派所认可。儒家之道以"仁"为核心,以"礼"为规范,儒者致力于通过自身的道德修养,实现德性主体的自我完善,进而改善人性,重整社会秩序;其既是"修己成圣"的"为己之学",又是希望"泽加于民"的治国理想;既包含"内圣"的人生理想,又蕴含着"外王"的社会目标。儒家之道是理想的,却又必须以现实为依托;儒家之道是超越的,却又必须着眼于世俗生活。离开了现实的实践,离开了对世俗的改造,儒家之道就是一种虚无。正是儒家之道的这种特性,决定了儒者努力修身,传播道德价值,积极参与政治和社会生活秩序的建构。一般情况下,官方意识形态化的儒家之道和儒家化了的政治权势之间通常处于统一的状态,"道""势"的融合被人们视为盛世的象征。但儒家之道是儒者心中更为理想的社会秩序,它旨在对现有秩序的批判、调整和引导,而高高在上的政治权势也并不总是安于儒家的道德价值笼罩,因此,在儒家之道的现实实践中,追求理想的道与至高无上的王权系统往往呈现为不可调和的矛盾关系,这种矛盾关系必然造成儒家之道的承载者——"儒者"内心的紧张冲突。

作为"道"的承载者,儒者以其道为尊,认为儒家之道是社会至尊的价值标准,是社会至高的评判尺度,因此,他们身处现世却不能安于现实,致力于以儒家之道对现实社会进行改造。作为大一统的王权而言,儒者只是他们延聘入权力系统的臣子,"道"只是他们以力服人政权的合法性证明与精神支持,其世俗的权威不容挑战,其政权的拥有不容置喙。道是精神性的,没有任何外在的、物质性的保证,只有儒者的人格可以凭依,可孤独、渺小的儒者在有组织的权威之势面前是如此软弱无力,他们唯一可以与势相抗衡的只有以道自任的操守,因此,儒者十分注重道德人格的修养,努力于出处辞让之际自贵、自显以彰显其道。儒者奔波于理想与现实、超越与世俗之间,是稍贬其道为政治权势所容,还是以道自任、死守善道为政治权势所不容,从道还是从势成为中国儒者必须面临的"两难选择"。千百年来,这一理论上统一而实践中矛盾着的选择折磨着无数儒者的灵魂,也形成了中国儒者千姿百态的人生。儒者对此做出的毅然而又审慎的选择是其道德人格境界的体现,亦是其对儒家理想人格的追逐。

随着人民民主专政社会主义制度的建立,中国绝对一元化的封建王权"大势已去",但由于封建思想的残余存在,在一些局部地区和部门仍然存在着封建政治权势的残余作风,导致了局部的矛盾和冲突,对这些残余之"势",我们要坚决地斗争。同时,中国当前正面临着急遽的转型时期,资本主义的拜金思想、个人主义思想和我国残存的享乐主义思想等等也纷纷沉渣泛起,侵蚀着人们的思想,在一些领域出现了道德失范、甚至违法的现象,引起各方面矛盾和冲突的加剧。在政治制度和法律改善之外,我们希望中国的知识分子能够有所担当,加强自身的主体意识,增强自己的社会使命意识,实现人文关怀。但由于政治、经济等多方面的原因,我国当前的知识分子已经成为日渐分化、颇有争议的类群。越来越多的知识分子隐身于象牙塔内进行纯学术的研究和教学工作;一部分高级职称的专家就公共事务发表言论时,却不能明确证明其救世主张的先验合理性;还有部分知识分子人格沦丧,利用自身的专业优势欺骗大众,扭曲事实真相,沦为服务于权力专断或不法企业的工具。而正是这一部分道德沦丧的知识分子在媒体的叫嚣伤害了人民大众的感情,导致人民大众对话语权威的质疑,从而使知识分子问题日益凸显。如何在社会中对知识分子进行正确定位? 如何让知识分子取得身份认同感? 如何才能让知识分子实现自身的发展需要和存在价值? 我们除了为其提供一个良性的社会环境外,还要从主观方面对知识分子进行道德人格的重塑。对知识分子进行道德人格的重塑一方面应该考察当代的文化,注重时代的价值诉求;另一方面也要反思历史文化,从文化传统中汲取营养。

因此,我们必须对中国传统的"道"保持清醒的认识,也希望能够以儒者在"道势"间的抉择给当前的知识分子以启发,以传统儒者在"势"之重压下的道德操守给当前知识分子以动力和勇气,也以传统儒者对权力系统无奈的依附地位给当前的知识分子以警示,所以笔者尝试着以"道势"关系为着眼点,在"道势"视野下分析传统儒者的道德人格范型。通过对传统儒者道德人格范型的综合考证对当前的知识分子道德人格重塑提供借鉴,为他们审视自身的人格现状提供参照标准,激励他们超越自己,坚持对真理的追求,成为一支能够有效地表达民众愿望、监督政治权力、进行社会批判、实现人文关怀的社会力量。

二、研究的动态与展望

回顾近年来中国学术界关于道德人格的研究,主要分成两个部分。其一,时贤学者从伦理学的基础理论方面入手,对道德人格的定义、道德人格与人格的关系、道德人格的构成等都有过精辟的论述。罗国杰教授比较早地在《伦理学》中对道德人格进行了定义,"道德人格,就是具体个人的人格的道德性规定,是个人的脾气习性与后天道德实践活动所形成的道德品质和情操的统一"①。魏英敏教授认为道德人格"就是人们通过道德生活意识到自己的道德责任和道德义务以及人生的价值和意义。从而自觉选择做人的范式,培育自己的道德品质,丰富和完善自己的内心世界,体现出人之区别于动物的内在规定性。道德人格是个人做人的尊严、价值和品质的总和,是人的主体性、目的性和社会性的集结。也可以说道德人格是人的位格、性格、品格

---

① 罗国杰:《伦理学》[M],北京:人民出版社,2007年版,第440页。

的统一"①王海明教授、曾钊新、李华健教授也都对道德人格的定义进行了创新。王海明教授认为品德就是一个人的道德人格,品德和道德人格是同一个概念。曾钊新和李华健教授则认为道德人格是道德主体的资格、规格和品格的内在统一,不能简单地将之理解为一个人做人的资格或体现的道德品格,他们由此认为道德人格和品德、品格或品质并不是一回事,不管道德水平高低如何,任何人都具有品格,但道德人格所涵盖的只能是那些具有善的品格的主体人格,也就是说,只有具有善的品格的个体才拥有道德人格。南京大学的郭广银教授则采取了比较中肯的表述方法,道德人格"就是指人格的道德规定性,是人格主体的道德认知、道德情感、道德意志、道德信念和道德习惯的有机结合"②。既保留了人格的特征,又保留了人格内在的道德含义。唐凯麟教授也基本持此类观点,认为道德人格是指个体人格的道德规定性,是一个人做人的尊严、价值和品格的总和。除了对道德人格的概念、特征、形成和发展进行基本梳理外,难能可贵的是,南大的郭广银教授对道德人格进行了基本类型的划分。"虽然每个个体的道德人格有不可重复的特性,但是,这并不排除在一群人中具有基本相同或类似的道德人格。"③正是以此为契机,本书尝试对儒者的道德人格范型进行研究、划分。其二,近年来学者对道德人格的养成和塑造也颇为注重。仅在中国知网上发表的期刊就达五百多篇,这方面的专著主要有马桂新等的《掌控自我:大学生道德人格的自我完善》、李阳春的《湘楚文化精神与道德人格修养》以及肖川的《主体性道德人格教育》等。比较注重从不同的年龄段(如中学生、高中生、大学生等)、生活的不同区域(如单亲家庭、互联网中、媒介环境中等)、社会的不同身份(如公务员、班主任、警卫人员、学生)等方面具体论述道德人格的塑造、养成和完善。对于道德人格的一定境界则鲜少涉及,尤其关于古代儒者的道德人格更是尚付阙如。

---

① 魏英敏:《新伦理学教程》[M],北京大学出版社,2003年版,第426页。
② 郭广银:《伦理学原理》[M],南京大学出版社,2006年版,第408页。
③ 郭广银:《伦理学原理》[M],南京大学出版社,2006年版,第410页。

关于儒者的道德人格这一学术视阈，学者们多关注儒者的理想人格，该方面的研究论文多达七百多篇，也仅限于从某一个朝代、某一段历史时期、某一个人物或某一个团体、阶层等的理想人格探析。系统分析的专著，迄今有四本：张耀南的《大人论——中国传统中的理想人格》、张德文的《先秦两汉的理想人格》、朱义禄的《儒家理想人格与中国文化》、周光庆的《中国读书人的理想人格》。这些期刊和专著异彩纷呈、各有千秋，给笔者提供了大量的资料和研究思路。虽然理想人格"只以道德标准来衡量人格，显然是有片面性的"①。但就我国儒学的伦理化倾向而言，传统的理想人格就是"一定的道德所向往和追求的个体的完美人格"②。故此，我国学者多从文化、哲学等角度分析中国传统文化中对理想人格的描述，也就是多从"道"的理想性论述中去设想、规范人格特征。所以中国古代文化中的理想人格无疑是道德人格的最高境界，这种境界在现实中往往难以实现，使古代儒者只能"高山仰止，景行行止。虽不能至，然心向往之"。（《史记·孔子世家》）

我们必须注意，理想人格的养成和"道"的追求及弘扬离不开现实的社会环境，尤其是中国古代一元化的政治格局下，社会环境的实际把握者是至高无上的皇权，所以弘道要在"势"中行。信奉入世之学的儒者必然通过"入仕"才能实现"道"之旨归，才能朝着"道"之设定的理想人格迈进，也只有在"道势"间的两难选择中才能凸显出其真实的人格境界。儒者理想人格的确立存在于其对"道势"关系的理论建构中，它昭示着儒者对"道势"关系的理想设定，而在现实的政治实践中，由于"势"之强权的逼迫，儒者力量的薄弱，结果往往难尽如人意。但儒者在朝向理想人格的努力迈进中，其以道为尊的坚持程度都体现出一定层次的道德人格境界，形成不同的道德人格范型。

关于"道"、"势"，就其历史发展而言，在我国思想史上曾被表述为"道统"和"治统"，明末清初的王夫之是其中的代表者，他在《读史鉴论》中说："儒者之统，与帝王之统并行于天下，而互为兴替。其合

---

① 郭广银：《伦理学原理》[M]，南京大学出版社，2006 年版，第 414 页。
② 罗国杰：《伦理学》[M]，北京：人民出版社，2007 年版，第 445 页。

也,天下以道而治,道以天子而明;及其衰,而帝王之统绝,儒者犹保其道以孤行而无所待,以人存道,而道可不亡……是故儒者之统,孤行而无待者也;天下自无统,而儒者有统。道存乎人,而人不可多得,有心者所重悲也。虽然,斯道亘天垂地而不可亡者也,勿忧也。"其又云:"天下所极重而不可窃者二:天子之位也,是谓治统;圣人之教也,是谓道统。治统之乱,小人窃之,盗贼窃之,夷狄窃之,不可以永世而全身……道统之窃,沐猴而冠,教猱而升木,尸名以徼利,为夷狄盗贼之羽翼,以文致之为圣贤,而恣为妖妄,方且施施然谓守先王之道以化成天下,而受罚于天,不旋踵而亡。呜呼!至于窃圣人之教以宠匪类,而祸乱极矣!"通过王夫之的描述,我们可以判定,道统实指儒家之道的传承体系,道统与治统并行并独立于治统,儒者要以道的传续为使命,道统、治统虽同样神圣不可侵犯,但道统因其为儒者长期教化而形成之总价值取向,所以更能得到天下万世的支持。道统和治统的关系在现代学术界也被表述为道统和政统的关系。如牟宗三先生在《道德的理想主义》中认为道统指儒家内圣之学,政统为外王之学,它们与学统并为三统。① 费孝通先生亦说:"孔子也承认权力的双重系统,但在他看来,这两个系统不是对立的,也不必从属的,而是并行的,相辅的,但不相代替的。"②"道统不争政统,政统却可以压迫甚至消灭道统。"③"师儒的理想是王道,王道可以说就是政统加道统。"④在对政统、道统内涵约定俗成的基础上,学者们关于道统对政统的超越性和批判性提出了不同的学术观点。

所谓"统"指事物彼此之间连续的关系,无论儒家之道的传承还是封建权势的承继都需要载体,政统、道统的关系都由它们的承载者、代表者去体现。道统的承载者是儒者,政统的代表是封建王权,它们在既定的历史阶段,通常具体呈现为"道"和"势"。所以近年来"道势"关系也渐入学者们的研究视野。目前涉及"道势"关系的文章主要有

---

① 牟宗三:《道德的理想主义》[M],台北:学生书局出版社,1985 年版,第 6 页。
② 费孝通:《费孝通选集》[M],天津人民出版社,1988 年版,第 143 页。
③ 费孝通:《费孝通选集》[M],天津人民出版社,1988 年版,第 148 页。
④ 费孝通:《费孝通选集》[M],天津人民出版社,1988 年版,第 145 页。

九篇,其中方同义教授的《儒家道势关系论》从宏观方面对儒家传统的"道"、"势"关系进行了阐述,对"势"从宏观和微观两个方面进行分析,"从宏观上看,势就是社会历史的基本趋势和历史必然性,古人称之为'大势所趋'。从微观上分析,势是指势力、权力、位置、利益、机遇等等天时、地利、人和的具体条件,并且因时因地因事而产生种种具体变化①,广泛地介绍了儒家"道势统一"的内涵。此后,《道与势之间》《荀子势论爬梳》《在道与势间抉择——关于中国古代士人处世原则的读史札记》《从道势关系的演进谈先秦儒家之君臣论》等文章纷纷就势指势力、权力这个内涵对"道势"关系进行论证和分析。这些文章丰富了笔者的素材,启迪了笔者的思考。本文认为,意识形态的发展和斗争是通过其承载者表现出来的,"道势"关系的复杂性必然在儒者思想中形成冲突,呈现为其外在行为的固有特征,形成儒者的道德人格境界。所以本书尝试从"道势"关系视角去分析儒者的道德人格范型,把儒者还原为在"道势"关系所带来的一系列利益冲突中有血有肉的个体,通过他们的徘徊、彷徨和挣扎以及其对利益的必要牺牲来映射其道德人格的范型。

也许因为"道势"关系刚进入学术视野,从二者关系入手分析道德人格的研究成果比较少,目前笔者只接触到余英时先生的《道统与政统之间》和《中国知识分子的古代传统》两篇文章,余英时先生系统解读了政统与道统间春秋战国时期知识分子的抗争,使笔者受益匪浅,启迪了笔者的思路。但余英时先生并没有把春秋战国时期知识分子对政统的抗争继续下去,而是认为随着"大一统"绝对权力一元化政治体制的形成,游士时代的终结,"道"已不足以与"势"相抗衡了。笔者想以此为发端,继续分析秦汉之后大一统政治帝国中儒者以道自任的精神,政治环境的险峻、封建权势的逼迫,"道"在一定程度上的屈枉都会减弱儒者以道自任的决心,但正因为如此,才更凸显出真正儒者坚持的风骨。

---

① 方同义:《儒家道势关系论》[J],《孔子研究》,1993 年第 1 期。

三、研究的思路与方法

研究方法是我们科学研究、把握研究对象，并把所得研究成果合理言说的工具、手段。合理科学的研究方法的采用，有助于我们在研究中发现新情况、新问题，或者说促使我们提出新理论、新观点，科学揭示研究事物的内在规律。研究方法的采用对于研究课题的成功具有重要意义。因此，本书较为慎重地选择研究方法，力求使其科学、合理地使用。

首先，本书坚持辩证唯物主义和历史唯物主义基本原则的指导方法。

道德人格是人格在道德上的规定性，它是一个人在支配和影响自己的道德观念、道德情感、道德意志和道德信念的作用下，经过长期积累而在行为整体中表现出的稳定特征和一贯倾向。因此，考察古代儒者的道德人格范型一定要结合儒者们生活的特定历史情境，辩证地、科学地分析古代儒者生活、学习、出仕的历史背景及其要素的内在联系，从而发掘出各种不同的道德人格范型。任何孤立、静止的思维方法都是应该摒除的。儒者以道自任的精神具体体现为"内圣外王"的境界，他们注重自身的人格修养，对外广布教化；他们以"兼济天下"为己任，奉行"仁政爱民"的为官之道。但我们要清醒地认识到人民群众才是历史的真正动力，在辩证吸取儒者优良传统的同时，一定要坚决杜绝个人英雄主义的思想。因此，在对古代儒者的辩证分析中，我们一定要秉持"我只能坚信我的信念，即马克思的方法始终是能够使我们全面解释人类历史运动的唯一方法和从事现代讨论的最有效的出发点"①。坚持辩证唯物主义和历史唯物主义基本原则的指导。

其次，本书采用历史与逻辑相统一的研究方法。

所谓历史与逻辑相统一的研究方法，就是"要求我们在研究……的过程中既要遵从历史的客观进程，又要善于对历史事实做符合逻辑

① 陈启能等：《马克思主义史学新探》[M]，北京：社会科学文献出版社，1999 年版，第262 页。

的理论提升"①。本书尝试以道势关系为切入点去划分古代儒者的道德人格,我们必须对道、势关系进行合乎逻辑的推演,对儒者在道、势间的抉择进行理论上的逻辑论证,从而得出合理的解说和归纳。但逻辑的解释效用只有在其特定的领域内才有正当性,逻辑上的可能不等于历史性的真正存在。以道势关系为视角去划分儒者道德人格的逻辑推演并不等于我们轻易做出僵化的结论——古代儒者在道势之间的抉择成为儒者道德人格境界的重要标准。我们必须结合道、势的客观历史进程进行分析,不同的历史时代,儒者所面临的历史任务是不同的,要结合道与势相抗、相依又相互转化的状态、结合不同历史阶段道势的具体发展来具体地分析问题,所以对道势关系的逻辑分析和历史铺展要结合在一起,这就要用到历史与逻辑统一的方法。

再次,本书采用比较研究的方法。

比较研究方法,是指对两个或两个以上的事物或对象加以对比,以找出它们之间的相似性与差异性的一种分析方法。本书以道势关系为切入点分析儒者的道德人格,但道势之间的相抗、疏离、相依和相互转化在社会历史中并不是清晰、明确的,它们有时纠葛在一起,在同一个历史阶段出现。我们必须对不同历史时期的道、势内涵进行具体分析,探求其关系的远近、异同,最终形成稳定的道势关系类型。对道势采取不同态度的儒者其道德人格是不同的,即使在道势间采取了相同的取舍态度,不同道德人格境界的儒者行为特征也是不同的,正是这种不同,凸显出真正儒者的风骨和气节。所以本书对不同历史阶段的儒者行为特征进行纵向比较,对同一历史阶段的儒者行为进行横向比较,探寻其在道势间的情感倾向和主观意志,在其道势间抉择的总类型下,又进行道德人格范型的细化分类。这种比较既有对儒者定性的分析,他是以道为尊的,还是枉道从势的? 又有对儒者定量的分析,在同一种类型的儒者道德人格范型下细分出诸多类型的儒者行为特征。凡此等等,没有比较研究的方法,是无法做到的。

最后,由抽象到具体、理论联系实际的研究方法也是经常用到的。

---

① 杨明:《宗教与伦理》[M],南京:译林出版社,2010 年版,第 28 页。

由抽象到具体的研究方法在本书中常有涉及。每一种道势关系的选择都不是凭空产生的，它固然有儒者个人品德的主观原因，但复杂的社会背景在儒者心中的映射，儒家之道本身理论方面的倾向都是促使他做出一定选择的主要因素。所以分析儒者在道势间的取舍态度时，抽象的理论分析和逻辑推演是必然的。但这种理论分析必须落实到历史的真实实践中才有意义，每一种道德人格的范型都必须以历史中真正存在过的儒者为原型和依托，抽象的理论落实到具体的人物，由具体的人物行为中又归纳出抽象的理论是本书研究的必然选择。理论的研究是为了对现实的促进作用，否则理论的研究和揭示只能是一种虚无。研究古代儒者的道德人格范式希望有助于在一定程度上启发今天的中国知识分子，应该如何加强自身的主体意识，增强自己的社会使命意识，实现人文关怀？所以理论联系实际的方法也是用到的，正是这一方法的运用使本书具有了研究的价值。

第二章
中国古代社会中的道势关系与儒者的道德人格

　　"道""势"关系是中国古代等级社会中一直存在的客观事实，随着"王官之学"的瓦解，二者由天然合一关系逐渐分化为两个非即非离的独立系统。德与位分离，"道"从世俗君主身上遗落，成为"士"之学术操守和精神凭依，成为含蕴一套价值系统的学说和主张。"道势"关系具体体现为士与君主的关系。及至秦汉以后的封建政治大一统社会，儒学成为官方的意识形态，"道势"关系则具体呈现为儒者与皇权系统的关系。在绝对一元化的政治格局下，以其道自任的儒者纷纷登上"经世致用"的政治舞台，徘徊于"道"之崇高、超越与"势"之功利、世俗之间，进行着困苦的两难选择。千百年来，"道势"间的取舍折磨着无数儒者的灵魂，亦宛若大浪淘沙，锻造出无数铁骨铮铮、志趣高洁、以"道"自任的真正儒者，他们以自身的道德人格成为"道"之尊严的有力护持。

第一节　中国古代社会中道势的融合与冲突

一、道、势的内涵

1."道"的内涵

"道"原本指人所走的道路、坦途。故许慎《说文解字·四二·上》指出"所行道也,从辵从首",《易经》中有"复自道,何其咎"(《小畜》),"履道坦坦"(《履》),"反复其道,七日来复"(《复》),都为道路之义,由此引申为方法、规律,如《左传·庄公四年》记载:"王禄尽矣,盈而荡,天之道也。"此时"天道"指的是自然天行,即规律性。"道"也指政令、法度的意思,如《尚书·洪范》曰:"无有作好,遵王之道;无有作恶,遵王之路。无偏无党,王道荡荡;无党无偏,王道平平;无反无侧,王道正直。"春秋时发展为统治阶级的政治策略,如《左传》中记载:"臣闻小之能敌大也,小道大淫。所谓道,忠于民而信于神也。"(《左传·桓公六年》)"今邢方无道,诸侯无伯,天其或者欲使卫讨邢乎?"(《左传·僖公十九年》)这里"道"作为统治阶级的政治策略,并不指具体的政令、法度,而是内含着一定的价值取向,如"忠于民而信于神"。至于"有道"和"无道"的划分标准,虽然我们具体不甚清楚,但可以肯定的是当时社会已具有一套公认的统治价值体系,"道"实际可以看作统治阶级进行社会治理的实际价值系统。

中国最早的价值系统一直归源于"帝"或"天",正所谓"不知不识,顺帝之则"(《诗经·大雅·皇矣》),"天生烝民,有物有则"(《诗经·大雅·烝民》),"兹亦为天若元德"(《尚书·酒诰》)都阐述了这种想法。经过西周"皇天无亲,惟德是辅,民心无常,惟惠为怀"等"以德配天"思想的改造,天的意志中加入了道德属性,人们的注意力也开始从卑服于天转移到人间社会政治、道德秩序的建树,从而发展到春秋时期有了"天道"和"人道"之分。所谓"天道"在"春秋时已经常使用。当初包含天象的变化过程和以此推测人事吉凶祸福的双重含义。

既有科学因素，又有神学迷信成分"①。如《国语·周语下》记载："吾非瞽、史，焉知天道?"经过西周的伦理化、抽象化改造，"天道"主要体现为具有道德意义的法则和秩序，是以天之权威来确保的一套价值系统。如《古文尚书·汤诰》载有："天道福善祸淫，降灾于夏，以彰厥罪。""人道"则主要指"天道"在人间社会的落实，人间社会秩序的维护和治理以道德之天规定的价值系统为导向。春秋以来，"天"的分量相对减轻，中国文化已日益明显地开始从"天道"转向"人道"。如公元前 523 年，郑国的子产即提出了"天道远、人道迩"的见解(《左传·昭公十八年》)。"天道"逐渐淡出了人们的思维领域，"道"则基本成为合理安排人间社会秩序的价值系统。当然，这套价值系统的理论依据或权威支持依然是高高在上的"天"。

而在春秋时期诸子学语境中，"道"已被赋予形而上意蕴。它一方面被用来指称世界万物的本原，万物存在的根据等哲学范畴；一方面被用来指称涉及人生层面的法则、治国理念、总体价值观等整个价值系统。作为哲学范畴的"道"是由春秋后期的老子提出的，在他那里"道"主要指世界万物的本原和形而上的规律，如"有物混成，先天地生。寂兮寥兮，独立而不改，周行而不殆，可以为天下母，吾不知其名，强字之曰'道'，强为之名曰'大'"(《老子》二十五章)。"道生一，一生二，二生三，三生万物。"(《老子》四十二章)但形而上学的道还是要落实到社会人生的层面，就形成为合理安排人间社会秩序的价值系统，如"大道废，有仁义；智慧出，有大伪"(《老子》第十八章)；"以道佐人主者，不以兵强天下"(《老子》三十章)。那么作为哲学范畴的"道"就成为老子价值系统之"道"的基础，"道"在这里已成为一家之说的总名。虽然诸子各家对世界的认识不同，对"道"的理解不同，差异很大，但都以"道"为一家之说的总名，如"周室衰而王道废，儒、墨乃始列道而议，分徒而讼"(《淮南子·俶真训》)。再如"老庄之道"、"孔孟之道"、"墨家之道"等等。而且诸子百家都以其"道"指称其学派所内含着的一套价值系统，如"天下有道，则庶人不议"(《论语·季氏》)，"故失道而后德,失德而后仁,失仁而后义,失义而后礼。"(《老子》)在诸子百家的语境中,"道"成为"学术"、"文化"、"价值观"、"价值理念"等的综合阐述,诸子百家的"道"与最初作为统治阶级社会治理之"道"表现为两种不同的形态,在远古唐虞时期,圣王是以"道"统治的,只是由于春秋时期的礼崩乐坏,"道"从君主那里失落于民间,零落为诸子百家之"道"。"道"的承载者由远古的圣王变为诸子之士,它们虽承载者不同,但都内含着安排人间社会秩序的总价值系统。诸子百家之道主要体现为各个学派的理想,停留于理论形态,只有被现实的统治阶层所利用才能从应然的理论指导变为实然的现实运用,所以"道"已成为诸子百家士人阶层的学术操持和精神信仰,成为士存在的标志性依据。诸子百家之道"务为治者也",如墨子以"仁之事者,必务求兴天下之利,除天下之害"为宗旨,对当时的社会权势提出批判;道家则以"来世不可待,往世不可追"(《庄子·人间世》)为人生态度,对社会现实进行否定,希望回到"小国寡民"的远古时代;甚至名家、阴阳家也都努力把本学派的"道"与"治天下"联系起来,邹衍的学说"要其归,必止乎仁义节俭,君臣上下六亲之施"(《史记·孟子荀卿列传》),刘向《别录》也记名家"论坚白异同,以为可以治天下"(《汉书·艺文志》注引)。诸子百家都努力以其"道"治国,他们以对现实社会秩序的批判、调整、引导和超越为旨归,就不可避免地要与现实社会秩序的实际统治者(即统治阶级的权力系统)发生冲突,构成紧张关系。

2. 势的内涵

势古字作"埶",有三种含义。其一作"形势"解。如《周礼·考工记》:"射远者用埶。"郑司农注曰"埶谓形势",春秋时孙武将之发展为"战势",其作《势篇》曰:"善战者求之于势而不责于人",要求根据战争的形势具体对待,从而以"贵势"著称。其二为"趋势",即社会人事变化发展所导致的必然趋势。如唐柳宗元《封建论》云:"彼封建者,更古圣王尧、舜、禹、汤、文、武而莫能去之。盖非不欲去之也,势不可也。势之来,其生人之初乎?……故封建非圣人意也,势也。"王夫之则把势看作"理"的体现,理即是历史发展规律,其曰:"在势之必然处见理。"(《读四书大全说》卷九)其三指统治者所掌握的政治权势和政治地位,在中国古代封建社会,君主或帝王是政治权势的集中代表,所以势犹指王权。此意始于管子,其曰:"凡人君之所以为君者,势也。故人君失势,则臣制之矣。势在下,则君制于臣也;势在上,则臣制于君矣。故君之易位,势在下也。"(《管子·法法》)慎到继承了这一思想,《慎子·威德》:"贤不足以服不肖,而势位足以屈贤也。"由此,商鞅从富国强兵出发,认为君主应该令行禁止,握有至高无上的权力。法家理论发展到韩非子,构建起"法、术、势"的理论体系。"势"成为君主们进行专制统治的根本依据和凭借,"万乘之王,千乘之君,所以制天下而征诸侯者,以其威势也"(《韩非子·人主》),"势者,胜众之资也"(《韩非子·八经》)。"势"的三种含义在传统文化中均被广泛使用,然中国古代社会为等级森严的封建社会,作为人们生活和从事政治、学术活动的宏观背景多呈现为专制的君主集权,本书拟讨论的"势"与儒家学派"弘道"、"行道"过程中所面对的外在社会环境相对应,因此,取"势"之意为统治者所掌握的政治权势和政治地位,有时直接指向王权。

在封建专制体制下,王权对社会生活的干预、威慑、裁断是非常重大的,处于权力之巅的君主又称为皇帝,具有崇高的威仪和无上的权力,决定着臣民的生杀予夺,君主的治国策略、治国权势、个人品行往往对国家的政治、经济、文化发展起到重要乃至关键性作用,从该方面而言,中国古代的治国方式又称人治。因此,中国古代的思想家对君主之权势有深刻的认识。法家对"势"极为重视,认为势位是保证法令贯彻实行的前提,势位比贤智在治理国家中具有更为重要的意义。如韩非子曰:"夫有材而无势,虽贤不能治不肖。故立尺材于高山之上,则临千仞之溪,材非长也,位高也。桀为天子,能制天下,非贤也,势重也。尧为匹夫,不能正三家,非不肖也,位卑也。"(《韩非子·功名》)所以法家奉行"势治"的思想,要求君主保有绝对的权势。事实上随着周代宗法等级制度的解体,公室的权势逐渐被卿大夫分割,出现了"政出多门"的状况,而各诸侯国间争霸的频繁战争也导致了一些国君失其位的状况发生,因此,法家从富国强兵的角度强调君主对势位的绝对把持是有一定根据的,也顺应了彼时诸侯争霸的要求,因此,法家能够在春秋战国之际得到重用，并成为秦王朝的治国之策。但法家却忽视了权力对人性的腐蚀作用，疏漏了设立对绝对权势的监督和制约机制，从而使君主在绝对权势的保证下，进行任性的统治和养成"为我独尊"的自大心态，亲近奸佞之徒、放纵个人欲望、一意孤行、统治残暴，故以法家思想为治国之策的秦王朝二代而亡。

　　儒家对"势"也多有涉及，如孟子曰："古之贤王好善而忘势，古之贤士何独不然？乐其道而忘人之势，故王公不致敬尽礼，则不得亟见之。见且由不得亟，而况得而臣之乎？"（《孟子·尽心上》）希望能够以儒家之道对"势"进行限制，从而使"势"把握在贤王手中。荀子时期，"势"之权威大为增强，荀子充分认识到"势"之重要性，曰："故古者圣人以人之性恶，以为偏险而不正，悖乱而不治，故为之立君上之势以临之，明礼义以化之，起法正以治之，重刑罚以禁之，使天下皆出于治，合于善也。是圣王之治，而礼义之化也。今尝试去君上之势，无礼义之化，去法正之治，无刑罚之禁，倚而观天下民人之相与也。若是，则夫强者害弱而夺之，众者暴寡而哗之，天下之悖乱而相亡，不待顷矣。"（《荀子·性恶》）可见荀子认为"君上之势"是"天下大治"的前提和手段，因此，"势"是非常重要的，正如"水至平，端不倾，心术如此象圣人。而有势，直而用曳必参天"（《荀子·成相》）。但由于战国时期，"势"之变动不居，常有一去而不返之态，所以荀子主张"以道处势"，曰："国者，天下之制利用也；人主者，天下之利势也。得道以持之，则大安也，大荣也，积美之源也。不得道以持之，则大危也，大累也，有之不如无之。及其綦也，索为匹夫不可得也，齐湣、宋献是也。故人主，天下之利势也，然而不能自安也，安之者必将道也。"（《荀子·王霸》）先秦儒家是重"势"的，但强调"势"之"合道性"，从而确保对"势"的约束和限制，从该方面而言，较之法家之"势"论更为合理。但秦汉大一统的帝国统治方式确立之后，帝王成为权势的绝对把握者（帝权旁落时只不过是换一代理人而已）。儒家只能在其原有的施仁政、行礼义的基础上选择性地融入法家思想，从社会人伦等级方面来肯定君主专权擅势的合理性，以君尊臣卑的等级观念来维护君权，以亲情浓郁的家庭伦理观念来维护"家天下"的统治秩序。为了使封建帝王唯我独尊的自大心态和任性的统治方式能够得到改善，儒家思想中对王权的维护预设了前提，那就是修身与施仁政的义务。但这种政治体制之外的限制并不能真正阻碍王权的任意妄为，反而促使人们寄希望于明君、圣主的出现。于是一些帝王开始自居为"圣王"，或被一些阿谀奉承之徒吹捧而陶醉于"圣王"之光环，竭力美化帝王的形象，加强了帝王对势位的把握权，使中国的君主专制集权绵延已久。

二、道势之天然纠葛

随着我国古代国家的形成，"势"便颇具规模，为了维护其统治，"势"之占用者需要为其统治提供合法性论证和精神支持。夏代是我国古代国家的开始，但关于夏代尚缺乏确切史料。而殷商时期就已形成了"殷人尊神，率民以事神"（《礼记·表记》）的"天命观"，王权获得"我生不有命在天"（《尚书·西伯勘黎》）的强力论证。西周贵族统治阶级出于政权合法性论证的需要，对殷商的天命观在"德"的创造性转换基础上进行新的发展，在"天道"中注入了人事的决定作用，形成一套行之有效的维护其统治的价值系统（"道"），并以此系统严密、完备政治体制，广施教化，达到了"道"与"势"的天然统一。此后，随着社会历史的发展，"道"逐渐从势中游离出来，成为与"势"非即非离的独立系统。

1. 王官之学：道势的天然合一

西周的统治者在殷商天命观的基础上添加了"以德配天"的新内容，结合宗法等级观念形成系统的宗法政治伦理文化，并以此文化对贵族子弟广施教化，"王官之学"兴起。由此可见，"王官之学"是以"天命观"为理论依据和支持的，是"天道"在人间社会的映射，是贵族阶级认可的一套行之有效的、有利于统治的价值系统，是被普遍认可的"道"。由于该"道"根源于"帝"、"天"或"神"，掌握这些思想、观念，对之具有话语权威的只能是巫、史等地位崇高的王官，"道"不过是他们有效统治的一种工具，从而形成了"道"与"势"的合一关系。

首先，就"王官之学"的旨归而言，在于为周代贵族确立统治的合法性论证和精神支持。西周与新的"天命观"相适应，积极进行"封土建君"和"制礼作乐"为重要内容的政治体制建构,建立了完备而严密的宗法等级制度和礼乐制度。所谓周公制礼作乐,大礼三百,小礼三千,不仅囊括了生活中形成的婚嫁、丧葬、饮食、辞让、射御等习俗规范,而且还扩展到亲亲尊尊、嫡长子继承及名分爵称等宗法政治内容。在统治阶级内部,"乐"用以沟通彼此情感,"礼"用以明确尊卑上下,防止犯上作乱,二者统一有利于稳固贵族阶级的统治。而"王官之学"实质是"礼乐制度"的符号系统,是贵族阶级统治意向的话语表达,通过这种意识形态的建构,使他们残酷的等级统治变得温情脉脉,从而强化了人们的等级观念,稳固了统治。所以,"王官之学"是为已然存在的宗法等级制度确立合法性支持的,它处处与既有社会秩序相契合,实为"势"的支持和服务者。

其次,"王官之学"是周代贵族统治阶级把持、统摄的学术文化。就教育和传承机构而言,《礼记·王制》载有"太学在郊,天子曰辟雍,诸侯曰泮宫"。在首都王城和诸侯国都城里都设有学校。据《大戴礼·礼象》记载:"辟雍居中,其南为成均,北为上庠,东为东序,西为瞽宗"。分别向贵族子弟传授不同的知识,而辟雍居中则是王者的专属教育机构。就教育内容而言,西周对贵族子弟进行礼、乐、射、御、书、数六艺内容的教育,如《周礼·地官司徒下》云:"保氏掌谏王恶,而养国子以道,乃教以六艺。一曰五礼,二曰六乐,三曰五射,四曰五御,五曰六书,六曰九数。"教育所依据内容都是官方文献汇编,平时由世守其业的官员保管,不能够自由传授。因此,一切思想、知识等被贵族统治阶级把持,他们既是政治权力即"势"的占有者,又是学术文化即价值系统("道")的掌控者,因此,在整个西周文化的建构、教育、实施的过程中,很难区分开文化与政治的区域,"道"与"势"是合二为一的,属于典型的"道势不二"阶段。此时的"道"依附于"势"而存在,或者可以说其本身就是"势"之有机组成部分。

但我们应该明确的是,此时由于"王官之学"被王室所统摄,只有"巫"、"史"等高官才有话语解释权,一般的贵族子弟只能把它作为规范、制度去遵守,并不能任意地著述或评论,所以它虽然包括经典文献的讲解和知识的传承,却缺乏学术发展所需要的独立、自由与开放,作为价值系统的"道"并没有从势中独立出来,独立的"道"之观念还不明显。而由于思想、知识等为王室统摄,在整个政治体制或者说文化体制之外也没有所谓的知识分子出现,更不可能出现学派和私人的著述,作为一家学术之"道"也还没有出现。

2．"道势"的离分与矛盾纠葛

独立的"道"的观念是作为一家学说或学术主张的形式出现的,但它并非凭空而生,其根源于何处? 学术界众说纷纭、莫衷一是。其中影响最大的是"诸子出于王官"之说,此说由西汉刘歆发端,班固继承之,在《汉书·艺文志》中对诸子十家分别采用了"儒家者流,盖出于司徒之官"、"道家者流,盖出于史官"、"阴阳家者流,盖出于羲和之官"等等的表述,《隋书·经籍志》子部基本沿用了《汉书·艺文志·诸子略》的分类方法,至近代章炳麟才明确提出了"此诸子出于王官之证"①的结论,但此说遭到了胡适《诸子不出王官论》的质疑。对于诸子是否出于王官,在这里本书不拟深入地讨论,只是想借此厘清作为一家学说之"道"的兴起与"王官之学"的关系。

根据现有的历史文献来看,诸子之学以前,在周代贵族宗法等级社会中的主流文化即"王官之学",但随着宗法等级制度的解体,世守其业的王官失去归依,流落民间,原为政府所把握的典册也流布四方,《史记·历书》载有"幽厉之后,周室微,陪臣执政,史不记时,君不告朔,故畴人子弟分散,或在诸侯,或在夷狄"。而礼乐制度的崩坏使礼乐本身成为有识之士思考和反思的对象,成为构建新的学术和思想的原材料,凡此种种,促进了"王官之学"的学术化和民间化。孔子曰:"天子失官,学在四夷,犹信"(《左传·昭十七年》),正是对这种官学民间化的感慨。王

① 参见章炳麟《诸子学略说》,第 2～3 页,《章太炎文钞》卷三,《精刊章谭合钞》,上海国学扶轮社,1911 年。"《史记》称老聃为柱下史,庄子称老聃为征藏史,道家固出于史官矣。孔子问礼老聃,卒以删定六艺,而儒家亦自此萌芽。墨家先有史佚,为成王师,其后墨翟亦受学于史角。阴阳家者,其所掌为文史星历之事,则《左氏》所载:'瞽史之徒,能知天道'者是也。其他虽无征验,而大抵出于王官。是故《汉艺文志》论之曰:儒家者流,盖出于司徒之官;道家者流,盖出于史官;阴阳家者流,盖出于羲和之官;法家者流,盖出于理官;名家者流,盖出于礼官;墨家者流,盖出于清庙之守;纵横家者流,盖出于行人之官;杂家者流,盖出于议官;农家者流,盖出于农稷之官。此诸子出于王官之证。"

官之学的学术化和民间化促进了春秋以来的学术繁荣,有人曾问子贡孔子师承何处,子贡回答说:"文武之道,未坠于地,在人。贤者识其大者,不贤者识其小者,莫不有文、武之道焉。夫子焉不学? 而亦何常师之有?"(《论语·子张》)何谓"文武之道"? 朱熹注曰:"文、武之道,谓文王、武王之谟训功烈与凡周之礼乐文章,皆是也。"①依此而言,文武之道实乃"王官之学"。"王官之学"散在人间,贤能的人抓住大处,不贤能的人只能抓些末节,很显然孔子就是"识其大者",故"何常师之有?",当然也有"识其小者"的其他学派,从而指出了"王官之学"与各学派的渊源关系。同样的思想也表露在《庄子·天下》篇中,"天下大乱,贤圣不明,道德不一。天下多得一察焉以自好。譬如耳目鼻口,皆有所明,不能相通。犹百家众技也,皆有所长,时有所用。虽然,不该不遍,一曲之士也。判天地之美,析万物之理,察古人之全。寡能备于天地之美,称神明之容。是故内圣外王之道,暗而不明,郁而不发,天下之人各为其所欲焉以自为方。悲夫! 百家往而不反,必不合矣! 后世之学者,不幸不见天地之纯,古人之大体。道术将为天下裂。"虽对百家之学持批评态度,却也指出了"王官之学"散为百家之学的过程。由此观之,"道"起于"王官之学"的民间化和学术化。就算各家学派不是出于自觉地继承"王官之学",甚至批评之,也不能否认其与"王官之学"的源流关系,更不能割断其与诗书礼乐等六艺的承袭渊源。也正因为此渊源关系,各家学派都审慎地思考与"势"有关的问题,以政治秩序的重建为最后的归宿。正如刘歆所说:"合其要归,亦六经之支与流裔",也才有了司马谈的总结"夫阴阳、儒、墨、名、法、道德,此务为治者也"(《史记·太史公自序》)。所以,"道"以独立形态出现后并没有与"势"完全隔离,而是呈现出非即非离的关系。

"道"与"势"成为两个非即非离的系统,它们既相互依存,又发生着矛盾和冲突。"势"的占有者总是在寻求"势"的合法性论证和精神支持。在中国古代封建社会,"势"有两种不同的形态,一种是春秋战国时期的乱世之势,一种是秦汉以后的封建君主专制之势。乱世之势

---

① 《四书集注》,朱熹注,王浩整理,南京:凤凰出版社,2008 年版,第 188 页。

出于争霸的目的,各国君主除需要厉兵秣马,还需要有一套渊源于礼乐传统的意识形态来加强权力的合法基础。而秦汉以后的封建君主专制之势,虽确立大一统的政治统治,皇帝处于权力的最高峰,但改朝换代的危机仍驱使他们积极寻求政权稳固的精神支持,所以"势"需要"道"为它营造有利统治的意识形态。"道"作为各家学派的价值系统,一直以政治秩序的重建和调整为其价值归宿,所以它积极谋求与"势"的结合,以达到对"势"干预的目的。尤其是春秋战国时期,各家竞起,纷纷希望获得"正统"的地位,更需要各国君主的支持,从而开始了士纷然于各国游说其道的忙碌场面。但"势"又是强横的、专断的,作为一套价值系统,"道"对秩序的维护和调整与"势"权限的伸张必然发生矛盾,导致二者关系的紧张和冲突。更何况,"势"有强弱等级之分,"道"有优劣高下之别;"势"的代表者才能、喜好有偏差,"道"的承载者学术、人格境界有高低,要使相抗间二者的结合达到一个很好的平衡关系,各得其所,还是比较困难的,非即非离的道势关系因而愈加错综复杂。

3. 道势关系的归结:士与君主的个人关系

"道"与"势"成为两个分立的系统,就"势"而言,诸侯国君和大一统的皇帝是主体;就"道"而言,"道"的承载者是主体。"道势"之间关系的微妙平衡,必然归结到"道"的承载者和君主之间是否能保持一种恰当的关系。

着重于世俗生活和人间秩序之价值系统之"道"已经不能依托宗教组织来运作了,谁能担当"道"的承载者呢? 首先,这个承载者必须在"势"前保持身份的独立,所以王官、贵族作为"势"的代表和依附者是不能担此大任的。其次,该承载者必须具有一定的文化素养,能够对礼乐文化进行反思,对现实秩序进行批判,对新的学术进行构建。而当时的"士、农、工、商者,国之四民也"(《管子·小匡》)中,显然只有"士"接近典册、熟习礼乐,具有承载"道"的可能。

根据周代的宗法等级制度,"士"原本是贵族阶级的最低一层,他们在等级森严的政治体制中担任低层官吏(文职或武职),所以《说文解字》和《白虎通》都说"士,事也"。他们得以享有贵族子弟所受的

"王官之学"教育,熟读古代典籍,娴熟于礼乐文化,具有一定的文化素养。但此时的"士"还没有从贵族阶级中脱离,而所谓官师政教合一的"王官之学"还统摄于王室,不能为个别之"士"所具有,"士"还并不是"道"的承担者。随着奴隶制的瓦解,宗法等级秩序的崩坏,"士"阶层发生剧烈的变动,一些庶人凭借着军功或者通过从事学问逐渐上升到"士"的阶层,如《左传哀公二年》记赵鞅的誓师词曰:"克敌者,上大夫受县,下大夫受郡,士田十万,庶人工商遂,人臣隶圉免。"杜预注"遂"为"得遂进仕",也就是说,庶人可以凭借军功上升为士。又如中牟之鄙人宁越,不愿耕稼之苦而从事学问,最终"十五岁而周威公师之"(《吕氏春秋·博志篇》)。《荀子·王制》说:"虽庶人之子孙也,积文学,正身行,能属于礼义,则归之卿相士大夫。"同时一些贵族因为政权和经济地位的变更下降为"士",如公元前509年,史墨也说:"三后之姓,于今为庶。"(《左传·昭公三十二年》)凡此等等,"士"成为贵族和庶民之间的过渡,成为社会等级上下升降的汇聚之地。到战国时期,本就"士无世官"(《孟子·告子下》)的"士"沦为了四民之首。其已不再凭借血缘关系依附于王室,而获得了身份的独立与解放。"诸侯相抗"的争斗之风使他们能够凭借着的知识熏陶与技能训练而为社会所倚重,使他们成为往来于各诸侯国间,以各自掌握之"道"寻找官位的阶层。"虽王公士大夫之孙也,不能属于礼义,则归之庶人;虽庶人之子孙也,积文学,能属于礼义,则归之卿相士大夫"(《荀子·王制》)。"士"不再局限于等级之位的客观社会身份,而开始充溢着有关精神品格的内涵,对原有价值系统进行反思和批判。如刘向《说苑》给"士"下定义为:"辨然(否),通古今之道,谓之士。"(《佾文》篇)"士"由此具有了德性人格的内涵,如孔子曰:"士志于道,而耻恶衣恶食者,未足与议也。"(《论语·里仁》)又说:"士而怀居,不足以为士矣。"(《论语·宪问》)儒家之士表现出明显的以道自任精神。此外,其他的"先秦诸学派无论思想怎样不同,但在表现以道自任的精神这一点上是完全一致的"[①]。依此而言,"士"之社会身份才能和德性人格合一,成为

"道"天然的承载者。"道"成为"士"挣脱血缘束缚、等级约束、旧知羁绊,获得社会认同的精神凭借,也通过"士志于道"、"以道自任"取得了与"势"抗衡的崇高地位。

因此,"道势"间错综复杂的关系可以归结为士与君主的个人关系。就"士"而言,"以道自任"的责任意识决定了他们"道尊于势"的处事认知,所以在强大的政治权威面前,他们必须注重自身的言行,通过"自贵"、"自高"以彰显道的尊严。"邦有道"则致力于在"道"的基础上使道势统一;而一旦"邦无道"则"隐",远离无道之势以使"道"尊。当然,这种情况只存在于理想之士身上。事实上,只有少数突出之士能够达到这个要求,大多数游士往来于诸侯将相之门,除宣扬其"道"外,迫于生活和经济的压力也未为可知,才庸者获取衣食,才上者猎取卿相,难免对"势"进行迁就、配合,有时甚至"虚道实势"、"枉道以从势"。如商鞅以仁爱、公正之路劝说秦王不被重用,后转而"以强国之术说君,君大悦之耳"。而商鞅自己亦知"然亦难以比德于殷、周矣"。(《史记·商君列传》)对于君主而言,春秋战国时期,出于招徕贤士以富国强兵和博取美名以取得精神支持的需要,他们一般都能够接受以道自任,甚至以道自傲的士,也一般都能摆出尊道、礼贤下士的姿态,对当时的名士以"师"、"友"称之。如《战国策》郭隗对燕昭王说:"帝者与师处,王者与友处,霸者与臣处,亡国与役处。"士的政治地位、俸禄薪酬、社会地位把握在国君手中,真正的取决权还是由他们决定的。及至秦汉以后,士的四方游说与封建大一统政权的需要南辕北辙,士四方游说、纷然杂陈的局面逐渐终结,与政权结合的自由、自主性亦丧失,不复有往日的风光。他们只能在王权的政治系统内继续对政治秩序进行反思和批判,希望能够做到"道势兼顾"。但大一统的政治权势也已不复自屈于"道",更不能容忍士之气焰高涨,"道势"的摩擦无可避免甚至几欲升级,大多数士大夫也就只好"枉道从势",成为忠实的臣子。但千百年来整个中国历史上总是不乏"以道抗势"、以良知抗衡强权的正气之士,亦不乏远离政治权势之黑暗,以尊其道的高远之士。

士之以道为尊与君主权势之威发生矛盾无可避免,士精神上的自

进退维谷:道势间的儒者

贵、自尊受到社会身份隶属、依附于"势"的限制;君主之势的无限伸张受到"势"之合法性、精神支持的约束,所以双方都有意合作。怎样使自尊、自贵之士在君主面前、在庙堂之内获取身份的认同,怎样使代表武力之尤的"势"即用其"道"又内心平衡,怎样才能使二者很好地统一呢?"道势"之间的平衡点在哪里?诸子百家没有明确的回答,以后大一统的儒家也没有固定的答案。历史上固然存在着一些名士、明君、贤臣相处的美好记载,但这些都依赖于他们个人的品行和道德判断,由此,"道势"关系的最佳平衡点很大程度上依赖于士之个人道德品行,取决于士之道德判断与道德选择。

4. 道势的理想结合:天下有道

各家之"道"都审慎地思考与"势"的关系,以政治秩序的重建为旨归。作为"道"的承载者,士亦思谋介入政治生活,积极以其道调整、干涉社会秩序,以最终实现"天下有道,则庶人不议"(《论语·季氏》)的道势统一之社会理想。诸子认为,由于圣人拥有其"道"所蕴含之高度的道德修养和深邃的智慧,所以应该成为一个国家乃至整个天下的统治者,从而能够实现天下有道。如老子主张"不尚贤,使民不争;不贵难得之货,使民不为盗;不见可欲,使民心不乱。是以圣人之治……为无为,则无不治"(《老子》第三章)。以圣人之治实现天下大治的理想社会。墨子亦云:"圣王皆以尚同为政,故天下治。"(《墨子间诂·尚同上》)认为只有天子接受了他所承继的"先王之道",才能"壹同天下之义",达到天下大治。法家则认为"圣王者,不贵义而贵法。法必明,令必行,则已矣"。(《商君书·画策》)以其道之核心"法"作为天下大治的根基。很显然,诸子都以其道作为治国的根本,也都憧憬着代表其道的圣人能够治理国家,实现道势的统一。上古唐虞时代,君主就是这种圣人,他们不仅以力服人,同时以德服人,不仅是政治权威,同时亦是精神权威,"道势"在他们身上是合一的。但随着君主仁德的失落,"道"失落到民间,"贤者识其大者,不贤者识其小者",道、势分而为两个独立的系统。而在礼崩乐坏的春秋战国时期,期望"道势"在圣人身上合一的理想只能停留于理论的层面,圣人本就很少,由圣人转化为圣王的概率就更小了,更何况根本就没有保证其实现的可靠的操作方式。但这种实践中的不可能并不能妨碍其理论上论证"道"之理想社会旨归的可能性。

那么"士无定主"的诸子只有积极筹划"入仕"以介入政治生活，一展宏图了。子夏曰："仕而优则学，学而优则仕。"（《论语·子张》）可见"学"与"仕"之间是相互补充的，"仕"与"道"是不冲突的，但这并不保证就具备了"仕"的必要条件。"仕"涉及士人与君主的意愿，士人是否有道之士？该"道"是否为君主所认可？君主之庙堂是否有"道"？春秋战国时期，墨家虽主张士人积极从仕，"故士者所以为辅相承嗣也"。但还是有"所仕者至而返"的事情发生，"非为不审也，为其寡也"。（《墨子间诂·尚贤上》）虽然，因为俸禄少而不做官是不对的，但显然墨子是赞成弟子可以因为国君说话"不审"而辞官的。孔子亦云："邦有道，则仕；邦无道，则可卷而怀之。"（《论语·卫灵公》）士人是否辅佐某个君主，要看他有没有辅佐的价值，可见对士人来说，"势"有"道"不仅是其"道"之旨归，亦是其从仕的条件。对于"势"的拥有者——君主而言，他们虽在武力统治方面占有优势，但其行为方式急需精神和道义支持，因此，无论是春秋战国时期出于争霸目的招徕贤士，还是大一统国家的长治久安，他们都需要"道"的合法性论证和道义凭借，即使他们对士人的态度不一，但对"道"大多做出尊敬的姿态，他们由此想方设法维持、扩大二者的一致性，而竭力消除、降低它们的不一致性。战国时期的魏文侯最先以礼贤下士而闻名，其对段干木的尊重缘于"段干木不趋势力，怀君子之道"。汉代"大一统"政权更是把儒家之道奉为控制社会秩序的意识形态，在选官任职、社会教化等各方面都积极推行儒家之道，至少表象上看似实现了"道势"的统一（当然伴随着"道"价值意义的失落和屈枉，沦为封建王朝的官方意识形态）。以后历代王朝也都尊奉儒家之道为治国之依据，因此"道势"相融的朝代通常被人们视为盛世。"天下有道"的盛世美景是"道势"双方共同的理想追求，亦是"道"所凭依改造既存之"势"的依据。

"道势"关系在古代等级社会是极为微妙的，但一般情况下，官方意识形态化的儒家之道和儒家化了的政治权势之间通常处于统一的状态，"道势"的融合则被人们视为盛世的象征，但儒家之道在社会中的传播和教化并不服从政治意识形态的规则,而高高在上的政治权势也并不总是安分于儒家的道德价值笼罩,因此,在儒家之道现实的实践中,追求理想的"道"与至高无上的王权往往呈现出不可调和的矛盾关系。

第二节　道势孰尊——儒者无可回避的难题

一、儒者与儒家之道

1. 何谓儒学与儒者

"儒"的起源甚早,可以追溯到殷商时代。徐中舒先生通过对甲骨文字的研究,认为殷商之儒,专职于祭祖事神、经理丧事、为人相礼等事务。[①] 及至春秋时期,随着西周贵族政治的崩溃,有一批熟谙并热心于承继西周文化精神的卜、史一类人物散落民间,开始以私人身份从事相礼和教学的职业,因此,在孔子之前,已有"儒"的存在,盖指宗教性、政治性、教化性很强的职业。自孔子始,儒发展成为学,春秋战国时期列为显学,汉代以后被历代王朝奉为治国之依据,选贤之标准,敦化民行之规范,绵延不断,日臻完善,形成一种稳定的文化思想体系。

儒学究竟是什么? 实际上,要对"儒学"下一个完全周延的定义,几乎是不可能的。梁漱溟认儒学为"反躬修己之学",冯友兰认儒学为"人生境界"之学……"都只是从某一角度或某一侧面对儒学或儒家所做的某种程度的概括,有一定道理,但缺乏周遍性。"[②]孔子作为儒学的实际创立者,通过整理和继承古代重要的文化典籍和文化精神,从而初步奠立了儒学的理论框架,这个理论框架既注重文化传统,提倡人文精神,又追求"克己复礼"的政治事功;既重视道德修养,致力于人生价值的实现和人格的完善,又追求"天下无道"的王道理想;既信天命

---

① 参见徐中舒《甲骨文中所见的儒》[J],《四川大学学报》,1975 年第 4 期。

② 汤一介、张耀男、方铭:《中国儒学文化大观》[M],北京大学出版社,2001 年版,第 2 页。

"敬鬼神而远之"，又汲汲追求"中庸之道"、"天人合一"的终极境界。①
这些内容成为以后儒学发展的基础理论。按一般的说法，孔子是先秦
《六经》的整理者，并以六经之学授徒，《荀子·儒效》云："圣人也者，
道之管也。天下之道管是矣，百王之道一是矣，故《诗》《书》《礼》《乐》
之归是矣。《诗》言是其志也，《书》言是其事也，《礼》言是其行也，
《乐》言是其和也，《春秋》言是其微也。"明确提出《诗》《书》《礼》《乐》
《春秋》为儒学思想之归依。至于孔子之后，儒分为八，尤以子思、孟
子、荀子等为代表的后期儒学发展到较高层次，形成了《孟子》《荀子》
《大学》《中庸》《易经》等相对系统化的理论成果。汉代开始，《汉书·
艺文志》正式把《诗》《书》《礼》《乐》《易》《春秋》列为六经，把《论语》
《孝经》列为儒家经典。六经系统外，儒家尚有"四书"系统，宋代理学
家朱熹撰写《四书集注》，影响深远，遂于南宋以后"四书"得以与"五
经"（《乐》没有流传下来）并列，成为儒学的必读经典。四书与六经系
统相结合，形成了儒家经典的完整体系"十三经"。那么儒学即是以孔
子之理论为基础框架，以儒家经典为凭依，通过对经典的注疏和诠释
而取得发展的，而在这曲折、漫长的发展过程中，产生了各种学派，亦
呈现出鲜明的时代个性，它们彼此之间冲突、激荡，共汇成儒学浑厚、
稳定的文化特征和精神生命。

　　儒者何谓也？根据前面分析儒，我们了解到孔子之前亦有儒者的
存在，与他们从事的政治性、宗教性职业相呼应，原始儒者多被后世学
者称作"方士"、"术士"。随着"王官失守"的出现，大批的儒者流向民
间，因其素质良莠不齐，导致了儒名的滥用和对儒的轻视倾向。为此，
孔子把"儒"区分开来，谓子夏曰："女为君子儒，无为小人儒。"（《论语
·雍也》）"君子儒"应该怎样？《礼记·儒行》记载了孔子系统地向鲁
哀公介绍儒者的人格形态，从十六个方面对儒者的思想和行为进行了
规范，包括自立、容貌、备豫、近人、特立、刚毅、忧思、宽裕、举贤、援能、
任举、交友、尊让等等，并进一步总结道："温良者，仁之本也；敬慎者，
仁之地也；宽裕者，仁之作也；孙接者，仁之能也；礼节者，仁之貌也；言

---

① 　参见杨明《现代儒学重构研究》[M]，南京大学出版社，2002 年版，第 3 页。

谈者,仁之文也;歌乐者,仁之和也;分散者,仁之施也。儒皆兼此而有之。"这样才能满足"君子儒"的要求,很显然"君子儒"已是当时士阶层的一部分,是习儒学、力行笃践儒家之道的有为之士,是儒学创立与发展的人才基础。及至荀子颇有精议:"儒者,法先王,隆礼义,谨乎臣子而致贵其上者也。人主用之,则势在本朝而宜;不用,则退编百姓而悫;必为顺下矣。虽穷困、冻馁,必不以邪道为贪;无置锥之地,而明于持社稷之大义。呜呼而莫之能应,然而通乎财万物,养百姓之经纪。势在人上,则王公之材也;在人下,则社稷之臣、国君之宝也。虽隐于穷阎漏屋,人莫不贵之,道诚存也。""儒者在本朝则美政,在下位则美俗。儒之为人下如是矣。"(《荀子·儒效》)以修身、治国、善政、美俗为儒者之任。此后,对儒者的规定更为具体,许慎在《说文解字》中曰:"儒,柔也。术士之称。从人,需声。"郑玄亦云:"儒之言优也,柔也;能安人,能服人。又,儒者,濡也;以先王之道,能濡其身。"(《三礼·目录》)言及儒者不仅具有柔顺、濡忍的道德品格,而且具有安人、服人的社会作用。韩婴曰:"儒者,儒也。儒之为言无也,不易之术也。"(《韩诗外传》卷五)应劭云:"儒者,区也,言其区别古今。"(《后汉书·杜林传》注引《风俗通》)在儒者濡忍的道德品质外又提及儒者所具有的区分是非等的各种技能。扬雄则曰:"通天、地、人曰儒,通天、地而不通人曰伎。"(《法言·君子》)强调"儒者"是懂得、通达天、地、人变化之理的人。综上分析儒者应该有知识、有道德、有品格,不仅有技能还能通达天、地、人变化之理。但这些都是从"应然"的角度、理想典型方面而言的,在中国历史上也许有人达到该标准,但大多情况下,它只是作为一个高高的标尺,一个道德的感召理想而存在,激励、鞭策着无数的儒者努力趋向它,并通过儒者们的这种努力,使它在各种不同程度上得以实现,丰富了中国的儒学史。因此,比较中肯地看,儒者也就是那些修习儒家之学,努力践行儒家之道的人,他们也许能成为著名的儒家,名垂千古,也许只是默默地于人伦生活中笃行其道,平淡一生。

春秋战国时期,儒者是士的一部分,士为"道"天然的承载者,因此儒者亦是儒家之道的载体,该载体与其所载之道是不可离分的。离开了儒者的"道"不成其为"道",《中庸》记载:"道不远人,人之为道而远人，不可以为道。""道也者，不可须臾相离也，可离非道也。"朱熹亦云："人外无道，道外无人。"（《四书集注·论语注》）"道"是不可能离开载体而推行的；同样儒者也不能离开"道"，离开了"道"的儒者不是真正的儒者，不是以儒家之道为人生理想的儒者，如孔子说："人能弘道，非道弘人。"（《论语·卫灵公》）因此，儒者以"道"为己任，以"道"为最高信念，他们对"道"的追求和弘扬高于其他的一切欲求，正所谓"朝闻道，夕死可矣"。（《论语·里仁》）

2. 儒家之道

儒家讲"道"，甚至有着悠久的"道统"观念，但此"道"与我们前面分析的春秋时作为价值系统的"道"能否放在同一语境下理解，是否属于同一层面的内容，还须我们具体分析。

（1）从语境和词意解儒家之"道"

《论语》是记录春秋时期孔子和他弟子言行的经典著作，它以简洁精练、含义隽永的语言展示了孔子的形象，是目前我们研究春秋时期儒家之道最可信赖的材料。《论语》中多次出现"道"字，意思都不尽相同，除了"道路"、"法则"、"规律"等常用的意义外，主要还有三个方面的含义。其一指社会治理状态，即合乎宗法礼制君臣名分并由此而达到的社会理想状态。如："邦有道，不废；邦无道，免于刑戮。"（《论语·公冶长》）"子言卫灵公之无道也，康子曰：'夫如是，奚而不丧？'"（《论语·宪问》）"二三子何患于丧乎？天下之无道也久矣，天将以夫子为木铎。"（《论语·八佾》）等等。其二指个体提升道德水准并从而达到一定道德境界（君子、圣人）的方式、方法。如："子张问善人之道。子曰：'不践迹，亦不入于室。'"（《论语·先进》）"富与贵，是人之所欲也；不以其道得之，不处也。贫与贱，是人之所恶也；不以其道得之，不去也。"（《论语·里仁》）"有君子之道四焉：其行己也恭，其事上也敬，其养民也惠，其使民也义。"（《论语·公冶长》）其三指当时诸家的学说、主张。如："子曰：'参乎！吾道一以贯之。'曾子曰：'唯。'子出，门人问曰：'何谓也？'曾子曰：'夫子之道，忠恕而已矣。'"（《论语·里仁》）"冉求曰：'非不说子之道，力不足也。'"（《论语·雍也》）"子曰：'道之将行也与，命也；道之将废也与，命也。公伯寮其如命何！'"

（《论语·宪问》）"道不同,不相为谋。"(《论语· 卫灵公》)前两种含义实际都是"道"在人生层面的落实。从社会的维度看,是合理的社会治理状态;从个人的维度看,是个人修养自身达到理想人生境界的方式方法。这两个维度实际是人类社会的一套价值系统,它们统一在孔子的学说之中,成为"夫子之道",即儒家的学术、主张。由此可见,"夫子之道"是内含着春秋时期儒家价值系统的学说,该价值系统既指社会治理和个人修养方面的理想状态,也指人伦日用生活中的行为方式,所以《论语》通篇内容平实,包含种种切实可行的教诲,诸如:"君子欲讷于言而敏于行"(里仁)、"先行其言而后从之"(为政)、"听其言而观其行"(公冶长)等类似话语俯拾皆是。

由此可见,孔子之"道"和春秋时期作为价值系统的"道"是可以在同一语境下理解的。那么,其可靠的源头在何处?孔子在《论语》中并没有明示,只是对道德学术价值来自于"天命"①采取了默认的态度。如孔子曰:"吾十有五而志于学,三十而立,四十而不惑,五十而知天命,六十而耳顺,七十而从心所欲不逾矩。"(《论语·为政》)"君子有三畏:畏天命,畏大人,畏圣人之言。小人不知天命而不畏也,狎大人,侮圣人之言。"在这里"天命"是"志于学"、"立于学"使自己不再迷惑于外物后所达到的结果,是"耳顺"与"从心所欲不逾矩"的前提。对"天命"的知与畏是君子与小人划分的标准。结合西周"皇天无亲,惟德是辅"(《尚书·蔡仲之命》)的人文环境,可以认为,孔子之"道"依然是天命在人生层面的落实与应用。因此,孔子之"道"是承接天命,内含着以达到社会理想治理状态和提升个人人格品质的方式、方法的学术,这三个方面只有在主体的历史实践中才能具体地统一起来。事实上自孔子始,便开了儒家积极实践入世的先河。

以后历代儒家基本沿用此意。如子思、孟子、荀子、董仲舒、韩愈等人大都沿袭了儒家之"学说、主张"的说法,"道"成为儒家价值系统之统称。如"天命之谓性,率性之谓道,修道之谓教。道也者,不可须

---

① 此时的天经过西周的改造,已经不再作为纯粹自然的法则,而是体现为道德意义的法则和秩序。如《尚书·周书·蔡仲之命》:"皇天无亲,惟德是辅,民心无常,惟惠为怀。"

臾离也,可离非道也"。(《中庸》)"天不变,道亦不变"(《举贤良对策三》)。"道"亦被解释为世界的本体、本原。如宋代邵雍曰:"道为天地之本","天由道而生,地由道而成,人物由道而成。"(《皇极经世·观物内篇》)以之为宇宙的最高实体。二程、朱熹则把它视为最高的精神本体和普遍的原理法则,等同于他们最高的哲学范畴"理",朱熹曰:"理也者,形而上之道也,生物之本也。"(《朱子文集·答黄道夫》)王夫之把"道"视为天地万物的共同法则,曰:"道者,天地万物之通理。"(《张子正蒙注·太和篇》)除此之外,"道"还被部分儒家用来作为解释物质演化的范畴。如张载以道来诠释气化的过程,曰:"由气化,有道之名。"(《正蒙·太和》)及至戴震,亦云:"道,犹行也;气化流行,生生不息,是故谓之道。"(《孟子字义疏证》卷中)但他们对"道"哲学层面意义的阐发,其意在更好地阐释和论证作为儒家价值系统之"道"。如邵雍把"道"作为天地万物的最高实体,但"道"又体现在天地万物之中,"天地之道备于人,万物之道备于身"。(《渔樵问答》)实际是孟子的"万物皆备于我"的深化,与"心"、"太极"等哲学范畴结合起来,导引出"天人合一"的结论,为作为价值系统之道提供本体论证明而已。

(2)从内容方面析儒家之道

孔子以后,儒家之道的内容在代代传承中得到一定的丰富和发展,但其作为天道在人生层面落实的儒家价值系统之内涵基本没有发生变化,依然体现为社会和个人两个维度,既指社会治理和个人修养方面的理想状态,也指人伦日用生活中的行为方式。

仅就"道"的内容而言,思孟学派发展了孔子的仁学思想,成就了儒家心性之学的发展路径;荀子继承了孔子的礼,并援法入礼,成为儒学"外王事功"的经世方向。他们的发展分别影响了宋明理学和汉唐经学,甚至波及清朝时期的宋学和汉学之分。但无论其内容作何变化,都围绕着天道在人生层面的映像,从社会和个人两维理想合理的状态发展开去,就个人的维度而言,主要指通过个人努力的德性修养,并达到一定的道德境界。就社会的维度而言,则指主体修身养性、达到一定道德境界后的推广而遍施于天下的事功。这两个方面虽在发展中各有侧重,但都并存于儒家的学说中,因此在儒学中被概述为"内圣外王"的理想之学。这种理想在《大学》中得到了最为清楚的表达:"古之欲明明德于天下者,先治其国;欲治其国者,先齐其家;欲齐其家者,先修其身;欲修其身者,先正其心;欲正其心者,先诚其意;欲诚其意者,先致其知;致知在格物。物格而后知至,知至而后意诚,意诚而后心正,心正而后身修,身修而后家齐,家齐而后国治,国治而后天下平。自天子以至于庶人,壹是皆以修身为本。"这就把"诚意、正心、修身"而为"内圣"的道德境界和"齐家、治国、平天下"的"外王"事功业绩统一在了一起。正如梁启超所说:"儒家哲学范围广博,概括说起来,其用功所在,可以《论语》'修己安人'一语括之。其学问最高目的,可以《庄子》'内圣外王'一语括之。做修己的功夫,做到极处,就是内圣;做安人的功夫,做到极处,就是外王。"[①]"道"的内涵呈现出相对的稳定性。

本书以为,儒家之"道"的相对稳定性是在代代相因的过程中体现出来的,那么儒家之道在代代相因的过程中必然存在着一个"一以贯之"的因素。这个因素的寻找需要我们具体考察"道"在各个历史时代的具体形态,因此,笔者尝试就"道统"问题来加以说明。

(3)以"道统"释儒家之道

所谓"道统"指儒家传道的脉络和系统。道统问题实际由来已久,孟子认为孔子之学上承尧、舜、汤、周文王,"由尧舜至于汤,五百有余岁……由汤至于文王,五百有余岁……由文王至于孔子,五百有余岁"(《孟子·尽心章句下》),孟子更以孔子之学的正统自居。韩愈之时,明确提出了儒家有一个传道的过程:"尧以是传之舜,舜以是传之禹,禹以是传之汤,汤以是传之文武周公,文武周公传之孔子,孔子传之孟轲。轲之死,不得其传焉。"(《原道》)这个传到孟子的又被韩愈接受的"道",具体内容如何呢?"博爱之谓仁,行而宜之之谓义,由是而之焉之谓道,足乎己无待于外之谓德。仁与义为定名,道与德为虚位。"

① 梁启超:《饮冰室专集之一百三》,《饮冰室合集》[M],北京:中华书局,1989年版,第2~3页。

以此观之，"仁义道德"既是韩愈所谓的儒家一以贯之而又不同于佛老之"道"。

朱熹首先提出"道统"一词，他说："子贡虽未得道统，然其所知，似亦不在今人之后。"（《朱文公文集·与陆子静·六》）《中庸》何为而作也？子思子忧道学失其传而作也。盖自上古圣神继天立极，而道统之传有自来矣。"（《四书集注·中庸章句序》）这个得到系统所传的"道"是什么呢？朱熹曰："孔子传之孟轲，轲之死，不得其传。此非深知所传者何事，则未易言也。夫孟子之所传者何哉？曰：仁义而已矣。孟子之所谓仁义者何哉？曰：仁，人心也；义，人路也。曰：恻隐之心，仁之端也；羞恶之心，义之端也。如斯而已矣。然则所谓仁义者，又岂外乎此心哉？尧舜之所以为尧舜，以其尽此心之体而已。禹、汤、文、武、周公、孔子传之，以至于孟，其间相望，有或数百年者，非得口传耳授密相付属也。特此心之体，隐乎百姓日用之间，贤者识其大，不贤者识其小，而体其全且尽，则为得其传耳。虽穷天地，亘万世，而其心之所同然，若合符节。"（《李公常语上》，《朱文公文集》卷七十三）可见朱熹对韩愈的"仁义之道"是比较认同的，而且进一步认为这种仁义之道是"特此心之体"，以此为标准对"人心"进行省察。

"道统"即以"道"为统，自韩愈"道统"说提出以来，历来解说者都从"道"和"统"两个方面来理解道统，至于其内涵和意义，本书在这里并不多做考虑。而是关注"道统"确立的依据。即以何"道"作为判断标准来确立儒家脉络、系统。也正是因为"道统"说所确立的"道"为"仁义之道"，内容相对狭窄，所以其所界定的"道"之脉络、系统也是极为有限的。具体来说，就是尧、舜、禹、汤、文、武、周公、孔子、孟子以及后来的韩愈、周敦颐、二程、张载、朱熹等圣人（古人心目中的），他们要么是古代的圣王，要么是在儒学传序中有重要贡献的人物。韩愈、朱熹等人把"道"限定为仁义，所以尊孟排荀，认为孟子才是孔子之学的正统，从而把荀子、董仲舒以及汉唐儒家排斥在外，未免过于褊狭。

"复礼"是孔子自任的时代任务，但孔子又并不满足于当时礼乐僵死的形式，"礼云、礼云！玉帛云乎哉！乐云、乐云！钟鼓云乎哉！"（《论语·阳货》）所以，孔子积极寻求到"礼"的内在根据——"仁"。

孔子以"仁"释"礼",以"礼"落实"仁","礼"与"仁"成为孔子之道的核心内容。孟子主要发展了孔子的"仁",荀子主要继承了孔子的"礼",实际都从不同方面发展了孔子之道,择其一部分而从之会使"道"之内容片面化,韩愈的道统之道并不能囊括整个儒家之道的内容。事实上,儒家之道在传承的过程中,是不断变化、丰富和发展的,在沿袭的过程中,可能某个方面在一定阶段会被屏蔽,也可能得到重视而日渐丰富、精致、深邃起来,但终将融会为整个儒家之道的浑厚内容。因此,我们所追求的在历史沿袭中,能够一以贯之的东西就不可能具体地表现为儒家之道的特定内容,而是其作为价值系统在历史发展中所体现出来的某种超越的、一脉相承的文化精神或文化生命。

在中国古代社会,"道"是一个语义丰富、语境多变、容纳面广的词汇。结合以上分析,本书主要取其意为追求真理的一家学说、内蕴着价值系统的一家学派主张。由于各学派对世界的认识不同,对"道"的理解差异还是很大的,但都体现着各派智者们对生活的终极关怀。尤其儒家之道更是儒家学派积极入世,力图以实践之学努力改善人性、重整社会秩序,从而达到"天人合一"理想状态的一套价值体系。其既包含"内圣"的人生理想,又含蕴"外王"的社会目标;既是"修己成圣"的"为己之学",又是希望"泽加于民"的治国理想。儒家之道是理想的,却又必须以现实为依托;儒家之道是超越的,却又必须着眼于世俗生活。离开了现实的实践,离开了对世俗的改造,儒家之道就是一种虚无。正是儒家之道的这种特性,决定了儒家学者努力修身,传播道德价值,积极参与政治和社会生活秩序的建构。而在推广、发展、精致化和深邃化该价值体系的历史传承过程中,儒家学派所表现出对学说或主张的坚持、弘扬的超越性文化精神或文化生命亦融会入此道中,成为该道不可或缺的重要部分。

二、道势孰尊之两难选择

儒家之道的入世特征使它必须以现实为依托,落实于日常生活的人伦日用、处事应物之上;而"道"在推行的过程中,其高远的志向、宏大的目标促使儒者以道所含蕴的一整套价值系统对现存社会秩序进行改造,与社会秩序之绝对把握者、操控者——"势"发生纠葛在所难免;儒者必须在"道势"之间做出抉择,这种抉择因儒者作为"道"之载体,其弘道、尊道、行道的重任与其对"势"的人身依附矛盾而变得愈发不可避免。

1. 儒家之道的人文主义与儒者的入世精神

儒学认为"天地之性人为贵"(《孝经》),所以儒家之道以人为中心,多关注人生和社会的现实问题,道的这种本性规定了儒者具有极强的"入世"精神,这是得到中国大多数学者承认的。儒学的创造者孔子就只关注实际的人生和社会,对来生、鬼神等其他的问题存而不论。如"子不语怪力乱神"(《论语·述而》)。弟子子路问其服侍鬼神的方法,孔子曰:"未能事人,焉能事鬼!"问其关于人死的一些事情,孔子曰:"未知生,焉知死。"把关注的重点放在了现实的人际生活,《论语·雍也》明确写到,樊迟问知,子曰:"务民之义,敬鬼神而远之,可谓知矣。"儒家之所以关注现世之人,在于人有道德,能够"参天地之化育",所以儒家非常强调"仁"的修养和"礼"的规范作用,重视人伦秩序和道德的调整,重视以礼乐为中心的道德教化。如《论语·宪问》就提出"文之以礼乐"是"成人"的主要条件:"子路问成人,子曰:'若臧武仲之知,公绰之不欲,卞庄子之勇,冉求之艺,文之以礼乐,亦可以为成人矣。'"庄子在《大宗师》中借孔子之口,提出了"方内"、"方外"两个不同的生活境域。并严格地把儒家归入"游方之内"。所谓"方内"指人伦的社会,这个社会的典型特征是道德和秩序,所谓"方外"指人伦社会之外,人遵循自然本性生活,可见二者的根本区分不在于生活的区域,而在于生活的态度。不同于道家的回归自然,率情任性,儒者感受到人的责任和义务,是对社会伦理秩序标准的遵循与维护。这种责任心和义务感使他们无法选择避世的生活方式,即使四处见黜,依然执着不改初衷。如孔子虽萌生出"道不行,乘桴浮于海"(《论语·公冶长》)的念头,却终究没有遁世退隐,而是在面对隐士的诘问时"怃然曰:'鸟兽不可与同群,吾非斯人之徒与而谁与?天下有道,丘不与易也。'"(《论语·微子》)即使不能为各诸侯国所用,登上政治舞台,也积极讲学,教化子弟,传扬儒家之道。孔子的态度奠定了儒学的发展走向。不管是孟子的重"仁"还是荀子的隆"礼"都注重君子之道,注重儒家礼乐仁义的教化和修习,使人之生命中原有的情感、欲念得到提升,使道德得以理性化。及至宋明理学,更是把儒家伦理发展到本体论的高度,用崇高的理来规范、改变不合理的现实社会,倡导以理制气,以天理节制人欲,以积极改善政治和风俗为己任。

由此可以看出,儒家之道的人文主义很大程度上可以归结为以礼乐教化为中心的道德理性,孔子、孟子、荀子以及历代儒学大师把已成系统的社会伦理规范转化为人的内在道德理性,并把它渗透到社会、政治、日常生活的各个领域,在各个领域都积极以"道"之崇高来改变、感化现实伦理秩序,从而使人的精神得以提升,最终达到"赞天地之化育"、"与天地参"的境界。在这种渗透、感化、改变的过程中,儒者必须在应事处物、人伦日用上用功,儒者不仅要事事用功,还要时时努力、处处谨慎,不仅注意内在的修为和反省,同时注重外在的行为表现与对他人的影响作用。正因为此,儒家之道要求儒者既不能仿效道家"避世",也不可学习佛家"出世",而要具有积极的入世精神。

2. 儒家之道势的密切接触与儒者的入仕实践

儒家之道如欲推行天下,对人伦社会秩序进行调整,最直接的手段就是参与到政治中去,与"势"密切接触。儒家最理想的方式是"圣王"统治,以"道"之完善体现人格之圣人为君主,从而使国家政治秩序有"道"。儒者之所以津津乐道尧、舜、禹统治的有道盛世,就是由于尧、舜、禹乃有道之圣,在他们身上体现了"道势"的统一,亦是儒者理想中的"道势"关系。但是,现实生活中,圣王分离却是非常普遍的社会状况,通过圣人为王推行有道之政治秩序的方式是行不通的。因此,对于儒者来说,只能通过两种方式来介入政治了,其一是通过自己的影响左右当时的君主接受儒家之道,推行有道之政治。如《论语·为政》记载,有人问孔子为什么不做官,孔子曰:"孝乎惟孝,友于兄弟,施于有政。"也就是说只要力行孝与悌的精神而影响到政治,就算从政了,希望以个人、家庭伦理的修养来影响政治秩序。但是这种选择在春秋战国时期并没有行得通,孔子、孟子一生都致力于此,却徒增"道不行,乘桴浮于海"的叹息。其二便是积极入仕,以"道"辅助君主进行政治统治,从而行道于天下。孔子本人是积极主张入仕的,《论语·微子》中记载,有隐者"荷蓧丈人"骂孔子师生"四体不勤,五谷不分",孔子让弟子子路告之曰:"不仕无义,长幼之节,不可废也;君臣之义,如之何其废也? 欲洁其身,而乱大伦。君子之仕也,行其义也。道之不行,已知之也。"可见对儒家来说,入仕是尊其道、行其义的方式和手段,直至道之不行,仍可积极讲学,推广其道。因此,孔子与弟子的对话相当一部分谈论到"学政"、"干禄"之事。孔子晚年进行讲学,也以培养经邦治国之人才为己任。其弟子子夏把这种情怀明确概括为"学而优则仕"。孟子也提出了"士之仕也,犹农夫之耕也"。(《孟子·滕文公下》)也就是说儒者进入仕途做官就像农夫耕种庄稼一样,是一种职业。荀子则把士归于"以仁厚知能尽官职"的一类人(《荀子·荣辱》),更把能治国安邦的儒者称为大儒,"大儒者,天子三公也;小儒者,诸侯大夫士也;众人者,工农商贾也。"(《荀子·儒效》)由此可见,"先秦儒家的大师们,无一例外地要求弟子积极入世,上者成为王佐,下者成为吏材,即使做不成官,也要成为培养治世之才的'君子儒'"①。自汉代封建大一统的专制政权建立后,大多数儒者更是以入仕作为行道的主要方式。自董仲舒至宋代的叶适、陈亮,直至顾炎武、黄宗羲、王夫之等"外王"一派自不待言,就是从孟子到韩愈,直至二程、朱熹等"内圣"一派又何尝不是积极倡导致用之学? 如二程反复强调儒家的通经致用的学风:"穷经,将以致用也……今世之号为穷经者,果能达于政事专对之间乎? 则其所谓穷经者,章句之末耳,此学者之大患也。"(《河南程氏遗书》卷四)朱熹则曰:"圣贤教人,多说下学事,少说上达事。说下学功夫要多,也好;但只理会下学又局促了。须事事理会过来,也要知个贯通处。"(《朱子语录》)毋庸置疑,整个儒家学派(虽各学派学术有偏重)都提倡积极入世,以实现对现实人伦生活、社会秩序的调整。明代东林党人顾宪成所撰写的对联"风声雨声读书声,声声入耳;家事国事天下事,事事关心"就是儒者提倡经世致

① 汤一介、张耀男、方铭:《中国儒学文化大观》[M],北京大学出版社,2001年版,第374页。

用、以天下为己任的反映。当然历代也都有一些儒者淡泊名利、专心于治学，从而使儒者的人格呈现出不同的特点而异彩纷呈。正是因为儒家之道的经世致用和入仕实践，所以王国维才会从源头上将其概括为帝王派、贵族派、入世派、热性派、国家派，等等，如"我国春秋以前，道德政治上之思想，可分之为二派：一帝王派，一非帝王派。前者称道尧、舜、禹、汤、文、武，后者则称其学出于上古之隐君子，或托之于上古之帝王。前者近古学派，后者远古学派也。前者贵族派，后者平民派也。前者入世派，后者遁世派也。前者热性派，后者冷性派也。前者国家派，后者个人派也。前者大成于孔子、墨子，而后者大成于老子"①。(《屈子文学之精神》)

3. 道之崇高与势之现实的冲突

儒家之道致力于处事应物、人伦日用的世俗生活，但在世俗的生活中，却有着崇高的旨趣，即追求成仁、成圣的内在修为和"修己以安人"、"修己以安百姓"的高远志向。就内在修为而言，儒者可自作主宰，所谓"为仁由己"、"我欲仁，斯仁至矣。"正是如此。这种"为仁"的心性，靠的是主体的内在自觉和毅力，也就是"志"，只要立志且持之以恒，还是可以做到的，所谓"无恒产而有恒心者，唯士为能"(《孟子·梁惠王》)。但对于真正成为君子而言，又不终于此。子路曾问孔子君子之道，孔子曰："修己以敬。"子路问："如斯而已乎？"曰："修己以安人。"又问："如斯而已乎？"曰："修己以安百姓。"(《论语·宪问》)把"修己以敬"归结为使天下的百姓得到安乐，从而使内在的心性之学必须外推为经世致用的社会实践。即使在大一统的封建王权重压下，儒者也极力发展"内圣"的心性之学，以自己的内在道德修养来彰显其道，但其以此为基点进行齐家、治国的初衷和旨归依然是对政治秩序的调整和重建。因此，儒家之道的高远与宏大必须以世俗生活、社会现实为依托，离开了现实的实践，离开了对世俗的改造，儒家之道就是一种虚无。正是儒家之道的这种特性，决定了儒者必须在现存的政治

---

① 姚淦铭、王燕：《王国维文集(第一卷)》[M]，《屈子文学之精神》，北京：中国文史出版社，1997年版，第30页。

和社会秩序中推行其道,而"道"的高远又使儒者并不能认同于现实的状况,为此他们凭依"道"所含蕴的一整套价值系统对现实社会进行改造,整治社会秩序。当然也正是由于他们所不满意的现实社会的存在,才使他们的"道"有了存在的可能和意义。

儒家之道的向外推行,不同于其内在的修养,它可以说是儒者面临的最大难题。如果说内在的德性修养还是"为仁由己"的,儒者在心性的修习中是自由的话,那么儒家之道在向外推行的过程中则是身不由己的。孟子曰:"求之有道,得之有命,是求无益于得也;求在外者也。"(《孟子·尽心上》)儒者所面对的现实外界是不以他们的意志为转移的客观存在,只有"势"才对这个客观存在的社会现实具有绝对的把握权,因此,儒者行道必然触及"势"所经营的范围,与"势"发生关系在所难免。所以儒者寄希望于能够以圣人的品行左右君主的思想,推行"仁政",恢复礼乐秩序;他们也希望可以介入到国家政治生活中,凭借政治权力干预社会,实现自己的政治抱负;所以儒家之道在很大程度上积极地为统治者指出为国之道,希望能够达到"道势"的结合。但与"道"之高远的旨趣不同,"势"所看重的是现实的利益维护。所以春秋战国之际,以仁为核心的儒学在君主眼中实在比不过厉兵秣马的强国之术,孔子、孟子虽因其个人的人格魅力能够往来于各诸侯国间,却并不能说服国君实行儒家仁政,介入到国家的政治生活中。及至汉以后的大一统政权建立,统治者认识到儒家之道对于维护小农经济基础的等级社会秩序的重要性,认识到儒家之道对论证政权合法性的重要意义,因此,积极利用和改造儒家之道成为他们控制社会稳定、作为政权合法性依据的意识形态,儒学取得独尊地位。由于儒家之道本身认为君主等级秩序是合理的,且其也提不出比君主专制更好的制度,因此,儒者也只能在承认君主专制制度合理性的基础上来弘扬其道,实现道之理想,为了道之理想儒者必须借助和依赖现实的政治权威。正是基于此,我们说儒家之道和"势"存在着相互利用的关系,"道势"相依成为中国古代社会中长存的形态。一方面儒家伦理被政治化;另一方面儒者也通过入仕的方式介入到国家的政治生活中,努力把政治道德化,从而使中国的政治成为一种典型的伦理政治。在伦理政治一体化的格局中,君主是"势"之权威,注重现实的私家利益,"道"亦是精神之权威,放眼于道义理想和"天下为公",因此在具体的政治过程中,二者发生冲突不可避免。所以专制统治者只选择性地利用儒家学说中对自身有利的东西,如利用其"君君、臣臣"的等级观念来巩固君权,利用其亲情浓郁的家庭伦理规范来维护"家天下"的统治秩序;而对于儒家之学中的人格独立、个人尊严等意识则利用强权阻止其流传。如儒家学说中的民本思想就触怒了明朝开国皇帝朱元璋,把《孟子》中的"民为贵、君为轻"这句话删掉,并从孔庙中撤出了孟子的牌位。而儒者则坚持儒家之道为"万世之法",甚至把儒家的经典直接作为治国的"律令格例"。更有甚者,君权至上易导致君主统治的任性,君主的意志往往产生较大的社会性后果,至上的君权成为儒者在君主专制体制内进行理论建构,实现其"道"之理想的最大难题,亦是其绕不过去的障碍。我们经常发现儒家的许多主张都围绕着"忠君"又"格君之非"展开的,既强调君权的神圣性、忠君的道德性,又对君权进行约束成为儒家之道的永恒命题。此时儒者身份的变化加剧了其在君权与"道"之间的尴尬状况,儒者相比于春秋战国之际已经发生了很大的转变,疆域的大一统使他们缺少了优游的回旋空间,政权的大一统使他们作为帝王师或友的可能性丧失,此时的他们只是庙堂之中帝王的臣子,人身、政治、经济诸多方面依附于"势",这种依附性使其"道"之尊严的维护在"势"之威慑下更显其艰,儒者所任之道面临"势"之威严与自身生存状况的双面夹击,何去何从,他们必须做出选择。

儒者面临着从道还是从势的两难选择,其"道"的人文特色使他们不可能学习道家超然于"游方之外",而必须直面强大的政治权势;他们以道自任,"道"只呈现为一种精神方面的信持,无形又空泛;势单力薄、渺小孤独的儒者个人应对着强大、专断的王权,除了个人内心的精神信念外无所凭依。由此,儒者非常注重内心的精神力量的加强,非常看重个人人格的塑造。

第三节　道势之尊与儒者的道德人格范型

儒者奔波于理想与现实、超越与世俗之间,他们犹疑、徘徊、挣扎,是稍贬其道为政治权势所容? 还是以道自任、死守善道为政治权势所不容? 从道还是从势成为中国儒者必须面临的"两难选择"。千百年来,这一理论上统一而实践中矛盾着的选择折磨着无数儒者的灵魂,也形成了中国儒者千姿百态的人生。他们对此做出的毅然而又审慎的选择是其道德人格的体现,是其关于社会终极理想美好愿景的设想。由于时代背景、动机、目标以及对道之理解等不同,从而使他们做出的选择也有所不同,形成了中国古代儒者的不同道德人格,本书以儒者在"道势"间的选择为视角考察其道德人格范型,大致可以归纳出四种道德人格范型。

一、何谓道德人格范型

"人格"(personality)一词来源于拉丁文 Persona,其原意为舞台上用的面具。其作为一个科学的概念,在哲学、伦理学、法学、心理学、社会学等领域被广泛使用,由于各学科研究的视角、侧重点不同,同一学科内各学者的研究方式、研究维度不同,因而对人格有着不同的理解和界定。如心理学家研究人格,侧重于个人之间的差异,认为人格是个人的气质、性情、能力的整合;法学研究人格主要立足于主体的权利和义务的资格;而伦理学则认为人格"就是指人与其他动物相区别的内在规定性,是个人做人的尊严、价值和品质的总和,也是个人在一定社会中的地位和作用的统一"①。

就"人与动物相区别的内在规定性而言",人格首先包含着每个个人的人格之间的同一性,这个同一性是人之为人所具有的尊严与权利,它无关乎职位的高低、财富的多寡、相貌的美丑、健康状况的好坏、

---

① 罗国杰:《伦理学》,北京:人民出版社,2007 年版,第 438 页。

人种的优劣等等,每一个人在这个意义上都应该是平等的,都可享受到人之为人的权利与尊严,履行人之为人的责任与义务。这是我们人类祖先赋予我们的族类尊严,亦是我们所具有人格的前提条件。但在阶级社会中,由于统治阶级的剥夺,被统治阶级的人格权有时会被剥夺或削弱,如奴隶社会的奴隶常被视为会说话的工具而不具有人格。随着人类文明的进步,每一个人的人格尊严都应受到人们的尊重和维护。作为行为主体,个人更应该尊重和维护自身的人格尊严,通过加强道德修养,使行为举止符合社会的规范、准则;否则,品行恶劣为社会所不容,便是失掉了做人的人格。就"人格是个人做人的尊严、价值和品质的总和"而言,则是个人人格在道德上的规定性,用于区分于他人的人格,因此它为每个个人所独有。由于每个个人所处的社会环境、所受的教育、后天努力的程度等等各因素的影响不同,因而每个人所积淀的个人品质亦有所不同,个人品质使个人呈现为一种比较稳定的内在精神结构,并由此产生出比较稳定的行为倾向和生活态度。由此产生一定的社会影响,具有某种价值。因此,伦理学正是以这种稳定的行为倾向和生活态度来界定个人的人格的,它总是把个体置于社会道德关系之中,结合个人进行的社会道德活动,对人格的善与恶、高尚与卑下进行道德评价,揭示产生人格差别的根源,并力图改变人们卑下的人格以归于高尚的人格。个人人格的同一性是个人人格道德规定性的前提,如果一个人品行低劣,丧失了人格,那就根本谈不上人格的道德规定性,也无从对其道德规定性进行等级的划分。

因为伦理学从善与恶、高尚与卑下的分别上看待个人人格之间的差别,因而其人格概念与道德人格是同义的。何谓道德人格呢?就前面分析而言,道德人格主要指"个人人格的道德规定性,是个人的脾气习性与后天道德实践活动所形成的道德品质与情操的统一"①。首先,作为人格的道德规定性,它必然内蕴着人格的同一性,所以道德人格标示着整个人类与其他动物的区别。既然是人格的道德规定性,就必然在善与恶、高尚与卑下之间划分层级,所以道德人格可以划分为由

---

① 罗国杰:《伦理学》,北京:人民出版社,2007 年版,第 440 页。

下至上的数个层级,当然,最低层的道德人格层级可以视为没有道德人格,亦没有人格,即主体失去了做人的资格。其次,作为个人的脾气习性与后天道德实践活动所形成的道德品质和情操的统一,道德人格是一个多因素组成的有机系统,是由个体特定的道德认识、道德情感、道德意志、道德信念和道德习惯的有机结合。从道德人格的形成上说,道德认识和道德情感是基础,正是在后天的知识学习和道德实践过程中,强化了人们的道德认识,逐渐形成了自己的道德品质;道德情感是道德认识的直接反应,它一经形成,就具有比道德认识更大的稳定性,属于道德人格的外露部分;道德意志是道德人格形成的关键因素,它是道德认知、道德情感向道德行为转化的关节点;道德信念是核心,道德习惯则是前几个因素与人的肉体的融合,是道德人格的最后完成。从形成上说,这五种道德因素是前后有序的;但在个人整体的道德行为中,它们有机地结合在一起发挥作用,并没有先后之别。在道德人格的有机构成方面,道德人格和道德品质极易混同,道德品质是个人在一系列的道德行为中表现出来的稳定的、一贯的特征和倾向,它由道德认识、道德情感、道德意识、道德信念和道德习惯等因素构成。因此,就有机构成来讲,道德人格与道德品质是重合的,都可以用从恶到善、从卑下到高尚的道德层级进行划分,但作为伦理学的科学概念,二者还是有一定差异的,道德人格更强调“个人在一定社会中的地位和作用的统一”,更注重个人在社会中的作用(即价值功能)和社会影响,所以我们必须从社会规定性方面来理解道德人格。再次,作为个人的脾气习性与后天道德实践活动所形成的道德品质和情操的统一,道德人格具有可变性和可塑性。个人的脾气习性是先天的自然属性和在后天实践活动中所形成的社会属性的综合作用结果,其中尤以社会性为根本,所以人的脾气习性是具体的、可变的。这种脾气习性与后天的道德实践活动相结合,形成个人具体的道德属性,因此,道德人格不是先天的,它是人们进入社会道德生活以后,置身于复杂的道德关系之中,不断进行种种道德实践活动的过程中,逐渐形成的,具有可变性和可塑性。“虽然每个个体的道德人格具有不可重复的特性，但是，这并不排除在一群人中具有基本相同或类似的道德人格。"①
这些相同或相似的道德人格可以称之为同一种道德人格范型。

所谓道德人格范型是指一个社会中基本的道德人格范式和类型，
它是随着社会的发展而变化发展的。不同的社会、不同的时代、不同
的阶级依据其对道德、人格的不同理解，开展广泛的道德教育，引导人
们进行道德修养，积极塑造本阶级认同的道德人格。任何一种道德，
都首先树立一个理想化的、最完美的道德人格模式（理想人格）作为人
们道德上奋斗的方向和目标，这是道德理想追求的无止境特性的应然
考虑，但出于对道德修养过程之现实困难的体察，在理想人格之下，还
会有从低到高的道德人格各层级，从而使道德人格名目繁多，呈现多
种范型。

道德人格的形成过程离不开外在的道德教育和内在的道德修养，
道德教育很重要，它是个人道德人格形成的可能，是道德人格形成的
外部条件；道德修养是个人道德人格形成的内部条件，是决定性因素，
它是个人对各种道德价值观有意识地选择与坚定践行，是对自身原有
道德品质的克服，是道德人格形成的关键，因此，任何一种道德都重视
引导人们进行道德修养。儒家之道尤其注重儒者的修身和道德人格
的塑造，修身是儒家之道的重心所在。

二、道势关系与道德人格之期许

因为儒家之道首先致力于成仁、成圣的心性之学，其"内圣"的道
德目标要求儒者必须修身养性，正心诚意，但"内圣"只是其前提条件，
儒家之道还要致力于"外王事功"的经世致用，正所谓："身修而后家
齐，家齐而后国治，国治而后天下平。自天子以至于庶人，壹是皆以修
身为本。"（《大学》）这就决定了儒家学派必然把其理论思考的重心和
实践放在修身和道德人格的培养之上。

儒家之道注重修身不仅是由其道之本性所决定的，而且涉及"道"
与"势"之间的关系。由于儒家之道以人为中心，多关注人生和社会现

---

① 郭广银：《伦理学原理》[M]，南京大学出版社，2006年版，第408页。

实问题,所以它不能凭依人格神——"帝"来发挥作用;由于它只关心今生的生活,不涉及来世,所以它也不可能组成教会,凭借宗教组织的力量。儒家之道的彰显只能寄托于儒者,所以孔子曰:"人能弘道,非道弘人。"(《论语·卫灵公》)由此,弘道、行道成为儒者当仁不让的责任。但正如前面所述,道势之尊是儒者的两难选择,在威严、独断的权势面前,力量渺小的儒者承担的责任便异常沉重,其弘道所承受的利益牺牲极为巨大。怎样才能保证儒者不会发生孟子担心的"枉道以从势"的情形?怎样才能确保儒者坚持其弘道、行道的长久征程?孔子曰:"士志于道,而耻恶衣恶食者,未足与议也。"(《论语·里仁》)志于道就不能心役乎外,所以"志"是确保儒者坚持其道的保证。孟子则把士的职责明确定为"尚志",孟子曰:"仁义而已矣。杀一无罪非仁也,非其有而取之非义也。居恶在?仁是也;路恶在?义是也。居仁由义,大人之事备矣。"(《孟子·尽心上》)怎样才能尚志,就是"居仁由义",也就是以仁义进行修身,修身成为确保儒者能够尚志的必要条件。修身由此可以保证儒者对政治权势的"不动心"而专于行道。如公孙丑问孟子:"夫子加齐之卿相,得行道焉,虽由此霸王不异矣。如此则动心否?"孟子曰:"否。我四十不动心。"面对强大、威严的势,儒者只有通过修身来作为其所任之"道"的保证了,所以《中庸》把"修身"作为治理国家的九条主要原则之首,因为"修身则道立",修身成为儒者彰显儒家之道的关键。

言及修身,最初应是古代"礼"的传统,周公以礼治天下,目的在于使人们牢记等级身份和社会义务,各安其分,此时修身还是一种外在性的强制约束。及至孔子,"礼"成为修身的方法,孔子告诫弟子曰:"不学礼,无以立。"建立了完整的修身学说,对修身的目标、方法、手段等都有所阐释,尤其是孔子认为"性相近也,习相远也",指出了道德品质的差别是由后天学习和道德修养造成的,从而得出"克己复礼"的可能性,激发人们修身的积极性。这种思路被孟子的"人皆可以为尧舜"(《孟子·告子下》)和荀子的"涂之人可以为禹"发展开去,形成为修身的平等意识,而非某一阶层的专利。但孔子并没有明确提及"修身"一词,而是通过"修己"来表达了修身的思想,"子路问孔子。子曰:

'修己以敬。'曰：'如斯而已乎？'曰：'修己以安人。'曰：'如斯而已乎？'曰：'修己以安百姓。修己以安百姓，尧舜其犹病诸？'"（《论语·宪问》）可见孔子修身的观念是以合道之政治秩序的建立为旨归的。所以，孔子对处于政治秩序枢纽地位的君主也提出了修身的要求："政者，正也。子帅以正，孰敢不正？"（《论语·颜渊》）这种终极性的修身目的导致儒者必须正视所处的社会现实，与政治权势直接接触。在"道势"之间，儒者如何修身呢？孟子指出儒者修身必须兼顾"穷"与"达"两面："故士穷不失义，达不离道。穷不失义，故士得己焉；达不离道，故民不失望焉。古之人，得志，泽加于民；不得志，修身观于世。穷则独善其身，达则兼善天下。"能够得君行道，达到天下大治，可谓"达"也，这也是"道势"的理想结合；但若"势"有失于"道"，则儒者必不与其合作而离去，不能为权势所屈，更不能枉道以从势，此谓"穷"也，儒者却保留住自身的气节，从而维护住所持之道的尊严。荀子亦云："志意修则骄富贵，道义重则轻王公；内省而外物轻矣……士君子不为贫穷怠乎道。"（《荀子·修身》）《大学》把修身视为实现修己以安人，内圣而外王的关键，修身是齐家、治国、平天下的前提条件，是"道势"间协调的纽带，及至汉代、宋明时期，儒家修身思想又得到了进一步的发展，在方法、理论依据等方面都更为深邃，但修身是儒者气节、人格的塑造，彰显儒家之道的基本思想没有变化。

儒者修身的目的和方向是儒家之道的理想人格，理想人格是儒家之道向往和追求的个体完美人格，如"乐得其道"的君子、"以道佐君"的贤人、"博施于民而能济众"的圣人等等。儒者高尚的道德人格是其道之尊和功用得以彰显的保证，也是其与专政之势抗衡的依据，所以历代儒者都对自身的道德人格寄予很大的期望。孔子理想中的圣人是尧、舜、周公、文王，他说："大哉！尧之为君也。巍巍乎！唯天为大，唯尧则之。荡荡乎！民无能名焉。巍巍乎！其有成功也，焕乎其有文章。"（《论语·泰伯》）但儒者修身的结果总是体现为一种既定层次的道德人格，一般人的人格经过修身也很难达到圣贤。孔子曾叹息说："圣人，吾不得而见之矣；得见君子者，斯可矣。"又说："若圣与仁，则吾岂敢？抑为之不厌，诲人不倦，则可谓云尔已矣。"（《论语·述而》）连孔子都自谦为只是在向圣与仁的方向不厌其烦地努力,可见历代儒者也只是奋斗在向往理想道德人格的征途之中。颜渊喟然叹曰:"仰之弥高,钻之弥坚。瞻之在前,忽焉在后。"(《论语·子罕》)朱熹亦曰:"以某观之,做个圣贤千难万难。"(《朱子语类》卷一百一十五)况且即便儒者都能坚持"修身"的传统,也不能保证他们人人都在精神修养上有了真实的造诣。所以儒者的道德品质呈现高尚、卑下之分,道德人格亦有高下之别,分属于不同的层次。因儒者之道本身涉及道势两方面,且在现实的生活中,修身成为儒者坚守、彰显其道的保证,所以本书尝试从"道"与"势"之间的两难选择中分析儒者的修养,依据儒者对"道势"之尊的审慎选择划分其道德人格范式。

三、道势视野下的道德人格范型

如前面所言,儒者想借助"势"之力量弘道,促进既存之"势"向理想方面进展;"势"之占有者更是想方设法维持、扩大二者之一致性,抹杀、取缔"道"之为"势"所不容部分;"道势"双方都想达到一种微妙的平衡关系,但怎样才能确定"道势"间的平衡? 如何达到"道势"间的平衡? 并没有形成一个统一的认识,亦没有明确的标准,一切便只有依靠儒者个人的判断和心理上的自足,期望于儒者和"势"占有者双方的自觉努力了。由于儒者个人的心理自足感程度不同、对"道"的体悟和把握侧重点不同、所处时代不同、应对势之占有者不同,所以儒者对于"道势"间的选择侧重亦有所不同。大体说来,儒者对于纠葛着的"道势"不外乎持之以下四种态度:道尊于势、道势兼顾、道势疏离、枉道以从势 。

一般说来,"道"与"势"分属两个不同的系统,从道还是从势、入仕还是不仕本是一种价值的判断和选择,而不是道德、是非的必然命令,更无从划分道德境界的高低,它只是个人出于独立人格的独立价值选择,并无道德意义。但是,儒家之道乃是道德哲学,其道德的修为既表现为内在的心性之学,又呈现为外在的经世致用,"内圣"和"外王"本是其道的不可离分的两个阶段,直面"势"、接触"势"成为儒者道德修为的一部分,儒者对既存之势的合道判断与合作态度,已然成为其道德品质、道德境界的外在昭示,这就使儒者在与势直面之际,对道的坚持程度具有了道德意义。另一方面,"道势"关系使儒者置身于一系列的利益冲突之中,其对"道"之高义的坚持和追寻很难不做出必要的利益牺牲,从而使其行为具有了道德内涵。最后,中国大一统的封建政治体系由于介入了儒家之道,"道"之"德治"、"仁政"以及"圣王"发展而来的"王圣"传统,政治体制内儒者长久的努力等都已使政治道德化,这就使入仕、从势变得复杂化,从道德角度言之,以道抗势是儒者气节的体现,以"行道"和"天下苍生"为己任的从势亦不失其大义。综合观之,在道势间抉择是对儒者气节和能力的双重考验。

依据道势关系对人格进行划分是有历史渊源的,孔子和孟子就曾依据道势关系对人格进行过划分:"逸民伯夷、叔齐、虞仲、夷逸、朱张、柳下惠、少连。子曰:'不降其志,不辱其身,伯夷、叔齐与。谓柳下惠、少连降志辱身矣。言中伦,行中虑,其斯而已矣。谓虞仲、夷逸隐居放言,身中清,废中权。我则异于是,无可无不可。'"(《论语·微子》)在这里孔子给出四种不同类型的道德人格范式,"不降不辱"的伯夷、叔齐;"降志辱身"却"中伦中虑"的柳下惠、少连;"隐居放言"的虞仲、夷逸以及"无可无不可"的孔子本人。朱熹在《四书章句集注》中援引谢氏语:"七人隐遁不污则同,其立心造行则异。伯夷、叔齐,天子不得臣,诸侯不得友,盖已遁世离群矣,下圣人一等,此其最高与!柳下惠、少连,虽降志而不枉己,虽辱身而不求合,其心有不屑也。故言能中伦,行能中虑。虞仲、夷逸隐居放言,则言不合先王之法者多矣。然清而不污也,权而适宜也,与方外之士害义伤教而乱大伦者殊科。"前三种类型的道德人格都以不枉道而受到推崇,至于孔子本人的"无可无不可"也依据一定的标准:"直哉!史鱼。邦有道,如矢;邦无道,如矢。君子哉!蘧伯玉。邦有道则仕,邦无道,则可卷而怀之。"(《论语·卫灵公》)孔子赞成蘧伯玉的以道入仕,合道成为孔子道德人格判断的标准。孟子承继了孔子在"道势"间划分的道德人格范型,并依次把他们分为:"伯夷,圣之清者也;伊尹,圣之任者也;柳下惠,圣之和者也;孔子,圣之时者也。孔子之谓集大成"。所谓"圣之清者"乃"目不视恶色,耳不听恶声,非其君不事,非其民不使,治则进,乱则退……居北海之滨以待天下之清也"。即爱憎分明、事有道之君的品格。所谓"圣之任者"乃"治亦进,乱亦进……其自任以天下之重也"。即以天下为己任的博大品格。所谓"圣之清者"乃"不羞污君,不辞小官,进不隐贤,必以其道。遗佚而不怨,厄穷而不悯。与乡人处由然不忍去也"。即不计名利、仕不枉道、宽和敦厚之士。孔子则"可以处而处,可以仕而仕",是上面三种道德人格的集大成者。孔子、孟子所设定的这些道德人格范型是以其对道势关系的处理为视角的,此外就道德人格的层次而言,他们还有比较常见的"圣人"、"君子"、"大丈夫"等。当然,对于以"道势"为视角的道德人格范型也是可以用道德人格层次进行评价的,如孔子曰:"君子哉!蘧伯玉"(《论语·卫灵公》),孟子曰:"三子者不同道其趋一也。一者何也?曰仁也。君子亦仁而已矣,何必同。"(《孟子·告子下》)也就是说以上三种道德人格有不同的表现形式,呈现不同的范型,但都属于君子"仁"的范畴。由此观之,儒者对"道势"之尊的选择是具有道德意义的,从"道势"关系的视角划分儒者的道德人格是可行的。

　　儒者在"道势"间抉择,坚持"道"尊于"势"、力争做到"道势"兼顾,对"道势"倾向的把握程度依具体情况有所变动。但"势"力量过于强大,远远胜过儒者个人的力量,当儒者在"道势"冲突中无所凭依之际,其内心之心理上的德性自足感便成为最后的支撑,对"道"的坚持开始由"国"向个人"内心"领域逐步递减,将弘道、行道的时空阈限缩小到儒者个人的保身、修身、正德、养性,采取了与势疏离的态度,这也许是儒者关于儒家的效力等于政治参与的习惯思维的权宜之计,也许是儒者对势本就不屑一顾而追求内心高远德性的闲情适性。当然儒者对"道势"选择侧重的这四种态度并不是界限分明的,它们不仅呈现为不同儒者的个人选择,而且在儒者个人的行为选择中交叉存在,如孔子本人早期就积极入仕,游说各诸侯国,本着"道尊于势"的道德选择,但终未为"势"所用,退而著述讲学;如范仲淹希望以道佐君,"道势兼顾",甚至"宋朝忠义之风,却是自范文正作成起来也"。(《朱子语类》卷47《论语》)遭到三次贬谪之后,转而寻求安贫乐道,悠然自得的隐者心境。北宋宰相王安石"以道事君",被神宗称为"师臣","熙宁初,王安石欲复经筵坐讲之制,元祐间程颐亦争坐讲"可谓"君臣相知,义兼师友",①最后却落得个黯然离相,连"道势兼顾"亦不可得。但考察儒者的行为特征,把握其行为的总体的稳定倾向,我们还是可以相对地以其在道势间的选择划分其人格范型的。

立足于"道势"关系,以该视角来划分儒者的道德人格范型,则我们可以得出四种不同的类型:即"道尊于势"的道德人格、"道势兼顾"的道德人格、"道势疏离"的道德人格和"枉道以从势"的道德人格。因道中含"势","势"亦道德化,如明朝末年,当官学化的"道"已成为封建权势禁锢人们思想的工具之时,"以道为尊"反成为"伪道学家"打击异端、追求功名利欲的工具了。所以我们不能简单地以对"道"的坚持作为划分道德境界高低的标尺,更不能简单地把道德境界与该四种道德人格直接对应。还须具体分析儒者在道势间选择倾向的具体情况,以求对此进行正确的道德评价。

---

①　钱穆:《国史大纲》[M],北京:商务印书馆,2010 年版,第 593 页。

第三章
"道尊于势" 之道德人格范型

"此务为治者也"（《史记·太史公自序》）的"道"一经形成就与
"势"发生着不可避免的关系，以行道、弘道为己任的儒者必须直面对
"道"态度各异的"势"占有者。儒者在处理二者关系时逐渐形成了
"道尊于势"的观念，孟子首发"道尊于势"之论，荀子坚持对于儒者来
说身正德高先于得势，"志意修则骄富贵，道义重则轻王公"（《荀子·
修身》），《中庸》亦把德、位并列，强调德之重要。这些理论观念虽然
不能彻底把"道"凌驾于"势"之上，却也对后世的儒者产生一定的影
响。即使在大一统的封建王权专制体制下，"道"沦为"势"之意识形
态，但"道尊于势"之气节仍在儒者间传承。汉代董仲舒试图以"天"
之神威威慑和压制专制之势；宋儒抬出本体之"理"力图教导和驯服人
性之势。一些儒者更是不畏王权，不计个人得失，勇敢直言。如宋朝
王安石"其于君也，曰'以道事之，不可则止'"①（《临川先生文集》）。
及至明清之际，一些具有民主意识的儒者更是在他们的著述中尊显儒
家之道，以此抵制"势"之专制，王夫之、顾炎武、黄宗羲等人把"道"抬

---

① 转引自路育松《试论王安石的中节观》[J]，《江汉论坛》，2007 年第 7 期。

高到势之上,开中国启蒙思想之先河。"道势"观念由最初的君臣之义、天下苍生为己任发展至近代的民主启蒙,虽有封建专制皇权之压制,儒者"道尊于势"之观念仍络绎不绝,"道"因其承载者与"势"相抗的崇高气节获得了相应的发展。由此可见,"道尊于势"之观念一以贯之地存在于部分儒者的身上,激励着他们坚持"道尊于势",以"士志于道"、"从道不从君"、"乐其道而忘人之势"的决然态度回应"道势"冲突。这是其"志于道"的道义胆识,是其价值理性的必然选择,亦是其道德人格的昭示。这种选择内化为儒者"以道为尊"的精神,在不同历史时期实践、展示出来。

不过,儒者"道尊于势"的道义胆识和行为表现形式实由不同历史条件所造就。正如春秋战国之际,列国争霸急需道义、智力支持,儒者地位很高,从而以帝王的师、友自居,高尊其道、以道自贵、自显成为儒者的基本人格特征。而一旦儒者置身于大一统的政治、文化体系内,他就失去了先秦时期的民主学术氛围,亦不复有往来游说、针砭时政之自由。"势"不仅不再自屈于"道",就是士之议政的自由亦多少被剥夺。"道"被统治阶级篡改、利用,成为"势"之御用工具,为统治阶级提供政治智慧,但"道"之"仁政"社会理想、"济世安民"之志向以及其高远之旨趣决定了它必将在政治文化和体制中形成"道势"间的紧张和冲突。这种紧张和冲突一旦遇到社会危机的发生,如势之统治愈发反动,生民涂炭、民族危难之际,高洁之儒者即会用他们的"道"来拯救苍生,纲纪社会。若"道"为统治阶级所僵化,不足以解决社会危机,儒者亦会寻求其他学术养分以发展其道。因此,大一统的封建专制社会,儒者"道尊于势"之道义担当呈现为不同的形式,有时直接抨击腐败之势,解民于倒悬,呈现为明朗的铮铮铁骨豪情;有时亦以异端性的言论对势化之道进行批判,表现为道德人格的表象异化。因此,不同历史时期,道势往往呈现丰富的变化和错综复杂的关系,"道尊于势"的具体表现形式也复杂、曲折起来,需要我们具体问题具体分析。但无论何种形式,儒者做出"道尊于势"的选择都体现了他们的人格风骨和尊严,在历史的长河中闪烁着永不磨灭的光辉。

第一节　从道不从君的原儒之志

一、道尊于势之理论形成

1."道尊于势"理论观念的形成

儒家之道自"势"中产生,以理想之势的重建为旨归,所以与"势"之关系自"道"产生始便成为儒者思考的问题。儒家之道的创始者孔子非常重视其道,以"道"作为判断天下"势"之标准:"天下有道,则礼乐征伐自天子出;天下无道,则礼乐征伐自诸侯出。"(《论语·季氏》)为了强调"道"之对于儒者的重要性,孔子把"道"明确为士之责任,以此作为对士的身份认定:"士志于道,而耻恶衣恶食者,未足与议也"(《论语·里仁》),"士而怀居,不足以为士矣"(《论语·宪问》)。因此,"君子食无求饱,居无求安,敏于事而慎于言,就有道而正焉"(《论语·学而》)的精神性的儒家之道应是儒者当仁不让的追求。为了追求其道,儒者应该有笃信守死的精神:"笃信善学,守死善道。危邦不入,乱邦不居。天下有道则见,无道则隐。邦有道贫且贱,耻也;邦无道,富且贵,耻也。""士不可以不弘毅,任重而道远。仁以为己任,不亦重乎? 死而后已不亦远乎?"(《论语·泰伯》)《论语·里仁》更明确指出:"朝闻道,夕死可矣。"将志于道提升到生死之高度,不仅物质追求不足与之相较,就是丢弃生命亦在所不惜。孔子对道之尊的维护由此可见,因此,卫国仪邑掌封之官对孔门弟子曰:"二三子,何患于丧乎? 天下之无道也久矣,天将以夫子为木铎。"(《论语·八佾》)木铎即古代天子发布政教,用以警众之用具,被用来表述孔子行道、弘道,实是喻孔子是接受天意而传道于天下的,隐含着"道尊于势"之意。"道尊于势"主要体现在君臣关系中,孔子认为应该:"君使臣以礼,臣事君以忠。"(《论语·八佾》)而且更重要的是"邦有道,谷;邦无道,谷,耻也"(《论语·宪问》)。"以道事君,不可则止。"(《论语·先进》)在这种情况下,儒者就应该放弃高官厚禄,停止为君主服务以行己之志,即志于道,也就是"从道不从君",道尊于势之意已然非常明确了。

战国中期,各诸侯国争战进入白热化状态,对稳定国政、厉兵秣马、支持政权合法性之道的追求非常迫切,所以各有道之士及其所怀其道大多能得到诸侯君主的礼遇,整个社会"道尊于势"的态度比较明朗。孟子对孔子的观点进行了发挥,认为:"天下有达尊三:爵一,齿一,德一。朝廷莫如爵,乡党莫如齿,辅世长民莫如德。恶得有其一以慢其二哉? 故将大有为之君,必有所不召之臣;欲有谋焉,则就之。其尊德乐道,不如是,不足以有为也。"爵、齿、德为并列关系,不能以朝廷之爵以慢德也,但辅助君主统治百姓要以道德为上,所以若是有为之君,则要对臣就之(《孟子·公孙丑》),俨然有"道尊于势"之意。于是孟子首次明确地提出了"道尊于势"的观点,曰:"古之贤王好善而忘势;古之贤士何独不然? 乐其道而忘人势,故王公不致敬尽礼,则不得亟见。见且犹不得亟,而况得而臣之乎?"(《孟子·尽心章上》)做贤王和贤士先要"忘势",只有忘势,才能"汤之于伊尹,学焉而后臣之,故不劳而王;恒公之于管仲,学焉而后臣之,故不劳而霸"。(《孟子·公孙丑》)故君主能够以师事儒者。由此孟子借费惠公之言指出了儒者与君主的三种关系:"吾于子思,则师之矣;吾于颜般,则友之矣;王顺、长息,则事我者也。"(《孟子·万章下》),儒者之于君主,可以为师、可以为友、亦可以为臣。儒者为君主师、友的身份可以看为"道尊于势"的体现,这是毋庸置疑的,但处于臣位的儒者如何处理道势冲突呢? 孟子曰:"故士穷不失义,达不离道。穷不失义,故士得已焉。达不离道,故民不失望焉。古之人,得志泽加于民,不得志修身见于世。穷则独善其身,达则兼善天下。"(《孟子·尽心上》)要求儒者以道事君,泽加于民、兼善天下。因此,儒者应当以道义劝说君主推行仁政,"君子之事君也,务引其君以当道,志于仁而已。"(《孟子·告子下》)"惟大人为能格君心之非;君仁莫不仁,君义莫不义,君正莫不正;一正君而国定矣。"(《孟子·离娄上》)提出儒者要"格君心之非",以道来束缚君主的言论行为,对于一些稍违反道义的君主,可以采取一定的惩罚措施。孟子非常赞成伊尹"不狎于不顺,放太甲于桐,民大悦。太甲贤,又反之,民悦"(《孟子·尽心章上》)。流放恶君,目的是为了"格君心之非",是爱君和爱民的表现。对于一些极恶劣的独夫民贼,孟子则主张进行讨伐。当齐宣王问及"汤放桀,武王伐纣"之事,孟子曰:"贼仁者谓之'贼',贼义者谓'残'。残贼之人谓之'一夫'。闻诛一夫纣矣,未闻弑君也。'"(《孟子·梁惠王章下》)无道之君已然失去了做君的资格,"道尊"于势的态度非常明确、坚定。

战国末期,各诸侯国经过相互兼并,只余几个大国相互周旋、征战,天下统一已成必然趋势,"势"之力量大为增强,荀子承继孔子"道尊于势"的观点,并强调"势"之重要意义。荀子曰:"君子非得势以临之,则无由得开内焉。"(《荀子·正名》)指出权势对于君子传道的重要作用,荀子较先前的儒家更强调了追求势的积极意义,指出舜、禹就是"圣人之得势者",才能"兼利天下"(《荀子·非十二子》)。所谓"水至平,端不倾,心术如此象圣人。而有势,直而用曳必参天"是也(《荀子·成相》)。饶是如此,荀子依然坚持"道尊于势"的观点。首先对于儒者来说,得"道"是首要前提,只有德高身正,才能凭"势"而为王公之才,即使不得"势",亦可民俗淳美。"人主用之,则势在本朝而宜;不用,则退编百姓而悫,必为顺下矣。虽穷困冻馁,必不以邪道为贪。无置锥之地,而明于持社稷之大义……势在人上则王公之材也,在人下则社稷之臣,国君之宝也。虽隐于穷阎漏屋,人莫不贵之,道诚存也。"(《荀子·儒效》)对于"无礼义而唯权势之嗜者"则持批评态度(《荀子·非十二子》)。荀子更进一步把荣耀划分为"势荣"、"义荣",把耻辱划分为"势辱"、"义辱",即道义和势位方面的光荣与耻辱。"君子可以有势辱,而不可以有义辱;小人可以有势荣,而不可以有义荣。有势辱无害为尧,有势荣无害为桀。义荣、势荣,唯君子然后兼有之;义辱、势辱,唯小人然后兼有之。"(《荀子·正论》)可见,荀子是坚持"道尊于势"的。因为,"势"是可以在一定条件下发生变化的,"处势以道",则"势"虽小"载之百里地而天下一";不以道处势,则"厚于有天下之势而不得以匹夫老"(《荀子·仲尼》)。荀子重视儒家之道的外王事功,重视"势"之重要作用,但认为处势必以道,"道"成为"势"存在的必然前提,"道势"之尊已然明确,其"道尊于势"的基本观点是坚定的。

2.“道尊于势”之现实依据

春秋战国时期是中国单一政治中心分裂为多元政治中心的纷乱时期,由周王室的势衰力微到单一政权的轰然坍塌,由大小各诸侯国各自为政到稳定的七国争雄,这一“势”占有权争夺、转变的过程伴随着一系列的社会变化。首先伴随这一过程出现的是政权下移和制度变更。由于生产力的发展,各诸侯国内先后产生先进的生产关系——封建制生产关系,一些诸侯、卿大夫凭借着新兴地主阶级代表的身份,以经济优势带动政治变革,策动和支持君主进行变法,并在变法的过程中控制住各国的政治,“礼乐征伐自天子出”的威仪政权逐渐被诸侯、卿大夫把持,形成了封建政治体制和“政出多门”的政权下移形势。其次,礼乐制度崩坏。随着宗法等级体制的崩坏,封建政治体制的形成,尤其是周天子大权旁落,对之进行服务和维持的礼乐制度也逐渐崩溃了,权势上的优越地位使掌权的诸侯、卿大夫不再恪守礼乐的旧有规范,出现了“八佾舞于庭”的僭名越礼行为。再次“王官之学”的学术化和民间化。权势的转移、礼乐制度的崩坏使“王官之学”失去了其维系和支持系统,逐渐下移,民间私学兴起,形成了春秋战国时期的学术繁荣和民主之风,从而使士由贵族最低等级成为“以道自任”的独立社会阶层,获得身份的大解放,对当时的社会形势针砭批判,互相间争辩、批判,积极寻求重建社会秩序之良策,纷纷“思以其道易天下”(章学诚《文史通义·言公》上)。在纷乱、复杂的矛盾斗争中,各国的君主逐渐认识到谋略对于国家兴衰存亡的关键作用。《管子·霸言》载:“夫强之国,必先争谋。”《管子·制分》说:“强未必胜也,必知胜之理,然后能胜。”人们已经认识到胜之理的决定作用。谋略的关键作用使谋略、智能的载体“士”凸显出来,如《论衡·效力》篇记载:“六国之时,贤才之臣,入楚楚重,出齐齐轻,为赵赵完,畔魏魏伤。”《战国策·秦策一》亦云:“夫贤人在而天下服,一人用而天下从。”士由此受到特殊的重视,各国诸侯、权臣争相尊士、争士、养士,俨然已成为一种社会风尚。各道诸子由此在各国间悠游游说,以其所任之道自尊、自贵、自显,甚至自傲,不把君主放在眼里。如齐宣王质问颜斶:“王者贵乎士贵乎？"颜斶对曰："士贵耳，王者不贵。"（《战国策·齐策》）接着论述没有士人的政策和谋略，君主多半要归于失败，以此说明士贵于君。

一部分君主出于不同的目的，接受了尊士的观点，并通过自身尊士的行动强化了这种社会认知。君主尊士主要体现为三种方式，首先是以师事之，执弟子之礼。如对待愿归于鄙野的颜斶，齐宣王拜之为师（《战国策·齐策》）；魏文侯对卜子夏、段干木等人以师称之（《史记·魏世家》）等等。其次是以礼相待，免君臣之礼。如名士邹衍"适梁，惠王效迎，执宾主之礼。适赵，平原君侧行撇席"（《史记·孟子、荀卿列传》）。再次是以友事之，平等相待。如孟尝君对待士，"饮食、衣服与之共"（《战国策·齐策四》）。士之所以为贵，是因为他们以道自任，并以所任之道来批评时政、指点江山，君王尊士、贵士说明君主认识到"道"在政治上的号召力，"道"之于"势"的重要意义，接受了"道尊于势"的观点。如齐宣王并不欲以孟子之道治国，但仍想尊孟子其人，齐宣王说："我欲中国而授孟子室，养弟子以万钟，使诸大夫，国人皆有所矜式。"说明纷乱、复杂的政治斗争、矛盾关系中，"道"之发展却取得了相对民主的氛围和宽松的环境。诸子百家由此能以道自重，儒家对于儒者内在人格的修养、道之尊严更为注重，由此形成"士志于道"、"从道不从君"、"乐其道而忘人之势"的"道尊于势"之观念。

二、"道尊于势"之理想人格

天下有道、"德"、"位"相当是儒者追求的最高社会理想，如《中庸》所说："虽有其位，苟无其德，不敢作礼乐焉，虽有其德，苟无其位，亦不敢作礼乐焉。"与此理想社会相适应的理想人格就是道势统一的圣人，这是先秦儒者汲汲以求的"圣王"观念。孔子在《论语》中对圣人并没有明确的描述，"圣人吾不得而见之矣；得见君子者，斯可矣。"（《论语·述而》）而是对尧、舜的功业大加推崇，曰："大哉尧之为君也！巍巍乎！唯天为大，唯尧则之。荡荡乎！民无能名焉。巍巍乎！其有成功也；焕乎，其有文章！"（《论语·泰伯》）并认为博施于民而能济众者，"必也圣乎！尧、舜其犹病诸！"（《论语·雍也》）说明孔子认为的圣人既有道之仁又有势之功，是"内圣外王"的统一者。孔子的圣人思想在孟子、荀子那里得到了明确和发挥。孟子曰:"圣人,人伦之至也。"(《孟子·离娄上》)"百世之师也"(《孟子·尽心下》)。荀子认为"圣也者,尽伦者也"(《荀子·解蔽》)。但理想总是停留在理论的层面。在现实生活中,"道势"总很难达到和谐,"道势"冲突不可避免,所以,在原儒的理想人格设定中亦有所体现。如孔子对"不降不辱"的伯夷、叔齐、"隐居放言"的虞仲、夷逸等不以势枉道之人进行推崇。孟子更进一步把他们评价为"圣之清者"的有道之人。荀子虽然有着"非圣人莫之能王"的"尊君重势"理想,甚至以尧、舜、禹、汤等都为这样的圣王,但面临着"道势"的直面冲突,进一步把圣人划分为"得势"与"不得势"两种,所谓"圣人之得势者,舜、禹是也"。他们"一天下,财万物,长养人民,兼利天下;通达之属,莫不从服,六说者立息,十二子者迁化"。所谓"圣人之不得势者也,仲尼、子弓是也"。他们"无置锥之地,而王公不能与之争名;在一大夫之位,则一君不能独畜,一国不能独容,成名况乎诸侯,莫不愿以为臣"(《荀子·非十二子》)。可见面临"道势"不能两全之际,对"道"的笃行和坚持依然是原儒理想人格的先决和必须的条件。

孟子、荀子的圣人理想已经较孔子的遥不可及更接近现实些,如孟子认为"圣人与我同类者……圣人先得我心之所同然耳"(《孟子·告子上》)。荀子亦云:"涂之人可以为禹。"(《荀子·性恶》)因此,他们认为凡人亦可以成为圣人,如孟子认为养"浩然之气"可以成圣,荀子认为"积善而全尽谓之圣人"(《荀子·儒效》)。但圣人还是很难实现,因此,原儒主要构建了更为现实、更有实践可能的君子型理想人格。

君子在《论语》中提及比较多,既有与小人的对比,也有与圣人的比照,对君子规定了智仁勇的性格特征和恭宽信敏惠的行为方式等等,此处不再一一列举。在涉及"道势"方面,君子往往被原儒塑造成辅佐君主的阶层,君子是否辅"势"只能建立在"道"的基础之上。如孔子赞叹"君子哉! 蘧伯玉。邦有道则仕,邦无道,则可卷而怀之"(《论语·卫灵公》)。南宫适问于孔子曰:"羿善射,奡荡舟,俱不得其死然。禹稷躬稼而有天下。"夫子不答。南宫适出,子曰:"君子哉若人！尚德哉若人！"(《论语·宪问》)显然孔子因为南宫适的"尚德"而感叹其为君子。孟子也认为："君子之事君也，务引其君以当道，志于仁而已。"(《孟子·告子下》)孟子还说："不仁而在高位，是播其恶于众也。"(《孟子·离娄上》)看来判断君子的标准只能是德行的高低、志于道，否则即使处于高位，仍不失为小人。所以坚持"道尊于势"的荀子也认为："士君子不为贫穷怠乎道。"(《荀子·修身》)正是因为儒家基于君子对道的信守和笃行，所以对君子的教化和执政事功也都寄予希望。如《中庸》记载："君子动而世为天下道，行而世为天下法，言而世为天下则。"荀子也说："君子也者，道法之总要也，不可少顷旷也。得之则治，失之则乱；得之则安，失之则危；得之则存，失之则亡。"(《荀子·致士》)君子之下，原儒们还规定了另一层次的道德人格——士，虽其在知、技能方面略逊于君子，但其"志于道"的基本特征是不变的，也是其之谓士的标准。

当然，除了圣人、君子、士之外，儒家还规定了其他类型的道德人格，如贤人，孟子认为"微子、微仲、王子比干、箕子、胶鬲———皆贤人也"(《孟子·公孙丑上》)。"贵德而尊士，贤者在位，能者在职。"(《孟子·公孙丑上》)也就是德与位相当，既坚持其道，又能经邦治国治人。但更多时候孟子强调的是善养"浩然之气"的"大丈夫精神"，"故士穷不失义，达不离道。穷不失义，士得己焉；达不离道，故民不失望焉。古之人，得志，泽加于民；不得志，修身见于世。穷则独善其身，达则兼济天下……得志，与民由之，不得志，独行其道；富贵不能淫，贫贱不能移，威武不能屈，此之谓大丈夫。"(《孟子·滕文公下》)由此可以看到，原儒的理想人格与他们对"道势"关系的处理态度是一样的，圣王、贤人的理想只能存在其道的理想中，而一旦直面"道势"冲突的现实，"道尊于势"成为他们处理"道势"关系的基本原则，"从道不从君"亦是他们做出的毅然抉择，成就出原儒的"杀身成仁"、"舍生取义"的大无畏气概和为道献身的精神。这种选择不仅体现在其理想人格的建构中，更通过儒者的行为实践体现出来。

三、"从道不从君"之人格特征

先秦儒者以天下有道为最高社会理想,以内圣外王为最高人格境界,但理想之存在于理论之中,最艰难的莫过于在现实的困境中踟蹰前行,为此,原儒们脚踏实地地笃行其道,捍卫道之尊严,谱写出崇高的儒者道德人格境界。

首先,原儒以自身的仕途经历诠释"从道不从君"。儒家之道以天下秩序整治为旨归,儒者们积极入仕,思谋通过仕途以行道,所以孔子曰:"苟有用我者,期月而已,三年有成。"(《史记·孔子世家》)但儒者积极入仕之心在面临道势冲突时,依然以道为基础,坚决不事无道之君、无道之势。孔子曾官至大司寇,声名扬于诸侯间,但因"桓子卒受齐女乐,三日不听政;郊,又不致膰俎于大夫。孔子遂行"(同上),毅然辞去官职。孟子虽有平治天下的宏大志向,曰:"如欲平治天下,当今之世,舍我其谁?"(《孟子·公孙丑下》)所以"非尧舜之道不敢以陈于王前"(《孟子·公孙丑》),却"是以所如者不合"(《史记·孟荀列传》),终不为诸侯所用。不是他们的才能不够,而是其对道的坚守使他们无法与不合道之势相结合,正如颜回所说:"夫道之不修也,是吾丑也。夫道既已大修而不用,是有国者之丑也。不容何病,不容然后见君子!"(《史记·孔子世家》)正是基于坚守其道的信念,所以孔子不采纳"不修尔道而求为容"的入仕方式;孟子在齐王"欲中国而授孟子室,养弟子以万钟"的劝说下离开。更有齐国大臣蚳鼃在孟子的劝说下"谏于王而不用,致为臣而去"(《孟子·公孙丑下》)。他们都以自身的仕途经历诠释了"天下有道则见,无道则隐"(《论语·泰伯》)的"无可无不可"的道德人格范式。

其次,儒者以人格尊严抗礼王权以捍卫其道。宏大的志向必须落实在日常的行为举止中,道之高显必须建立在儒者较高的道德修养、人格尊严之上。因此,以道自任的儒者"便不能不'自高'、'自贵'以尊显其'道',即所谓'不自高,人将下吾;不自贵,人将贱吾'也"①。

---

① 余英时:《内在超越之路》[M],北京:中国广播电视出版社,1993年版,第161页。

61

第三章 「道尊于势」之道德人格范型

（《孔丛子居卫》篇）所以，原儒们积极筹划德、位相当的观念。如曾子曰："晋楚之富，不可及也；彼以其富，我以其仁；彼以其爵，我以吾义，吾和慊乎哉！"（《孟子·公孙丑》下）体现了儒者以身正德高而与爵、富相抗的卓然自尊气势。孟子则更为直接，曰："以位，则子君也，我臣也，何敢与君友也；以德，则子事我者也，奚可以与我友。"（《孟子·万章》下）表明就道而言，千乘之君想与贤士交友也不可得，必须以师事贤士，充分肯定了品德高洁之儒者的人格尊严。儒者的自贵、自显、自尊必须体现于其平时的行为举止之中，所以，儒者多加强品德修养，于出处辞受之际十分注意。如孟子本欲朝王，齐王派人来说有寒疾，要求"视朝"，孟子便不去了，坚持王"欲有谋焉，则就之"的礼节。由此，孟子认为依照"德"的高下可以分别做君主的师、友与臣，不同的身份应该有不同的礼节，所以"将大有为之君，必有所不召之臣"（《孟子·公孙丑》），而孔子之所以应君主之召是因为"孔子当仕有官职，而以其官召之也"（《孟子·万章》下）。也正是出于对德的认可与重视，荀子依德之高下把儒者区分为"大儒"、"小儒"，并与爵之高低进行比对："大儒者，天子三公也；小儒者，诸侯、大夫、士也"（《荀子·儒效》）；大儒就是"内圣"和"外王"方面都特别有能力的人，"非大儒莫之能立，仲尼、子弓是也"（《荀子·儒效》）。儒者通过捍卫自身的人格尊严来弘扬"道尊于势"之气节。

原儒以道自任，积极筹谋以道平治天下，对"道"的坚信与弘扬成为原儒的远大追求，为此他们不畏权威、权势，不顾及物质享受等身外之物，昂然树立"道尊于势"之大旗，不仅以"道"作为儒者辅"势"、入仕之基础，更在与"势"往来辞让之际也时刻注意自身的人格形象以确保"道"之尊严，成为后世儒者之人格典范。原儒坚持"道尊于势"的凛然气概固然彪炳千秋，但我们也应看到他们尊于道的执着有时亦难免导致僵化和迂阔。如孔子的"畏圣人之言"（《论语·季氏》），凡事拘泥于礼，严守名分，卫君曾欲得孔子为政，子路问孔子为政奚先？孔子曰："必也正名乎！"子路曰："有是哉，子之迂也！何其正也？"（《史记·孔子世家》）此虽是孔子与弟子内部的争论，但孔子确实把唐、虞、夏、商周的全盛时期看作理想社会，视尧、舜、禹、汤等为圣人，而坚持"吾从周"的礼制。及至孟子又以"守先王之道"为准绳,如果对这种执意于"道"之尊的态度不正确认识,仅停留于形式,难免墨守成规、泥古不化。董仲舒有"天不变,道亦不变"(《举贤良对策三》)之感叹,后世儒者也言必称古,怯于立意创新盖出于对"道"之尊的把握出现偏差。当然亦不可排除"势"之有意引导以及部分儒者沽名钓誉之举使然。

第二节 以身殉道的忠君之风

在大一统的王权专制统治之下,不仅儒者失去了往来游说、针砭时弊之自由,连民主的学术氛围也不复拥有,其所任之道往往被统治阶级篡改、利用,甚至成为一些俗儒求取功名利禄的工具。但"道"之本性使儒者必不能安于现实的状况,其仁政的社会理想必然对既存的政治现实提出调整的要求,对既存的社会秩序采取一种积极的改造的态度,所以"道势"间始终存在着一定的摩擦和冲突。这种"道势"间的不和谐关系在社会矛盾不严重时,会被儒家之道中的等级意识和忠君思想适当消解,而一旦社会矛盾尖锐,统治极其腐朽、黑暗,儒者们将再次义无反顾、视死如归地承担起匡时救世的历史责任。他们讽议时政、纲纪天下、拯救苍生所依据的便是他们所持之道,以"道"来对君权进行限制和约束,坚持"道尊于势"之儒者风骨。虽然他们的抗争如卵击石,他们的义举不一定能匡正天下,但他们抱道守义、拯救江山的行为可歌可泣,成为正直儒者的人格典范。

一、大一统政权统治下"道尊于势"观念之发展

随着汉朝大一统封建专制制度的建立,"道"沦为"势"之意识形态,"势"不再自屈于"道",但"道尊于势"之气节仍在儒者间传承。就理论构造而言,汉代董仲舒试图以"天"之神威威慑和压制专制之势;宋儒抬出客体性"天理"力图教导和驯服任性之势。董仲舒虽然以"君权神授"抬高了君主的地位和威势,但又以"天命"、"天意"来监督、约

束君主,如董仲舒说:"灾者,天之谴也;异者,天之威也。谴而不知,乃畏之以威。"所以君主要"法天","天意"、"天命"是什么呢？董仲舒认为"天志仁"(《春秋繁露·天地阴阳》),也就是君主以德配天,实际就是儒家之道,内含着以儒家之道约束王权的意图,但此时的王权权力高度集中,且精神性的"天意"要由处于王权威势之下的人来解释,所以不可能对王权起到根本性的制约作用。程朱一派则希望能够"格君心之非",以实现天下善治。如二程曰:"治道……从本而言,惟从格君心之非,正心以正朝廷,正朝廷以正百官。"(《程氏遗书》卷十五)又曰:"格其非心,使无不正,非大人其孰能之？"(《程氏外书》卷六)表明君主之非心是治道之障碍,非得由大人格之,显然"势"之合法性要由大人之道来确立,隐含着"道"尊于势之意。朱熹承接二程"格君心之非",要求君主能够克去"人心"之私欲,达到"道心"的"惟精惟一,允执厥中",从而实现"内圣外王"。理学诸子虽希望以道来引导、端正君心,但其"未有君臣,已先有君臣之理"(《朱子语类》卷九十五)的大原则最终使他们对"君心之非"只能"非人力所能为也"。

此外,一些儒者个人不畏王权,不计个人得失,勇敢直言。如东汉名士陈蕃曾说:"臣闻有事社稷者,社稷是为;有事人君者,容悦是为。"(《后汉书·陈王列传》)把社稷与君区分开来,以社稷苍生为儒者之事。宋朝王安石更是以孟子自期,注重儒者之人格尊严,坚持以道事君,曰:"其于君也,曰'以道事之,不可则止'。"[1]明确提出不使道屈的尊道之论:"士虽阨穷贫贱,而道不少屈于当世。"[2]及至明清之际,一些具有民主意识的儒者更是在他们的著作中尊显儒家之道,以此抵抗"势"之专制。如明末的吕坤直接指出理尊于势:"故天地间惟理与势为最尊。虽然,理又尊之尊也。庙堂之上言理,则天子不得以势相夺。既夺焉,而理则常伸于天下万世。故势者,帝王之权也;理者,圣人之权也。帝王无圣人之理则其权有时而屈。然则理也者,又势之所以恃以为存亡者也。以莫大之权,无僭窃之禁,此儒者之所不辞,而敢

---

① 转引自路育松《试论王安石的中节观》[J],《江汉论坛》,2007 年第 7 期。
② 《王文公文集》卷 2,《上龚舍人书》[M],上海人民出版社 1974 年版,第 30 页。

于任斯道之南面也。"（《呻吟语·谈道》卷四,）顾宪成清醒地指出: "盖天下有道,非天下自为有道也,准王帅之以有道,即有道;天下无道,非天下自为无道也,惟王帅之以无道,则无道矣。"又说,"天下受命于王,王受命于天,能奉天即是帅之以有道,不能即是帅之以无道"。也就是说君王受命于天,臣民也可以依据儒家经典对其进行监督、评论,实是原儒"以道抗君"的思想。黄宗羲亦慨然曰:"我之出而仕也,为天下,非为君也;为万民,非为一姓也。"《明夷待访录·原君》虽有封建专制皇权之压制,儒者"道尊于势"之观念仍络绎不绝,由最初的君臣之义、天下苍生为己任发展至近代质疑君权的民主启蒙,"道"因其承载者与"势"相抗的崇高气节获得了相应的发展。

二、大一统专制与忠君之风

在大一统的专制政治格局下,权势之集中使帝王更加注重君臣关系,积极要求构建忠节观。作为官方意识形态和价值系统的儒家之道为此做了一定的理论调整,自董仲舒"故屈民而申君,屈君而申天,《春秋》之大义也"（《春秋繁露·玉杯》）。直至朱熹的"未有君臣,已先有君臣之理"（《朱子语类》卷九十五）,儒家之道为专制之势提供了至上的精神支持,培养和塑造了士民的忠节观,使帝王不仅是政治权威,亦复成为精神权威。

"忠"是中国传统文化中的一个重要伦理范畴,最早见于《论语》中,据杨伯峻先生《论语译注》所附《论语词典》的统计,忠字共出现18次,仅次于"仁"、"礼"、"信"、"义"、"孝"而居第六位。"忠"作为重要的伦理规范在先秦时期语义比较宽泛,且对道德双方都有所规定。即指人们处理人际关系的基本准则,是一种自觉地对社会、国家和他人的责任、道德行为,又推而成为约束君主的道德信条。如曾子曰: "吾日三省吾身——为人谋而不忠乎? 与朋友交而不信乎? 传不习乎?"（《论语·学而》）此处的"忠"即指对他人的一种责任和道德行为,是曾子自我修养、自我完善的追求。又如《左传·桓公六年》记载: "所谓道,忠于民而信于神,上思利民,忠也。"即是对君主提出的为政道德要求,要求统治者能够造福于民。到了战国中后期,"忠"义逐渐窄化为专指君臣关系,甚至在法家那里成为"臣事君"的专一道德规范。饶是如此,儒家的君臣关系与此也是不同的,孔子曰:"君使臣以礼,臣事君以忠。"(《论语·八佾》)孟子曰:"欲为君,尽君道;欲为臣,尽臣道。二者皆法尧舜而已矣。"(《孟子·离娄上》)要求君臣双方各尽其义。但在大一统的帝国格局下,与帝王权力的极度集中相适应,董仲舒杂糅法家忠君思想改造原始儒家学说,使儒家君臣关系的等级化、规范的单向性增强。如董仲舒曰:"是故君臣之礼,若心之与体;心不可以不坚,君不可以不贤;体不可以不顺,臣不可以不忠"(《春秋繁露·天地之行》);他在《春秋繁露·天道无二》中又说:"心止于一中者,为之'忠';持二中者,谓之'患'。"所谓:"'患',人之中不一者也。不一者,故'患'之所由生也。是故君子贱二而贵一。"以天人感应的神化儒学来强化帝王权威,强调"忠"的政治化和单一化。到了唐宋时期,"愚忠"的成分大大加强。如朱熹说:"事君须是忠,不然则非事君之道。"司马光亦云:"臣之事君,有死无二,此人道之大伦也……正女不从二夫,忠臣不事二君。"(《资治通鉴·后周纪》)再加以历代政府也都采取措施弘扬"三纲五常"的封建纲纪,强化臣民的忠节观,及至明清之际,愚忠的思想发展到极致,"忠"的积极含义已经完全抹杀了,遂又引起进步儒者黄宗羲、顾炎武等人的反思,忠的原始含义逐渐复苏。因此,在忠君理论和政府忠节观的引导下,儒者渐形成忠君之风。

　　大一统的专制格局和忠君观的建立使儒者失去独立的社会主体地位和价值思考能力。首先,儒者必须依附于政治权势,儒者的经邦济世之才必须在封建的专制体制内实现,其个人的功名利禄必须身列魏阙才能实现,因此,儒者作为一个阶层没有独立使用的政治和经济资源,他们只能在大一统的专制体制内部寻求对权力制衡的方案,这使他们只能把政治观点的不同和斗争凝集为单纯的道德价值的冲突,通过高显"道"之尊严来匡正无道之"势",除了"天谴说"的威慑和"仁政"、"道心"的劝导外无计可施,也使一批批儒者无从在尊道之外寻求出真正的济世良方。其次,即使在如此狭窄的斗争区域内,儒者仍遇不可克服之悖论——抗"势"而不得反君,尊"道"又须忠君。因为作为"势"之最大代表者君主亦是"道"所树立的精神权威,国家的一切事宜都取决于君主的意志,儒者的学术创作和政治举动都必须在君主认可的范围之内,君主允许儒者在维护统治阶级利益和国家的长治久安方面进行政治建树,也会在统治困难时期迫切需要儒者的智慧、才识,所以会适当表现出一定程度的让步和宽容,一旦儒者对"势"之讽议和批判超过君主的容纳范围,就往往遭到残酷的制裁。由此形成了中国历史上正直儒者特有的悲剧人生:他们披荆斩棘、抛头颅、洒热血努力维护的"势"恰恰正在摧残他们! 这是忠君之风下崇道儒者不可克服之悖论,也正是这种悖论加剧了儒者殉道的悲壮色彩和成就了儒者道义上的崇高,形成他们特有的忠君殉道之道德人格范型。

三、忠君殉道的人格特征

儒学以"道尊于势"为基调培养了一批批贤能儒者,又对他们灌之以忠君、爱君的思想,因此,"道势"之冲突常常体现为儒者个人的为臣之道。阶级统治比较稳定、社会秩序相对和谐之时,儒者对君主尚能做到敬而不阿、犯而不欺、忠贞有加;一旦社会矛盾比较尖锐,儒者们便开始纷纷以"道"匡世救君,对君主犯颜直谏,与腐败权势做斗争,但由于其"道"之超越性与忠君之现实性矛盾无法解决,他们在与腐败权势斗争之时又寄希望于权势的最大代表者,所以其斗争往往囿于道义理想,成就为以身殉道的崇高品格,而很少能够取得政治上的成功。这是大一统政治格局中中国儒者的悲剧,亦是其道发展局限的表征。这种悲剧在历代王朝社会矛盾尖锐之时都会上演,如东汉晚期的太学生三万多人联合正义的官员与专权的宦官进行殊死的斗争,最终惨遭党锢之祸;宋代的太学生不计身死名灭的个人荣辱,讽谏朝廷;明朝末年的东林党争和复社的抗议运动更展现了以"道"抗"势"的顽强精神。这些在社会危机时刻爆发的抗势义举,都是儒者忠君殉道道德人格的行为表现,大多具有以下特征。

1. 儒者以道自任的身份自觉

自两汉以来,随着儒学成为官方意识形态,儒家之道逐渐成为社会主流价值系统,因此儒家的理想人格逐渐形成为一种传统,积淀、根植于儒者的心理层面。及至宋代以后,儒者们更是以儒家圣贤人格自警,积极从先秦儒家思想中寻求经典以进行政治改革,努力把"势"匡正在儒家之道内。所以大一统的政治格局下,弘道、行道之志和忠君之义都是儒者们立身的基本准则,以道自任成为儒者们的身份自觉。这种身份自觉首先表现为儒者的"以天下名教是非为己任"(《后汉书·李膺传》)。儒者们抱道守义,激浊扬清,捍卫道之尊严。如东汉末年,察举制和征辟制已成为沽名钓誉、拉帮结派的工具,玷污了天下名教,陈蕃怒斩了居墓道二十多年以孝闻名的赵宣,以捍卫名教之尊严与神圣,因其居墓道期间居然生了五个子女,表里不一,伪装孝道。东汉李膺以道"高自标持",结交甚少,被称为"天下楷模",范滂则以"澄清天下之志"著称于世。在明末,道德沦丧的世林风气中,东林党人则以道高自标持,弘扬正气。他们以道匡正时弊,不惜与神宗展开旷日持久的"争国本"斗争,东林党人坚持以封建礼制中的"嫡长子继承制"选定皇位继承人,从而平衡统治集团内部权力、稳定政治秩序。其次,以道自任体现为儒者"以社稷苍生为己任"的济时救世之举。政治统治黑暗,百姓生活在水深火热之中,与道之"仁政"、"民本"思想相悖,儒者以圣贤人格激励自身,匡时济世,解民于倒悬。如东汉窦武为城门校尉时,"妻子衣食才充足而已",他却把皇家赏赐的财物、粮食散给太学诸生和贫民(《后汉书·窦武传》)。陈蕃为尚书时,认为零陵、桂阳二郡的"山贼"闹事为地方官"贪虐"所致,主张清除贪官,安抚百姓。东林党人则以"顺民心"、"以百姓为本"展开抵制矿监税使的政治攻势,如李三才在淮、徐一带就巧妙打击陈增等矿监税使,"裁抑其爪牙肆恶者,且密令死囚引为党,辄捕杀之"(《明史·李三才列传》),实行恤民政策。顾宪成为东林书院书写的对联"风声雨声读书声声声入耳,家事国事天下事事事关心"表明东林党人把读书、讲学与关注国家大事联系起来,以弘道匡世,解救天下苍生的宏图大志。再次,儒者的群体自觉意识越来越浓厚。正直儒者不屈不挠的斗争和抱道守义的浩然正气唤起儒者群体的自觉意识,天下贤能之士纷纷效仿,由个人的正义行为发展为儒者阶层的集体行动。如东汉后期,随着士大夫与外戚、宦官斗争的尖锐化,儒者们则通过以儒家礼教为标准品评人物,造成社会舆论来集体与宦官势力抗争,当时太学生三万多人是社会舆论的中心，范晔云："故匹夫抗愤，处士横议。遂乃激扬名声，互相题拂，品核公卿，裁量执政，婞直之风，于斯行矣。"（《后汉书》卷九十七）这种社会舆论很大程度上起到了激浊扬清、扶持正义、打击邪恶的作用，"自公卿以下，莫不畏其贬议"。《后汉书·党锢传序》在与腐败势力斗争的过程中，忠义之士自觉联合起来，如"海内希风之流，遂共相标榜，指天下名士，为之称号"（《后汉书·党锢传序》），陈蕃罹难之际，竟有属下学生八十多人甘愿追随他共赴危难；名士张俭逃亡之际，诸多儒者无论相识或不识，"莫不重其名行，破家相容。"（《后汉书·党锢列传》）顾宪成罢官创办书院时，"士大夫抱道忤时者，率退处林野，闻风响附，学舍至不能容……故其讲习之余，往往讽议朝政，裁量人物。朝士慕其风者，多遥相应和。由是东林名大著"（《明史·顾宪成列传》）。最后，儒者以道自任还体现为"忧道"、"殉道"的壮举。东汉李膺在第一次党锢之祸后本可屈节全身，但李膺岂会屈节？以道自任的他"事不辞难，罪不逃刑"，在第二次党锢之祸时从容投狱而死；范滂得知大难将临时，拒绝了县令郭揖"俱亡"的建议，在母亲"与李杜齐名，死亦何恨"的慨然下从容罹难。东林领袖高攀龙临死笑曰："吾视死如归，今果然矣。"（《明史·高攀龙传》）以杨涟、左光斗为代表的东林六君子明知将不免于难，仍义无反顾地与宦官斗争，在狱中为全其节，受尽磨难而死。他们对可能遭受到迫害是清楚的，但以道自任的责任感、"舍生取义"的理念成为他们不畏生死，义无反顾走向殉道之路的内在动力。

2. 儒者以道抗势的顽强斗争

时当社会危机之际，"势"已失去理性的调控，以道自任的儒者出于爱国、忠君的目的，对日益腐败的政治权势进行匡正，从而使"道"与"势"之间发生尖锐的摩擦，儒者以道抗势，进行了不屈不挠的抗争。这种抗争主要表现为对所忠之君的犯颜直谏和对外戚、宦官、腐败官吏的斗争。首先，儒者多上疏直谏帝王。儒者以忠君为大义，所以他们多把政治运动的希望寄托在帝王的身上，因此屡次上书引导、劝诫甚至谴责帝王。陈蕃、李膺等人曾数次向桓帝上书，直面帝王过失，第一次党锢之祸后，陈蕃直接指责帝王"杜塞天下之口，聋盲一世之人，与秦焚书坑儒，何以为异？昔春秋之末，周德衰微，数十年间无复灾眚者，天所弃也"(《后汉书·陈蕃传》)。被桓帝削职为民。明末李三才直接警戒神宗说："奈何陛下欲崇聚财贿，而不使小民享升斗之需；欲绵祚万年，而不使小民适朝夕之乐。自古未有朝廷之政令、天下之情形一至于斯，而可幸无乱者。""即黄金盈箱，明珠填屋，谁为守之？"(《明史·李三才列传》)邹元标、杨涟、刘宗周等人也多次上疏皇帝，他们要么被廷杖，要么被削职，依然不改初衷。其次在职儒者多严厉打击外戚、宦官、腐败官吏。儒者处于乡野依然关心国事，何况处于魏阙乎？他们多以圣贤人格自警，致力于经邦济世，与外戚、宦官进行了不屈的斗争。东汉陈蕃与奸佞之臣斗争，外戚"大将军梁冀威震天下，时遣书诣蕃，有所请托，不得通，使者诈求谒，蕃怒，笞杀之"，得罪梁冀，遂被贬到修武县做县令；汉灵帝时，与窦武密谋诛杀宦官失败，"蕃时年七十余，闻难作，将官属诸生八十余人。并拔刃突入承明门"，事败身死(《后汉书·陈王列传》)。名士李膺则对宦官、腐吏毫不留情，任职所在，"守令畏威明，多望风弃官"；"诸黄门常侍皆鞠躬屏气，休沐不敢复出宫省。帝怪问其故，并叩头泣：'畏李校尉。'"(《后汉书·党锢列传》)明末时期，东林党人与宦官势力也进行了旷日持久的斗争，如李三才"裁抑其爪牙肆恶者，且密令死囚引为党，辄捕杀之"；天启四年，杨涟等人列举阉党魏忠贤二十四条罪状进行讨伐，却因熹宗的昏聩懦弱而导致东林党领袖一个个惨遭迫害致死。

3. 济世之超越与忠君之现实的悖谬

大一统的政治格局下，忠节观成为"道"之一部分，尤其在两汉之际天人感应神学为君权赋予了神圣性，两宋时期，宋儒更是执着于孔孟之道，所以他们都比较认可和向往"圣王"的理想境界，时刻以圣贤人格自警。"圣王"的理想境界把尊君与崇道很好地结合起来，尊君和道尊于君或者说尊君和以道制约君主是道的基本要求，所以东汉和两宋时期，儒者一方面对君主犯言直谏，顽强抗势，一方面又忠君、爱君。如李膺认为"事不辞难，罪不逃刑，臣之节也"。既然是做臣的节义所在，也就只有以身赴死；高攀龙则在遗书中称："君恩未报，愿结来生。"(《碧血录》)但儒生的尊君、爱君又得到了什么回应呢？东汉第一次党锢之祸使李膺、范滂等百余人死于狱中，后"其死徒废禁者，六七百人"；第二次党锢"又诏州郡更考党人门生故吏父子兄弟，其在位者，免官禁锢，爰及五属"。天下儒者几乎荡尽。东林党人亦在保社稷竭尽全力之际遭到了君主的抛弃，被阉党集团残酷绞杀。忠节如此相似，悲剧再次重演，可见圣王之道的尊君与道高于君只能存在于理想中，现实的践行如此不堪。这种不堪缘自二者必须统一在帝王身上，而集权之势的占有者帝王其专制和尊严是不容动摇的，因此，儒者豪气干云的济世理想面对其君时便转为忠节的恪守职分。政治上的约束和人身依附迫使他们只能在道德层面寻求精神的慰藉，他们只能以道自标持，"求仁得仁"了。也正是这种高显道义的信念，成就了他们高尚的气节和崇高的人格境界，中国封建社会可贵的精神财富。

殉道忠君的儒者求仁得仁，以生命成就了"道"的尊严，但"道"之固有的忠君与尊道的矛盾以及严酷的现实命运却也使他们产生困惑和迷茫。如范滂虽有老母豪言相送，士人衷心拥戴，仍然对现状存有疑惑，通过其对幼子的遗言表达而出："吾欲使汝为恶，则恶不可为。使汝为善，则我不为恶。"对为善的彷徨，可见其内心的凄楚无奈。杨涟遭受酷刑后曾嘱咐家人曰："分付各位相公不要读书。"（《诏狱惨言》四库全书·集部·总集类·文章辨体汇选卷六百四十一）对道之坚定信仰产生动摇。但他们依然慷慨赴死，以生命和鲜血彰显崇高的道德品格。而东汉儒者和明末的东林党人的悲剧结局也促使儒者对道进行思考和怀疑，努力发展、革新其道，从而出现一些不合道之旧传统的所谓异端。

第三节　以道为尊的异化表象

"道"作为读书人之精神信持，其发展总体来讲是由社会历史条件所决定的，作为独立的社会意识形态有时亦超前或落后于时代的发展。在封建大一统的政治格局下，"道"之发展难免被势化而失去其思辨和进步色彩，甚至有时无法与社会发展同步，流于迂阔和僵化，因此应对社会危机束手无策,从而失去"道"之凝聚力。为了反抗僵化之道,尊重"道"之合理发展,一些有为之士脱颖而出,尝做振聋发聩之呐喊或离经叛道之言行,被封建思想权威斥为异端。

一、道之势化与庸俗、刻板

秦王朝速亡的命运昭示其选取"道"之支持的失败,震撼并促使汉朝廷寻求新的精神支持。儒家之道更能够符合农业宗法社会等级秩序的构建,为日益繁盛的汉王朝提供政治智慧,因而被定为官学。两汉以后,历代王朝都以儒学为显学,儒家之道取得了独尊的地位,儒家之道的官学化与独尊地位的取得是以儒家之道思辨和进步色彩的牺牲为代价的,儒家之道的官学化使其本身日渐政治化、庸俗化和刻板化。如汉武帝及以后的时代都大力扶持神学,经学中引进谶纬之学而发展为天命神学,烦琐的注经方式成为儒学的教学传统;明清之际更是以程朱思想为一统,但理学原有的"观物察己"、"道问学"、"尊德性"等本质却被扭曲了。凡此等等,统治者力求思想一统、舆论一律,却窒息了"道"之发展生机。

"道"之庸俗与刻板首先是由大一统的政治格局所决定的。高度集中的大一统政权要求高度统一的意识形态。便于统一人们的思想,判断是非,从而为封建君主专制提供合法性论证和精神支持。而思想的统一以及统治阶级人为树立的思想权威可以把人们的思想囿于统治阶级认可的范围内,从而遏制对君权挑战的任何异端思想之萌发。为此,大一统的封建政权积极采取措施以儒家之道统一思想。他们以权势强行篡改、推行其道。如明朝开山皇帝朱元璋多次昭告天下:"一宗诸子之书,令学者非五经孔孟之书不读,非濂洛关闽之学不讲。"(陈鼎《东林列传》卷二)清康熙皇帝把"黜异端以崇正学"作为基本国策"圣谕十六条"颁行天下,把博大的儒家之道以自身狭隘利益的需要加以扭曲、篡改,使之成为僵死的教条;而对于真正的思辨精华则加以猛烈的镇压,顺治十六年,清廷下令把民间流行的《四书辨》《大全辨》等书焚毁,首开焚书之风。与专制镇压相配合的是对儒者施以利禄引诱。两汉时期,就以儒家标准进行察举、征召等方式选举地方贤良、孝廉之人进入政治体制系统，形成"万般皆下品，唯有读书高"的社会风气，隋唐以来科举取士更激发了儒生诵读儒家之道的热情，明朝则首开八股取士之科举方法，桎梏儒者之思辨思想，清朝八股文则规定更为僵死，儒生穷经皓首于经书中，却落得个"辜负光阴，白白昏迷一世"（《清代科举考试述录》第八章）的懵懂结局。① 凡此种种，以思辨为灵魂的博大精深之道被势压制、强迫、篡改、扭曲为服从"势"之统治、为势文饰弥缝的意识形态，为了强化对民心的一统作用，"势"把势化之道树立为思想权威，以堵塞人心疑惑、荡涤异端邪说。

其次，"道"之庸俗与刻板是势化之道发展的必然结果。作为社会意识，"道"之形成与发展是社会存在的反映，但它同时也表现为与社会发展的不完全同步性，表现为落后或超前于时代的发展。因此，在大一统的政治格局下，儒家之道作为与宗法社会相适应的宗法关系与伦理道德表现出超强的稳固性，因而，在面对社会危机和经济政治发展时便表现出相对保守和落后的特性来。如明末随着经济生产关系的萌芽、商品经济的繁荣以及海外文化交流的发展，扩大了中国儒者的文化视野，个人意识开始觉醒，由此产生新的价值追求和新的道德观念，禁欲主义的封建礼教愈发显得僵死和刻板。"个性自由的追求，以及对包括'好色'、'好货'在内的私欲的肯定，表明明代中后期确乎出现了一股反叛传统文化模式、冲撞僵化文化结构的早期启蒙思潮，它孜孜以求人格独立，争取思想自由，憧憬于人伦世俗的生活情趣，不屑于以圣贤为冠冕的教条，憎恶那种吞没个人真性情而安于欺世盗名的假道学。"②

再次，"道"之庸俗与刻板还是"道"之利益使然。"道"之大利即是实现内圣外王的境界，达到济世救民之目的。因此，"道"必须取得"势"之支持和帮助。"道"必须思考和解决社会现实问题，中国封建社会最根本的现实问题无外乎君权的集中，所以儒家之道只有围绕君

① 转引自周光庆《中国读书人的理想人格》[M]，汉口：湖北教育出版社，1999年版，第192页。

② 冯天瑜、何晓明、周积明：《中华文化史》[M]，上海人民出版社，1990年版，第789页。

权一统进行理论的构建。这是儒家之道实现自己、发展自己的方式和途径，亦伴随着儒家之道取得"独尊"地位，"道"之势化实现了其道之大利。儒家之道的独尊地位使儒者形成以道为尊的士人风骨，并在"内圣外王"的激励下成就为豪气干云的民族脊梁，但也容易使儒者滋生对圣人、圣世的幻想，并在幻想中沉湎于我贤、我圣的文化自恋，进而发展为唯儒独尊的文化专制主义。而一部分儒者为了迎合社会势力的需要，难免曲学阿世，排斥异端，换取功名利禄，此为儒者之小利。长此以往，儒家之道日渐缺失民主的氛围和外来养分的滋养，谈论日渐空疏，不切实际，流于僵化。如两汉时期，儒学逐渐复苏并取得独尊地位，经学滋养着两汉儒生的精神品格，后来注经方式却日渐烦琐，学术传统僵化和保守，且又与谶纬结合，流于荒诞，终在东汉末年，"然章句渐疏，而多以浮华相尚，儒者之风盖衰矣。"（《后汉书·儒林列传序》）更兼有解决社会危机的无力，党锢之祸后，儒者对儒家之道的信持力、凝聚力、感召力产生困惑和怀疑，一些愤懑的儒者则直接抛弃了儒家名教。如建安时代仲长统的《述志诗》言："叛散五经，灭弃风雅，百家杂碎，请用从火。"（《后汉书·仲长统传》）

　　儒家之道的庸俗与僵化是"道"之发展、前进的伴生物，亦是"道势"抗衡的两个结果之一，当然道之精神也在对势化之道进行着突破。在突破与抗衡的征途中，"道"的每一次前进都表现为道之学术理论的拓展，如玄学、理学等的形成与发展，每一次学术的拓展都会遇到旧的势化之道和势之或大或小的阻碍，儒者对阻碍所持的态度亦多有不同，其中有的儒者反抗比较激烈，尝发惊世骇俗之言，做离经叛道之举，表现为儒者道德人格的异化表象。异端型的儒者道德人格似乎是对整个儒家之道的反抗，究其实质，依然是以道为尊，不过是反抗势化的道或借道抗势罢了。

二、异端之人格特征

1. 蔑视和反对伪道、僵化名教礼法

　　之所以称一些儒者的道德人格为异化表象，在于这些儒者对儒家之道多怀疑和蔑视，对于儒家的礼教产生反抗情绪。如东汉政权随着

东汉清议之风的镇压而消亡，此后一百多年间战乱中的腥风血雨、政权更迭的刀光剑影、社会的震荡、民生的凋敝，在思想领域表现为以儒学独尊为内核的文化模式的消解，出现了"户异议，人殊论，论无定检，事无定价"的形势（曹丕《典论》），儒者们寻求各家思想以释心灵困惑，他们要么"恒读老子，状如学道"，要么"议论尚奇，多骇流俗"（见《后汉书》卷一百十一和卷一百十三），对儒学提出了疑问和批判，对名教提出了大胆的质疑和反抗。孔子的二十世孙，建安七子之首的孔融跌宕放言曰："父之于子，当有何亲？论其本意，实为情欲发耳。子之于母，亦复奚为？譬如寄物缶中，出则离矣。"《后汉书卷七十》魏晋时期，"弃经典而尚老庄，蔑礼法而崇放达"（《日知录正史》）则成为一种风尚。他们对名教进行揭露和批判，阮籍认为名教不过是暴君贼臣"竭天地万物之至，以奉声色无穷之欲"（《大人先生传》），名教亦不过是人们争相逐利相杀的工具罢了："今汝尊贤以相高，竞能以相尚，争势以相君，宠贵以相加，驱天下以趣之，此所以上下相残也。"嵇康也对名教进行了彻底地否定，"名利愈竞，繁礼屡陈"。所以他们都鄙薄礼法之士，阮籍认为那些遵循礼教的所谓君子"何异夫虱之处裈中乎"，他们"行不敢离缝际，动不敢出裈裆，自以为得绳墨也"（《大人先生传》）。嵇康不仅"非汤武而薄周孔"，在《答难养生论》中把孔子说成名利之徒，又把礼法之士比喻为"是以贪生之禽，食园池之梁菽"（《难张辽叔自然好学论》）。由此他们追求放任狂诞、率真洒脱的真性情。阮籍看望回娘家的嫂嫂，被人视为不合礼仪，阮籍曰："礼岂为我辈设邪！"而明朝末年，僵化的、被统治阶级篡改的理学思想已经追不上活跃的商品经济的脚步，五光十色的市民社会与单调、晦暗的封建礼教格格不入，由此亦产生出异端型的道德人格，如袁宏道、李贽、徐渭、汤显祖等人，对伪道和封建礼教进行了揭露和批判。李贽就针对封建卫道士提出的"存天理、灭人欲"提出了"人必有私"的命题，提倡物质欲望的合理性，揭露卫道士们、伪道学家们也不过"所见者未必公之所行，所行者又为公之所不讲"的虚伪面目，说他们"阳为道学，阴为富贵，被服儒雅，行若狗彘"（《续焚书·三教归儒说》）。为了进一步揭露道学之伪，李贽斗争锋芒直指孔子，在《论语》评说时，把孔子描绘成伪君子、假圣人。袁宏道则对"朝闻道，夕死可矣"提出批评，反驳道："夫闻道而无益于死，则不若不闻道者之直捷也。何也？死而等为灰尘，何若贪荣竞利，做世间酒色场中大快活人乎？又何必局局然以有尽之生，事此冷淡不近人情之事也！"①（《袁中郎随笔·为寒灰书册寄郧阳陈玄朗》）为此，他们也极端抵制封建礼教，李贽在传道时从不避女子，有时还收一些女弟子，甚至因为"此间无见识人，多以异端目我，故我遂为异端，以成彼竖子之名"而剃掉头发做了和尚。清朝时期则是把程朱理学压榨为仅仅用来约束人们行为的封建道德教条，残酷而僵死的"存天理，灭人欲"礼教规范严重窒息了人性的自然欲求，扭曲了人性的自然发展，龚自珍明确提出私或自私才是人的本性，在《论私》这篇文章中，他明确而坚定地否定了"大公无私"，所谓大公指封建礼教而言，所谓私乃"人欲之私"，实是否定了"存天理，灭人欲"的封建礼教。其在《病梅馆记》中就揭示了封建礼教对人性的扭曲和压制，表达了对封建礼教的痛恨和厌恶。

2. 抨击势及道之势化方式

大一统的封建皇权需要高度统一的思想，从而使万民一心、众口一词，便于遏制任何反对君权的思想萌芽，"故凡专制之世，必禁言论、思想之自由"②，名教成为统治阶级用以欺世惑众的工具。一些洞悉"势"之占有者之险恶用心，忧患社稷苍生、道之弘扬的儒者对道之势化的严重倾向进行了批判和抗拒。察举和征辟制是"道势"相互利用、结合的手段，也是儒者得以入仕的途径，但随着"势"之理性的丧失，导致"举秀才，不知书；察孝廉，父别居"（《后汉书》）的伪善、伪仁局面，而士大夫与利禄之徒斗争的清议运动被镇压，也导致了此后百年间政局的动荡，促使儒者与政权的疏离。阮籍因受名气所累，无法摆脱司马氏政权的羁绊，哀叹道："膏火自煎熬，多才为患害"（《咏怀诗》其六），"高名令智惑，重利使心忧"（其七十二），内心苦闷无从消

---

① 转引自周光庆《中国读书人的理想人格》[M]，汉口：湖北教育出版社，1999年版，第167页。

② 梁启超：《论中国学术思想变迁之大势》[M]，上海古籍出版社，2001年版，第52页。

解,只好"时率意独驾,不由径路,车迹所穷,辄恸哭而反"(《晋书·阮籍传》)。嵇康则因不满司马氏集团篡夺政权而直接抗拒入仕,因朋友山涛举荐他做官而与其绝交,在《与山巨源绝交书》中直接表达自己的不同政见,"非汤武而薄周孔",对司马氏集团假借名教行篡权之实进行讽刺,鼓动士大夫与皇权离心。鲍敬言则指出"无道之君,无世不有,肆其虐乱,天下无邦。忠良见害于内,黎民暴骨于外"①。(《无君论》)认为"君臣即立"是社会产生不平等的根源,幻想没有君主和政府的社会,从而把魏晋反势的斗争发展到高峰。明末时期的东林党遭遇也引起儒者对道的怀疑和困惑,直到明末清初的党人后代黄宗羲喊出了"为天下之大害者,君而已矣!"对"势"提出了强烈的控诉。此后清王朝八股取士的科举引诱兼以血腥的文字狱镇压,更使思想文化领域表现为一种死气沉沉、万马齐喑的局面。龚自珍严厉斥责了八股取士的科举制度,认为"科场之文,万喙相因"(《龚自珍全集·与人笺》),结果造成"天下之子弟,心术坏而义理锢者,天下之父兄为之,父兄咎功令"(《龚自珍全集·述思古子议》)。朝堂上也多为行尸走肉般的奴才和贪心利禄之徒,因此,他主张"去人之廉,以快号令;去人之耻,以嵩高其身"(《龚自珍全集·古史钩沉论一》)。对君为臣纲进行了批评。

　　3. 个体意识的觉醒与个性解放的要求

　　儒者以道自任成为一种群体自觉,长久以来儒者把自身的个体价值融入社会价值的实现之中,而统治阶级更是以篡改的名教对儒者个性进行束缚和扭曲,但每个人的自然情性、自我价值的实现方式都是千差万别、各具特色的,因此,单一、僵化的名教企图用统一的模式和准则来桎梏人性是不可能的。道德人格表象异化的儒者在抨击伪道、名教和讽刺假道学先生的同时,总是伴随着个体意识的觉醒和个性解放的要求。作为魏晋士人的代表,嵇康的个体意识觉醒,不追求功名利禄,不羡慕圣贤楷模,只要"任自然",做真实的自我。他在《释私论》中谈道:"夫称君子者,心无措乎是非,而行不违乎道者也。何以言

---

　　① 转引自汤其领《试论魏晋士人的狂放风貌》[J],《苏州大学学报》,1994年第4期。

之?”也就是说真正的君子是率情任性的,不拘泥于名教的是非和社会的褒贬。“越名教而任自然”成为竹林七贤的典型人格特征。正如宗白华所说:“魏晋人以狂狷来反抗这乡愿的社会,反抗这桎梏性灵的礼教和士大夫阶层的庸俗,向自己的真性情、真血性里发掘人生的真意义、真道德。”①明清之际,封建道德束缚个性、扼杀人的灵魂、提倡奴性的社会功能更为增强,李贽“人必有私”的命题和“穿衣吃饭,即是人伦物理”(《焚书·答邓石阳》)的观点,是同其个性解放的思想相伴而生的。李贽坚持“士贵为己,勿自适”(《焚书·答周二鲁》)。所谓“为己”就是自作主张,根据自己的思想和见解自由地选择自己的行为,因为“夫天生一人,自由一人之用”(《焚书·答耿中丞》)。每个人都是平等的,由此“平生不爱属人管”,表达了个体博大的独立人格精神。黄宗羲则借“豪杰之士”的人格品质表达了人性解放的理想,豪杰之士对任何事物都不盲从,“务得于己,不求合于人……不以庸妄者之是非为是非。”而要“深求其故,取证于心”②(《南雷文案·恽仲升文集序》)。他们的行为方式与原则都是出于自己的“真性情”,他们做学问、写文章、作诗等都是“真性情”的自然流泻。清朝龚自珍在李贽“人必有私”的基础上提出“大公无私”的说法,并由此不断强调尊重人的人格、尊严、个性,反对对人的个性进行束缚和压抑,由此,龚自珍还提出了“尊心”、“尊情”的主张,自然之情与生俱来,“情之为物也,尝亦有意乎锄之矣,锄之不能反宥之,宥之不已而反尊之。”(《龚自珍全集·长短言自序》)尊重自然之情就要“各因其性情之近”造就人才。龚自珍理想的道德人格是黄宗羲的“豪杰之士”,即冲破一切封建束缚,行为独立的人才。单一、僵化、呆板的封建礼教窒息着人性的自由发展,正因为此受到统治阶级的信任,道学先生的喜爱和维护,从而造成了封建社会思想领域死气沉沉的局面,而提倡人的真性情,主张个性自我发展的个性解放倒显得惊世骇俗、振聋发聩,因其不合于流俗,故呈现为道德人格的异化表象。

---

① 宗白华:《美学散步》[M],上海人民出版社,1999 年版,第 223 页。

② 罗国杰:《中国伦理思想史》[M],北京:中国人民大学出版社,2008 年版,第 649 页。

4. 对道之真正追寻与维护

被视为异端的儒者在离经叛道、惊世骇俗的背后掩藏着他们对"道"的执着和道义精神的追求,正是因为以道自任的责任感,维护"道"之尊严的正气精神,无畏"势"之强权的勇气使他们敢于挑战名教、伪道、礼教之权威,蔑视统治阶级所提倡的统一的模式、僵化的规范。如竹林七贤悠游林下,纵酒行乐、鄙弃世俗、崇尚老庄,并且远离仕途,无论他们怎么把自己伪装成蔑视礼教的僭越之徒,骨子里还是有着对儒家之道的维护和信仰,其内心深处并没有放弃儒家的建功立业、忠君忧国的基本信念,只是由于政治局势的黑暗,他们不愿同流合污,英雄无用武之地,所以才曲折、隐晦地表达出来。如阮籍尝登广武,观楚、汉战处,叹曰:"时无英雄,使竖子成名!"平日"率意独驾,不由径路,车迹所穷,辄痛哭而反"(《晋书·阮籍传》)。嵇康临刑前写给稚子的遗书则要求:"人无志,非人也。"只有志存高远才能实现伟业,嵇康以忠义勉励子弟,要求"不须作小小卑恭,当大谦裕。不须作小小廉耻,当全大让。若临朝让官,临义让生,若孔文举求代兄死,此忠臣烈士之节"[1](《家诫》)。由此可见,嵇康反名教而又要求子弟守"忠臣烈士之节",可见嵇康反对的只是被当时势所篡改的伪名教罢了,而其希望在魏阙经邦济世的功业也因政局腐败不能施展,最后只好托志于山林的清逸与闲适。就黄宗羲而言,又何曾放弃过忠臣烈士之节、经邦济世之志,明末领导"复社"进行反对宦官权贵的斗争,清兵入关后,先后辅佐南明福王朱由崧、鲁王朱以海进行抗清斗争,又在浙东组织"世忠营"进行武装斗争,可谓九死一生。这是其"扶危定倾"的使命感与责任感使然,也是其"圣贤指为血路"的豪杰型人格的实现:"扶危定倾之心,吾身一日可以未死,吾力一丝有所未尽,不容但已。古今成败利钝有尽,而此不容已者,长留于天地之间。愚公移山,精卫填海,常人貌为说铃,圣贤指为血路。"(《黄梨洲文集·兵部左侍郎苍水张公墓志铭》)李贽反道学可谓激励,细究其理论来源,依然是借原儒之理论抨击明末之道学。如李贽人必有私的观点也并不违背

---

① 罗国杰:《中国伦理思想史》[M],北京:中国人民大学出版社,2008年版,第376页。

先秦儒家的思想，孔子曾曰："富与贵是人之所欲也。"（《论语·里仁》）荀子亦云："尧舜之与桀跖，其性一也；君子之与小人，其性一也。"（《荀子·性恶》）对于封建大义的君臣之道，李贽也极力赞成，他称赞汉高祖为神圣之主，认为韩信作为臣子不忠，"非但无礼，亦且无义"①（《道古录·卷上》）。作为大臣就应该"国而忘家，身而忘私"，为此他极力赞扬孔子，视当时的道学者为"贼道"。李贽反明朝之伪道学，而以原儒之理论为依据，清楚地表明其为儒者的道之操守，也正因为此，他极力抨击被明朝道学先生单一化、权威化的孔子形象，还孔子以自然人的特征，但他对先秦时期作为自然人的孔子还是比较赞成和崇拜的。"在《四书评》中，他对孔子的上述回答连连称赞'妙'、'妙'、'妙'，其倾服之情溢于言辞"。因此他"强调人性自然本真，用势利自然说明人性的与生俱来，用真情实感解释人性的道德认同，反映的正是原始儒学的以人为本的传统"②，龚自珍揭露封建道德，要求个性解放，甚至提出要君臣共治天下，但都是出于维护封建统治的目的，且在斗争中也是依靠汉学批判宋学，依然没有脱离儒家之道的范围，缺少新的文化眼光和新的思想武器。综上而言，在文化大一统的思想领域里，出于解放个性的需要，一些儒者尝发离经叛道之言，行怪诞之事，而其内心深处依然羁绊于儒家之道，羁绊于儒家经世致用的宏图大志，羁绊于儒家以道治世的理想，这种内心深处的牵绊和现实道之僵化与颓废甚至谄媚于势形成强烈的冲突，他们努力在封建礼教和僵化之道与势之逼迫的罗网中挣脱、拼杀，不苟合于世，被冠之以"异端"之名，甚至最终以身殉道，但他们思想的光辉将永远闪耀在中国思想史的高空。

① 张建业：《李贽文集》[M]，北京：社会科学文献出版社，2000 年版，第 365 页。
② 章启辉、李美香：《李贽人性哲学的原儒情节》[J]，《中国哲学史》，2005 年第 2 期。

第四章
"道势兼顾"的道德人格

"道尊于势"的儒者在中国历史中涂抹了绚烂、悲壮的一笔,实际上,若无必要,没有人愿意舍弃自己的生命,正如孟子所说:"生,我所欲也;义,我所欲也;二者不可得兼,舍生而取义者也。"因此,"天地之性人为贵"(《孝经》)的儒家之道是积极关爱人的生命的,只是当"道"与"势"的冲突到了无法避免的程度,为了捍卫和维护"道"的尊严,只有"舍生取义"了。而一俟条件许可,积极入仕的儒家之道更注重引导人们经邦治国、兼济天下,使"道势"达到统一状态。所以说德位相当、道势兼顾的道德人格是儒者的政治理想。这种政治理想在远古圣王的政治实践中得到过完美的体现,在其内圣外王的理论建构中得到系统地铺展,更在秦汉以后封建帝王的尊孔崇圣的政治生活中有了实现的可能。儒者们积极地实践着"道势兼顾"的理想,以"道"调整、引领着现实的社会秩序,一定程度上使残暴的封建专制统治中渗透着文明的人性光辉,造福着百姓。

第一节 "道势兼顾"的可能性

内圣外王之道所含蕴的"道势兼顾"理想在绝对一元化的权力格局中已无法通过远古圣王的模式得以体现,但现实政治生活中"圣王"到"王圣"的衍变同样赋予了封建专制之势无与伦比的道德光环,满足了儒者圣王崇拜的心理定式。当精神和政治的双重权威向儒者伸出"尊孔崇圣"的橄榄枝,儒者们就无怨无悔地以其"道"为封建权势服务了。

一、内圣外王之"道势兼顾"

1. 内圣外王之道

最早把儒家之道概括为"内圣外王"之道的并不是儒者,而是身为道家学派的庄子,《庄子·天下》篇载有:"内圣外王之道,暗而不明,郁而不发,天下之人各为其所欲焉以自为方",庄子认为儒家的"内圣外王"是:"配神明,醇天地,育万物,和天下,泽及百姓。"(《庄子·天下》)其虽以批评儒家为目的,但对先秦儒家思想的概括可谓精准。在先秦儒学经典中对此内容都有叙述,如《论语·宪问》篇云:"子路问君子,子曰:'修己以敬。'曰:'如斯而已乎?'曰:'修己以安人。'曰:'如斯而已乎?'曰:'修己以安百姓。修己以安百姓,尧舜其犹病诸。'"由"修己"的内圣指向了"安百姓"的外王。《大学》亦云:"古之欲明明德于天下者,先治其国;欲治其国者,先齐其家;欲齐其家者,先修其身;欲修其身者,先正其心;欲正其心者,先诚其意;欲诚其意者,先致其知;致知在格物。物格而后知至,知至而后意诚,意诚而后心正,心正而后身修,身修而后家齐,家齐而后国治,国治而后天下平。""诚意、正心、修身"为内圣之举,"修身、齐家、治国、平天下"则为外王实践,其与庄子概括之基本精神是一致的。

内圣即通过严格的道德修养达到一种很高的道德境界,在孔子看来"仁"是一种崇高的精神境界:"士不可不弘毅,任重而道远。仁以为己任,不亦重乎。死而后已,不亦远乎?"(《论语·泰伯》)每个儒者都可以奋斗在追求仁的道路上,但每个儒者的境界却不尽相同,所以孔子从不以仁来自许或轻易称颂他人。但对辅佐齐桓公称霸的管仲,孔子却以仁相赞,曰:"桓公九合诸侯,不以兵车,管仲之力也。如其仁,如其仁。""管仲相桓公,霸诸侯,一匡天下,民到于今受其禄。微管仲,吾其披发左衽矣。"(《论语·宪问》)可见孔子认为内圣的道德境界并不止于道德主体的修身养性,它还内含着向外生发的周济天下、利禄苍生的外王。在内圣和外王之间没有一个鸿沟或界限,利国利民之举本身应是内圣的一个方面。由此可以认定,外王即内圣的向外推行,由近及远、由内及外地把自身的修养推衍到人际关系、社会秩序、政治格局的调整和维护中,以此实现"博施于民而能济众"的宏图大业。正是基于此,余英时先生指出:"这个理想的含义是:外王是从内在完成的内圣的光辉的散发而得到的。此理想根本上立足于一个基本命题,自我的道德修养本质上不仅仅是目的,并且还是达成大同世界的一种手段。"①很显然,没有内圣生发不出外王来,内圣是外王的基础和必要前提;内圣是本,外王是末,二者的先后是不可以倒置的。

"为仁由己"的内圣道德境界在理论上是有实现可能性的,那么由"内圣"如何才能推出"外王"呢?儒家大师们认为,圣人具有高度的道德修养和深邃的智慧,他们本应成为一个国家或民族的统治者。圣人本应为王,最突出的表现就是儒家的圣王崇拜观。孔子曾把古代的帝王理想化为儒家之道的实践者,但他很少去解释,而多对其推崇和赞叹。如"巍巍乎! 舜、禹之有天下也,而不与焉"(《论语·泰伯》)。"甚矣吾衰也! 久矣吾不复梦见周公。"(《论语·述而》)孟子则把古代帝王行儒家之道的内容具体化,不似孔子时期那么空泛,如"禹思天下有溺者,犹己溺之也;稷思天下有饥者,犹己饥之也"(《孟子·离娄下》)。孟子还按照朝代的顺序把古代帝王连成脉络,作为儒家圣王的依据。如《孟子·尽心下》云:"由尧舜至于

第四章 「道势兼顾」的道德人格

---

① 余英时:《中国思想传统的现代诠释》[M],南京:江苏人民出版社,1998 年版,第108 页。

汤,五百有余岁……由汤至于文王,五百有余岁……由文王至于孔子,五百有余岁……由孔子而来至于今,百有余岁。去圣人之世若此其未远也,近圣人之居若此其甚也。然而无有乎耳,则亦无有乎耳?"荀子关于圣王的思想和孟子十分相似,认为:"天下者,至重也,非至强莫之能任;至大也,非至辨莫之能分;至众也,非至明莫之能和。此三至者,非圣人莫之能尽,故非圣人莫之能王。圣人备道全美者也,是县天下之权称也。"(《荀子·正论》)由此台湾学者韦政通对先秦儒家典籍中的尧、舜、禹、汤、文、武、周公七人的人格特质归纳到:"只有内圣、外王两种特质,为诸帝所共有,这说明内圣、外王,确实是古代文化理想所在。"[1]在这种古代文化理想中,可以发现,外王是内圣的目的,儒家之道是以外王为旨归的,外王即儒者理想之势,所以内圣外王之道本身内含着道势兼顾的理想,这种理想在古代圣王的身上得到了体现。当然,由圣而王的转变只发生在古代帝王的身上,自春秋战国以来,圣王只能是一种理想,内圣外王之道还需另外的实践模式,这就是孔子的德政、孟子的仁政和荀子的王道说。孔子曰:"为政以德,譬如北辰,居其所,而众星拱之。"(《论语·为政》)"政者,正也。子帅以正,孰敢不正?"(《论语·颜渊》)在道德与政治、内圣与外王之间架起了一座桥梁,形成了儒家的德治政治伦理观。孟子沿此发展下去,提出仁政学说,认为统治者只要"成圣成仁",自然能做到"以不忍人之心,行不忍人之政,治天下可运之掌上"(《孟子·公孙丑章句上》)。荀子认为圣王行王道——"义立而王",是结束割据、一统天下的理想手段,荀子曰:"以国齐义,一日而白,汤、武是也。"(《荀子·王霸》)如果以仁义治国,就可以"不战而胜,不攻而破,不劳而天下服"(《荀子·王制》)。即使以霸道取得天下,也只是"小齐"之"盗兵",还是要行王道进行统治,否则人心叛离。以上两种实践方法都把重点放在了圣王的身上,儒家之道与"势"完美地体现在圣王的人格中,先秦儒家由此通

① 李亦园、杨国枢:《中国人的性格》[M],南京:江苏教育出版社,2006 年版,第 16 页。

过圣王的政治实践证明了"道势"的合一性。正如《礼记·中庸》所云："虽有其位,苟无其德,不敢作礼乐焉,虽有其德,苟无其位,亦不敢作礼乐焉。"德、位相合、"道势兼顾"才是儒者的政治理想,这种理想在上古圣王时期的成功实践刺激并坚定着先秦儒者以道辅势的决心,他们积极入仕,孜孜以求,寻找能够行仁道的君主,实现唐虞盛世。但真正由圣而王的儒者是没有的,拥有权力的帝王只有很少算得上"道德纯备,智慧甚明"(《荀子·正论》),真正称得上圣王的也几乎没有。这并不妨碍大一统皇权下许多帝王以圣自称,也不能阻止大一统的封建帝王在成为政治权威的同时,也被包装成了精神的权威。因此,除把希望寄托在帝王的身上以外,儒者们也积极地进行由内圣推出外王的弘道实践,"学而优则仕"是最佳的实践方式,对于儒者而言,所学的多是以礼乐为中心的道德教化,学而优即道德修养有所成,然后才能做官;正如《大学》所说的修身以后才能齐家、治国、平天下,如果正心诚意、修身养性达到了"内圣"的境界,就可以推之于齐家、治国、平天下了。

儒家的内圣是儒者个人可以决定的,所谓"为仁由己,而由人乎哉"(《论语·颜渊》),但外王的推行却必然遭遇一个儒者个体意志和行为所不能改变的外部世界,外王的实现必然牵绊到既存之势。既存之势是否认同儒家之道,愿意以儒家之道治国是"道势兼顾"能否实现的现实依据。

2. 从"圣王"到"王圣"的衍变

目前最早记载"圣王"一词的古文献是《左传·桓公六年》:"圣王先成民而后致力于神。"即圣王首先要致力于世俗生活的管理,这与早期的天命王权观有很大的不同。事实上,自西周以"敬天"、"保民"、"以德配天"的观念充实天命观以来,春秋战国时期思想文化已经由崇拜神性转向崇尚理性和人文,所以王权的合法性证明已经由天命观的神性权威转向了"得道者得天下"的理论论证。诸子百家普遍认为闻道、体道、得道的最高人格为圣人,因圣而王、由圣则治的政治模式成为他们最为理想的设计,各学派都期待圣人掌握最高的统治权,圣人成为知识、道德、权力的合一体。在这种对圣人热切崇拜和召唤的列国纷争时代,各诸侯国的君主均不敢以圣王自居,更不敢比肩于唐尧、虞舜、夏禹等古代圣王。虽然他们和圣王同属"王"系列,但高高在上的圣王人格已经成为他们鉴别、品评、映照自己不足的标尺。及至大一统秦帝国的建立,秦始皇变成了"得天下者",秦的胜利也就成为其所持之道的胜利,"得道者得天下"的理论证明变成了"得天下者得道",秦始皇称圣也就成为该逻辑的必然结果。秦始皇及其幕僚利用先秦以来的圣王观念,开始把圣的桂冠戴到自己头上。如秦始皇几次巡行过程中刻石之辞里都突出了"圣":"皇帝躬圣,既平天下,不懈于治,夙兴夜寐,建设长利,专隆教诲。训经宣达,远近毕理,咸承圣志(二十八年泰山刻石)。"(《史记·秦始皇本纪》)秦始皇成为圣的化身,圣与王合一。但秦王朝短命而亡,其所持之法家之道也失去了合理性。汉朝大一统政权的建立急需与此相适应的新道,董仲舒提出"天人感应"的儒家思想以论证汉政权的合法性。董仲舒认为道德来源于天,"道之大原出于天,天不变,道亦不变"(《举贤良对策三》),而人世间的皇帝是天之子,他们直接继承了天的道德属性,所以"为人主者,法天之行,是故内深藏,所以为神;外博观,所以为明也;任群贤,所以为受成;乃不自劳于事,所以为尊也;泛爱群生,不以喜怒赏罚,所以为仁也"(《春秋繁露·离合根》)。而古代的圣王也是天之子,王与圣作为天之子统和起来,皇帝是天之子,不仅取得了政权的合法性支持,成为政治权威,而且取得了道德上的优先感,成为精神权威。这样由圣而王的圣王观念被董仲舒的"天人感应"说直接改造成了"王者即圣"的王圣观念。此后两千多年的帝王统治中,历代帝王及王朝的事物开始冠以"圣"的字眼。帝王被尊称为"圣上"、"圣皇"、"圣王""圣主"、"圣帝"等,帝王的命令被称为"圣旨"、"圣令"、"圣喻"、"圣诏"、"圣训"、"圣诲"等等。

由圣王到王圣实际都反映了儒家"道势兼顾"的理想心态。在圣王观念中,"道"是基础,是前提,"势"由道中生发而出,依赖于"道";圣王的观念在实际的政治运用中被篡改成"王圣"的模式,则是儒家希望能够以道或天等方式对君主的"势"进行限制,以保证德政、仁政的实行。德政的实行需要树立君主的绝对权威,况且天的意志是可以由人随意去附会、解释的,带有很大的弹性和变动,其结果只能导致君主权力的无限膨胀。封建帝王不仅拥有政权的绝对权威,还因承继天之道德成为绝对的精神权威,从而给封建专制之势赋予了无与伦比的光环。在这种光环的映射中,儒者们得以在圣王崇拜的心理定式下,无怨无悔地服从封建的专制统治。也正是在这种绝对一元化的权力格局中,儒者内圣外王的实现也只能是在政治体制内部发生。即使封建帝王多昏庸无能、粗暴迷信之徒,儒者们的外王事功也从无反心,他们汲汲以求事功,努力行仁政、广教化,忠诚服膺于王圣的光环中,希望帝王能够心怀仁爱,德布天下。总之,由圣王的观念到王圣的实践模式,"道势"之间的关系就发生了根本的逆转,道之第一性、基础性地位丧失,沦为为势服务的工具了。

二、现实可能之"道势兼顾"

1. 封建皇权对儒家之道的采纳和应用

儒学因其"严等差,贵秩序,而措而施之者,归结于君权……于帝王驭民,最为适合,故霸者窃取而利用之以宰制天下"①受到汉统治者的青睐,以后历代封建帝王也都因其有利于巩固统治而奉之为治国经典。儒学由此开始官学化,儒家之道也与政治权势结合起来,形成中国特有的伦理政治传统。大体说来,封建皇权对儒家之道的采纳和应用主要集中于以下几个方面:

首先,皇权统治者钦定儒学经典,广布教化。"儒家的权威之作被奉为全社会的经是从西汉开始的。"②西汉时期随着儒家经籍的复出,开始设置博士作为管理经籍的人才,公元前136年,汉武帝设五经博士,把《诗》《书》《礼》《易》《春秋》正式奉为经典,公元前124年,汉武帝下诏在长安正式成立了太学,以儒学博士为学官,设太学生五十人,对其授以儒家经典。博士的设立以及太学的举办标志着以儒家经学

---

① 梁启超:《论中国学术思想变迁之大势》[M],上海古籍出版社,2001年版,第51页。
② 汤一介、张耀南、方铭:《中国儒学文化大观》[M],北京大学出版社,2001年版,第19页。

为教学内容之官方教育的开始,此外儒学教育还遍及私学、蒙学以及家庭教育等各个领域,形成了"天下学士靡然向风"的局面。(《汉书·儒林传序》)。即使各种思想都比较活跃的魏晋南北朝时期,"势"之占有者也极力利用儒学为巩固其政权服务,如魏文帝、北魏道武帝均设立太学,并重视五经教育,甚至连崇佛的梁武帝也设五经博士,教育内容仅限于五经。隋唐以来更是恢复了儒家经典在教育内容中的正统地位,隋文帝专设国子监掌管全国的教育,设祭酒一人主持工作,唐代官学则设国子学、太学、四门学、弘文馆及崇文馆进行儒家经典的专门教育,而且唐代的儒家经典范围开始扩大,把《周礼》《礼记》《仪礼》《公羊传》《谷梁传》《左传》《诗》《书》《易》称为九经,后来又把《孝经》《论语》《尔雅》列入经部。北宋时期官方教育无暇顾及,多由儒者开办书院,开始把《孟子》列入儒家经典,至此总称"十三经",就教学内容而言与唐代大同小异,只是北宋尤重四书:《大学》《中庸》《论语》《孟子》。自朱熹作《四书集注》,四书遂风靡于世,而在南宋、元、明、清时期,更是以理学家解释的五经和朱熹的《四书集注》作为教学的主要内容。此外明清时期,官学规模很大,但已完全纳入了科举的轨道,教育内容多为八股时文,儒学教育走向没落。

　　"势"之占有者通过钦定儒家经典、广布教化建立了儒家价值系统在全国的统治地位,但统治阶级在对儒家经典进行钦定和教育的过程中总是以维护自身的阶级利益为价值取向的。如两汉时期多组织经学研讨会,解决儒学内部纷争,最有名的就是西汉宣帝时的石渠阁会议和东汉章帝时的白虎观会议,尤其是白虎观会议形成的《白虎通义》,以四十三个专题贯彻儒家的三纲思想,确立封建的宗法等级制度,从而更有效地维护封建统治秩序。更应该引起大家注意的是,这些会议结果最后都经皇帝裁决后,才向社会颁布,从而保证了以"势"之价值需要为裁量"道"之价值系统的标准,还保证了皇帝不仅作为政治权威存在,同时亦成为学术和精神权威,更兼有王圣现实的存在和儒家根入骨髓的圣王崇拜观念,儒者们从心理层面接受了对皇帝权威的顺从,其弘道之大义自然离不开魏阙。学术争议以政治法典结束的后果也促进了儒学的政治化,其固然加强了儒学对社会的控制理论,却使儒学失去了其独有的风骨和尊严,儒学日益成为政治的附庸。

其次,"势"之占有者大开儒者入仕之门。董仲舒以《公羊春秋》为骨干,糅合了阴阳、黄老和法家思想的新儒学成为封建统治阶级的正统思想后,统治者即以儒家的经术和伦理道德为选拔人才的主要标准。如西汉的选官制度有"按汉制,郡国举士,其目大要有三:曰贤良方正也,孝廉也,博士弟子也"(《文献通考》卷二八)。汉代选拔贤良方正多以通经致用为标准,选拔者也都是经术之士;而关于孝廉的选举标准即是儒家所提倡的最基本的道德规范孝悌与清廉;博士弟子则是汉朝官吏的重要来源,经过考试后,博士弟子即可做官,考试内容也只限于儒家经学。此外,汉朝还通过征辟制选拔官吏,同样出于统治阶级对儒学的利用目的,被征辟者依然以通晓经术的儒者为主。经过西汉官吏的选拔制度,"自此以来,公卿大夫士吏彬彬多文学之士矣"(《汉书·儒林传》)。东汉末年直至魏晋南北朝之际,西汉以德才兼备的儒者为文官之选举制度遭到了一定的破坏,也违背了儒家推行德治和教化的方针。隋文帝统一全国后,遂于 587 年设立秀才科,开科取士;隋炀帝时增设进士科,正式创立了科举制,此后历朝逐步完善,终于使各阶层的儒者都可以凭借经书走上入仕之途。科举之内容钦定为儒经和文章才学,南宋以后则以理学家的解释为官定教材和考试内容,以儒家理想为裁定标准。明清时期,规定经义文字一律采用"八股"格式,《明史·选举志》载有:"科目沿唐宋之旧,而稍变其试士之法,专取四子书,及《易》、《诗》、《书》、《春秋》、《礼记》五经命题取士,盖太祖与刘基所定。其文仿宋经义,然代古人语气为之,体用排偶,谓之八股,通谓之制义。"此后八股文控制中国科举考试达五百年之久。

"势"之占有者通过选举制度把儒者一步步地引入庙堂,成为为他们服务的工具,利用教育和科举结合的制度成功地把儒者的思想限定在他们所认可的价值趋向范围内,一旦发现儒家思想中有不合或不利于自身统治的内容,即刻加以改造或舍弃,尤其到明清时期,读书范围愈来愈窄化、单一,如朱元璋曾多次诏示天下:"一宗朱子之书,令学者非五经孔孟之书不读,非濂洛关闽之学不讲。"①(陈鼎《东林列传》卷二)考试的内容也越来越呆板,选用禁锢人们思想的八股文取士,使儒家的德才兼备的选举制度渐渐流于形式,逐步迈入了它的反面。就总体而言,封建统治者采用以儒经和儒家道德伦理选拔官吏的方法确实把一些有才华的儒者招募入庙堂,给予他们治国平天下的平台,以抒其经邦济世之志。总体来说,"势"之占有者对儒家之道明为尊、实为利用的政策对儒者"道势兼顾"的心愿是一个很好的成全。

2. "道势兼顾"的现实落处:封建帝王的尊孔崇圣

由圣而王很容易引发儒者的一种逻辑思路,即谁的知识和道德最博大浑厚,谁是圣人,谁就可能成为王,如孔子就常以文王的继承人自居,其弟子更是把他置于尧舜之上,尧舜为圣王,所以孔子也可以位于圣王之列了。如孟子说:"今孔子博于《诗》、《书》,察于礼乐,详于万物,若使孔子当圣王,则岂不以孔子为天子哉?"(《墨子·公孟》)荀子亦发议论:"孔子仁且知不蔽,故学乱术足以为先王者也。"(《荀子·解蔽》)所以其后的儒者尊孔子为"素王",这实是儒者以"道势"相通的逻辑思路使然。顺应儒者的这种逻辑思路,并随之巩固与该逻辑思路相伴随的圣王崇拜,由此可以为现实的王圣增加神圣的光辉,封建帝王开始了尊孔崇圣的行动。

封建帝王利用儒家之道的落足点是尊孔崇圣。第一位祭孔的皇帝是曾便溺于儒冠的汉高祖刘邦,并没有给孔子其他殊荣。汉元帝时期,赐爵位给孔子十三世孙孔霸为关内侯,号褒成君,并"其令师褒成君关内侯霸以所食邑八百户祀孔子焉"(《汉书·元帝纪》)。汉平帝元始元年,追谥孔子为褒成宣尼公,唐代则谥孔子为文宣王,因孔子所处周代最高为王,所以无法向帝追谥,宋以后只好在谥号上升级了,宋代封孔子后为衍圣公,世代相袭,以后又被封为至圣先师、万世师表等等,不一而足。除对孔子及其后人进行追封之外,历代封建统治者还以孔庙作为其尊道的制度化象征。在南北朝时期开始在京师设立官

① 转引自周光庆《中国读书人的理想人格》[M],汉口:湖北教育出版社,1998年版,第141页。

方的孔庙,唐朝时期正式确立为国家祭奠。孔子生时劳苦奔波无所依,身后的泥胎木塑之像却享尽盛誉,虽于孔子本人无益,对现实的儒者来说却是莫大的心理安慰和精神鼓励。尤其是唐代开始允许一些得道的孔门弟子与传人配享或从祀,元代时又加祀董仲舒,以杨时、李桐、胡安国、蔡沈、真德秀等人为太师,从祀孔子。此后从祀孔子成为许多大儒及其传人的终极奋斗目标。当然从祀与否的裁决权仍然掌握在皇帝手中,历代皇帝总是根据自身的需要来选择从祀之儒,有"传经之儒"、"传道之儒"等,以此来引导和约束儒者,使儒学传承顺应统治阶级的利益需要。

儒家的内圣外王之道由远古圣王的"道势兼顾"开始经过一番曲折终于又在"势"之占有者的尊孔崇圣的现实中找到挂搭处,统治者尊道的行径满足了儒者们以道为尊的志向,广开的入仕之门为儒者们经邦济世的外王志向提供了很好的平台,在统治者有目的地教育、培养、引导下成长起来的儒者们开始了其"道势兼顾"的入仕之途。他们有的时刻背负儒家道之大义,行仁政、经邦济世,成为史书中光彩的一部分:循吏;有的忠诚于当世圣王,力求"格君心之非",从而能够"得君行道"。

第二节　亦吏亦师的循吏人格

儒家的内圣外王之道为儒者们规定了一个修身以至圣,外发以经世,即修、齐、治、平的发展路径。对有志于经邦济世的儒者来说,如何才能实现治、平的成功呢? 那就是要把儒家的德政、仁政内化为信念,外化为行动,在仕途中本着"仁者爱人"的道德情怀、"以先觉觉后觉"的责任意识、"以道自任"的儒者节操,为官一任,造福一方。这样一种"道势兼顾"的理想落实到儒者的行动中,自然可以使民生安乐,造就了中国历史上一大批的品德和政绩都优良的官吏的典范,成为中国历史上特有的"循吏"现象,这种现象的出现实是中国儒者"道势兼顾"理想的人格化体现与代表。

一、循吏之内涵

"循吏"一词最早见于司马迁的《史记·循吏列传》,《太史公自序》曰:"奉法循理之吏,不伐功矜能,百姓无称,亦无过行,作循吏列传。"同书《循吏列传》亦云:"法令所以导民也;刑罚所以禁奸也。文武不备,良民惧然身修者,官未曾乱也。奉职循理,亦可以为治,何必威严哉?"可见司马迁对循吏的特征刻画在其"无为"与法令、刑罚、威严相对,这倒与汉初推行黄老学说,实行与民休息的政策刚好恰合,所以司马迁所指的循吏应是文、景时代黄老无为式的人物。循吏之名称被班固的《汉书》和范晔的《后汉书》所沿袭,但其基本含义却已大不相同。如《汉书·循吏传》载:"王成、黄霸、朱邑、龚遂、郑弘、召信臣等,所居民富,所去见思,生有荣号,死见奉祀,此廪廪庶几德让君子之遗风矣。"《后汉书·循吏列传》赞扬任延、锡光等循吏"移变边俗,斯其绩用之最章章者也"。记载了循吏们富民、教民等儒者的积极有为事迹,此后历代循吏之名均沿用此含义,如《隋书·循吏列传》赞叹梁彦光等人是"所居而化",《东都事略·循吏传》亦盛赞"于斯时也,吏皆以平易近民为政,招怀流亡,导达沟洫。赵尚宽、高赋治有异效,最先褒宠,以风天下"。也都是以儒者的积极有为方面来为循吏立传的,因此,该篇讨论的循吏亦从属于《汉书》《后汉书》以来的积极有为的儒者型循吏。

如此,循吏的身上背负着双重责任,一方面是身份上的,食君之禄,忠君之事,身为吏的儒者,必须完成其政治身份赋予的责任,"奉职循理"、"奉法循理"为其职责所在;另一方面是精神上的,身为儒者的吏,其本身是在儒家之道的熏陶下成长起来的,是以"内圣外王"为价值导向的,所以其入仕之路亦是其弘道之途,其必然以儒家之道为入仕处事之基本准则,不可丧失儒者之节操。正如余英时先生所说:"与酷吏相比较,循吏显然具有政治和文化两重功能。循吏首先是'吏',自然也和一般的吏一样,必须遵奉汉廷的法令以保证地方行政的正常运作。但是循吏的最大特色则在他同时又扮演了大传统的'师'(teacher)的角色……汉代大传统的传播者,借用《周礼》的名词,可称之为'师儒'；循吏便是以'师儒'的身份从事'教化'工作的。循吏自然不是大传统的惟一传播者，但在汉代，'师儒'之中，循吏却是教化成绩最为卓著的一型。"①余先生一语中的，指出循吏之双重身份，其"师儒"角色的扮演正是其弘道之必然。不过，循吏该两种身份却并不一定是分开的，它们杂糅在一起，以吏之身份弘道，以道之原则为良吏，体现了"道势"的统一；只有在"道"与"势"发生冲突之际，两种身份才会冲突，吏之所做取舍，则更有力地验证了其人格之境界。

二、循吏之人格特征

循吏所扮演的社会角色与其修、齐、治、平的人生理想具有很大的一致性，尤其是政治清明的和平时期，王圣权威的神圣性亦使其忠君的行政身份与师儒的精神追求很好地统一起来，因此，循吏之人格特征必然包含着其亦吏亦师双重责任的完成。

1. 奉职、奉法的吏之本分

循吏之行政身份使他必须遵奉朝廷的法令以保证地方行政工作的正常运作，所以，循吏首先必须奉职、奉法。所谓奉法即遵守国家法令，循吏不仅自己要以身作则，遵守国家法律，还要严格依然办事，正所谓："其身正，不令而行；其身不正，虽令不从。"（《论语·子路》）只有这样才能使百姓自觉地接受法律的制约。如《汉书·循吏传》中的朱邑"为人淳厚，笃于故旧，然性公正，不可交以私"。《后汉书·循吏列传》记载王涣"当职割断，不辟豪右"；章恢"执法廉平"。隋朝梁彦光因"操履平直"受到隋文帝的大加赞扬；北宋周渭"为白马县主簿，大吏有罪，渭辄斩之"（《宋史·循吏传》）。明朝杨靖"治狱明察而不事深文"（《明史·杨靖传》）等等。此外循吏们还要求下属、部下也能够遵守法令，对待犯法的部下，依法处置，绝不徇私。如西汉时召信臣为南阳太守，"府县吏家子弟好游敖，不以田作为事，辄斥罢之，甚者案其不法，以视好恶"（《汉书·循吏传》）。北宋张纶"所部卒纵酒掠居民，纶斩首恶数人，众乃定"（《宋史·循吏传》）。对部下也决不姑息、

---

① 余英时：《士与中国文化》[M]，上海人民出版社，2003年版，第139页。

包庇。循吏们能够秉公执法，吏治清明，并不一定成为百姓拥戴的必要条件，因为酷吏们同样奉行"三尺律令"，循吏与酷吏奉法的区别在于循吏们还循理，能够顺从事理。如东汉时山阳太守秦彭，"吏有过咎，罢遣而已，不加耻辱"，"奸吏局蹐，无所容诈"（《后汉书·循吏列传》）。对待犯法的人依据其动机、平时表现区别对待，既循事理又尊法度，既不纵容迁就又不过分残暴，所以，才能起到既惩治犯罪又扬仁爱之风，使百姓心悦诚服。所谓奉职，即是保证地方行政事务的正常运转。作为大一统的封建农业大国，朝廷往往以人口和垦田的增加作为考察地方官的标准，并依据人口和垦田数来增加赋役。所以自两汉以来，有关循吏的记载中都有兴修水利、劝课农桑、发展经济之类政绩描述。如西汉的黄霸任颍川太守时就督促百姓"务耕桑，节用殖财，种树畜养，去食谷马"；南阳太守召信臣则"好为民兴利，务在富之"（《汉书·循吏传》）。北宋的赵尚宽、高赋就因为招抚流民、开垦荒田、发展经济方面成绩卓著而受到宋太宗的表彰，被视为循吏的楷模。如《东都事略·循吏传》载有："于斯时也，吏皆以平易近民为政，招怀流亡，导达沟洫。赵尚宽、高赋治有异效，最先褒宠，以风天下。"农业的发展离不开水利的兴建，历朝的循吏传中关于循吏兴修水利，灌溉沟渠的记载也不胜枚举，笔者在这里不再赘述。总之，循吏身为吏的职责所在使他们能够奉职、奉法，积极配合朝廷进行地方行政事务的展开，以维持正常的行政秩序，但他们又与同样为吏的酷吏不同，这种不同在于循吏不是机械地按照三尺律令执行公务，在奉职、奉法之外还能做到循理，促使他们循理的驱动力实质是循吏们身为"师儒"的身份认同。

2. 以道自任的"师儒"自觉

循吏之所以被余英时老先生称为"大传统的传播者"在于循吏对儒家之道的信守、遵奉与践行。在《论语·子路》里，孔子对于士如何治国曾有过一段精辟的论述："子适卫，冉有仆。子曰：'庶矣哉！'冉有曰：'既庶矣，又何加焉？'曰：'富之。'曰：'既富矣，又何加焉？'曰：'教之。'"先富后教成为孔子行仁政的主要内容，亦是孔子政治思想的核心。《孟子·梁惠王》中也提到只有使民"不饥不寒"之后，才能谈得上道德教化，否则"仰不足以事父母，俯不足以畜妻子，乐岁终身苦，凶年不免于死亡。此惟救死而不赡，奚暇治礼义哉?"但在"以先觉觉后觉"的过程中，必然要处理老百姓之间的纠纷，孔子曰:"听讼，吾犹人也。必也使无讼乎!"(《论语·颜渊》)所以，"富之"、"教之"和"无讼"是孔子政治思想中比较重视的内容。作为"以道自任"的儒者，循吏们必然要以道来改造世界，调整社会秩序。张纯明教授曾对中国正史中历朝的循吏们进行专门的研究，"指出他们的成就表现出三个主要特征: 1. 改善人民的经济生活; 2. 教育; 3. 理讼。"正好合于上述所说的"富之"、"教之"和"无讼"。而且张纯明教授特别指出教育包括两个方面:"一是正式的学校教育，如文翁之立郡学;一是社会教育，即对于一般人民的礼乐教化。"①张教授所言可谓一语指出循吏与酷吏或俗吏②的区别，"富之"、"无讼"均可视为吏之职责，是其"奉法"、"奉职"的职责所在，但对于吏行教化之事朝廷并没有指示，如汉朝时也只是规定民间"三老"具有"掌教化"之责，并没有规定地方官吏具有教化的任务。由此，我们可以大胆猜测，循吏教化之责实出于弘道之自觉，是其身为儒者之责任使然。如西汉时的文翁"景帝末为蜀郡守，仁爱好教化，见蜀地僻陋，有蛮夷风，文翁欲诱进之，乃选郡县小吏……遣诣京师，受业博士，或学律令。数岁，蜀生皆成就还归，文翁以为右职……又修起学宫于成都市中，招下县子弟以为学官弟子，为除更徭。高者以补郡县吏，次为孝弟、力田。常选学官僮子，使在便坐受事。每出行县，益从学官诸生明经饬行者与俱，使传教令，出入闺阁。县邑吏民见而荣之，数年，争欲为学官弟子，富人至出钱以求之。由是大化，蜀地学于京师者比齐鲁焉。至武帝时，乃令天下郡国皆立学校官，自文翁为之始云"(《汉书·循吏传》)。文翁生活在景帝末年，此时汉武帝还没有正式定儒学为一尊，汉廷亦是行"黄老无为"之政，政治体制亦承秦制，所以此时文翁的教化之举只能来自其内心身为儒者

---

① 转引自余英时《士与中国文化》[M]，上海人民出版社，2003年版，第159页。
② 西汉时期，名臣对于只知道奉行朝廷法令以控制人民的地方官员一概斥之为"俗吏"。语见《士与中国文化》，第153页。

的意识自觉,来自于其对儒家之道的信念和操持。所以韩延寿、兒宽等循吏也都"修治学官",传授儒家之道。又如隋朝梁彦光,"用秩俸之物,招致山东大儒,每乡立学,非圣哲之书不得教授"(《隋书·循吏列传》)。北宋张逸等循吏也都积极兴办学校,注重儒家文化教育。明朝陈灌"时天下初定,民弃《诗》、《书》久。灌建学舍,延师,选俊秀子弟受业"(《明史·循吏列传》)。除像文翁这样设立学校,传授儒家文化外,大部分循吏采取社会教化的模式。而社会教化则对循吏们提出了更高的要求,即他们不仅怀有儒家之道的教化目标,还要身体力行,以自身的行为进行德化感召。如《汉书·循吏传》记载宣帝时,龚遂见"齐俗奢侈,好末技,不田作,乃躬率以俭约,劝民务农桑,令口种一树榆,百本薤、五十本葱、一畦韭,家二母彘、五鸡。民有带持刀剑者,使卖剑买牛,卖刀买犊,曰:'何为带牛佩犊!'春夏不得不趋田亩,秋冬课收敛,益蓄果实菱芡。劳来循行,郡中皆有蓄积,吏民皆富实。狱讼止息"。韩延寿则"所至必聘其贤士,以礼待用,广谋议,纳谏诤;举行表让财,表孝弟有行"。循吏们之所以推行社会教化成功,在于他们本身"躬自厚而薄责于人"(《论语·卫灵公》)。对己要求严,对百姓则宽厚,这正是儒家内圣外王的本质,严于律己,达乎内圣;宽厚待人,以行仁政,方能外王。如韩延寿在东郡,"接待下吏,恩施甚厚而约誓明。或欺负之者,延寿痛自刻责:'岂其负之,何以至此?'吏闻者自伤悔,其县尉至自刺死"(《汉书·循吏传》)。东汉桓帝时刘宽则"灾异或见,引躬克责"(《后汉书·儒林传》)。由于循吏们能够以身作则,引躬克责,所以百姓多受感化,实现了"道之以德,齐之以礼,有耻则格"(《论语·为政》)的德化之风。循吏们以自身的高风亮节赢得了百姓的爱戴,人们多通过立碑或建祠等方式对他们称颂赞美,以表达感激、纪念之情。也使循吏这一儒家价值取向与政治职责相结合的特定成果成为一特定价值判断标准,以后循吏皆沿此行政模式,历朝循吏亦多因其风化事迹和为政之德而彪炳史册。

3. 吏、师的合拍与互助

循吏们以德化民,使地方儒化大行,自身亦获得良好的口碑,没有"入仕"这个平台是不可能做到的,其吏的社会身份赋予他话语权威和依儒家之道调整地方秩序的便利,在吏的权威映照下行师之慈、宽、德,从而使师儒之德行更具有说服和感召力。如韩延寿因兄弟间田产争讼,自责曰:"为郡表率,不能宣明教化",乃"闭阁思过。一县莫知所为,县丞、啬夫、三老亦皆自系待罪"(《汉书·循吏传》)。没有其左冯翊之职,恐怕其忧思是产生不了这么大的社会感化效应的。所以吏之身份是其师儒身份发挥的平台,是其弘道的支撑。师儒的教化功能亦能很好地帮助其吏之职责的完成,如龚遂"至渤海界,郡闻新太守至,发兵以迎,遂皆遣还,移书敕属县悉罢逐捕盗贼吏,诸持锄钩田器者皆为良民,吏毋得问,持兵者乃为盗贼。遂单车独行至府,郡中翕然,盗贼亦皆罢。渤海又多劫略相随,闻遂教令,即时解散,弃其兵弩而持钩锄。盗贼于是悉平,民安土乐业。遂乃开仓廪假贫民,选用良吏,尉安牧养焉"(《汉书·循吏传》)。其信民、爱民的德化之举使他轻易完成了"盗贼悉平"的吏之职责。

当然,这种吏、师互助的良好态势只能存在于吏之职责与师儒之道有效糅合的基础上,吏之职责多由"势"之最高占有者决定,所以循吏多少与"势"之政策有直接关系。如西汉宣帝因曾流落民间,察知民间疾苦,故能躬行节俭,政治清明,"汉世良吏,于是为盛,称中兴焉。"(《汉书·循吏传》)宋初期统治者经过五代十国的长期纷乱,故能体察下情,治吏严明。《宋史·循吏传》开篇云:"宋法有可以得循吏者三:太祖之世,牧守令录,躬自召见,问以政事,然后遣行,简择之道精矣;监司察郡守,郡守察县令,各以时上其殿最,又命朝臣专督治之,考课之方密矣;吏犯赃遇赦不原,防闲之令严矣。"提出了选任、考核及惩罚的三条标准,为后世留下了宝贵的经验。明朝前期,从"安民为本"出发,能"重绳贪吏,置之严典"故能"一时守令畏法,洁己爱民,以当上指,吏治焕然丕变矣"(《明史·循吏列传》)凡此等等,不一一枚举。由此可见,"势"之总政策的制定与吏治修明呈直接的对应关系,也只有在国泰民安的兴盛时期,循吏们才能实现吏、师互助,"道势兼顾"的理想。但即使在这样的时期,"道势"之间的内在紧张性依然无法避免,对"道"之执着造就循吏的伟岸之人格同时亦导致其悲剧性结局。

4. 难以两全的循吏

循吏兼有"吏"和"师"的双重身份，"吏"的身份要求他执行朝廷的法令，"师儒"的身份则要求他"以道化民"，这两种身份在政治清明的兴盛时期大多数情况下是合拍的，一旦其间发生抵触，其儒者的自律、"克己"的修为必然使其舍法令而以"道"为重。如兒宽以吏之身份推行儒家仁政，"宽既治民，劝农桑，缓刑罚，理狱讼，卑体下士，务在于得人心。择用仁厚士，推情与下，不求名声，吏民大信爱之。宽表奏开六辅渠，定水令以广溉田。收租税，时裁阔狭，与民相假贷，以故租多不入。后有军发，左内史以负租课殿，当免。民闻当免，皆恐失之，大家牛车，小家担负，输租襁属不绝，课吏以最。上由此愈奇宽"（《汉书·兒宽传》）收取租税是吏之职责所在，但儒家的"仁爱"之心使宽"与民相假贷"，这是兒宽两种身份发生的冲突，其解决冲突的方式是舍吏之责以就儒家之道，这当然不能为大一统的"势"所容，故宽要受到免职的处分。但宽的命运却发生了戏剧性的转变，民众因感其仁爱，竞相交税，宽反"课吏以最"，受到最高统治者青睐，这是对循吏们的激励。不过我们可以看到，在吏、师身份的这场冲突中，宽还是因其吏之职责的完成才受到"上由此愈奇"的。这种身份的冲突在循吏韩延寿的身上体现得最为明显。上文我们已经介绍韩延寿兴教化、行仁政、以德化民、引躬克责，是一个影响深远的循吏，但这样一位循吏却被汉廷判为"弃市"，这是吏、师身份冲突的悲剧性结果。[①] 韩延寿的罪状中有两项最为重要：第一是他在东郡太守任内为"都试讲武"之礼，竟成为"僭上不道"。第二大罪状是"取官钱帛，私假徭役吏民"。也即韩延寿把公家的钱私自借贷于百姓以供徭役。韩延寿的两大罪状都是其以吏之身份行师儒之举动，第一条乃是儒者好古教化，推行礼乐，是儒家"文之以礼乐"（《论语·宪问》）的根本教育原则，却因其郡守权重引发宣帝猜忌；第二条本是儒家仁政之举，却因与朝廷法令相悖而成为假公济私、收买人心的罪状了。可见吏与师之角色的冲突，不论吏之个人如何坚守其道，若"势"之不容，只能导致悲剧性结

① 参见余英时《士与中国文化》[M]，上海人民出版社，2003年版，第146页。

进退维谷：道势间的儒者

果。韩延寿受刑时,"吏民数千人送至渭城,老小扶持车毂,争奏酒炙。……百姓莫不流涕"(《汉书·韩延寿传》)。这是其作为师儒的成功,是吏民以集体行动对朝廷的抗议,然而在这场"道"与"势"的冲突中,"道"虽能在个人身上取得胜利,却终不能与大一统的"势"相抗。韩延寿"道势兼顾"的理想无从实现了,由"内圣"也无法开出"外王"的花朵,韩延寿只好"属其子勿为吏,以己为戒。子皆以父言,去官不仕"(《汉书·韩延寿传》)。"道"与"势"割裂了。

宣帝时期,尚属于汉家"中兴"的盛世,尚难以避免吏、师冲突的悲剧,因为汉廷虽提倡"独尊儒术",但其体制仍是"汉家自有制度,本以霸王道杂之"(《汉书·元帝本纪》)。儒家之道对于政治体制只起到缘饰作用,其主流地位和实际效用仅在人伦日用方面。虽然此后随着封建大一统政权集权程度的加深,儒家之道对社会的控制力也日益加强,但一旦吏、师间发生冲突,悲剧性结局只能重演。如明英宗时于谦为河南、山西巡抚,力行仁政,"轻骑遍历所部;延访父老,察时事所宜兴革,即俱疏言之。一岁凡数上,小有水旱,辄上闻。"(《明史·于谦传》)这样一位领导民众取得"北京保卫战"胜利的循吏,因其"社稷为重,君为轻"的言论最终被明英宗以"谋逆罪"杀害,其实质依然是儒家之道与"势"之威严之间的冲突。由此可见,大一统的"势"需要儒家之道为其缘饰,也需要"道"为其凝聚人心,维持社会秩序,此时双方相互援引,很好地在循吏人格中得以体现。但"道"之精神性发展,"道"之高远境界势必与朝廷存在着紧张关系,尤其是朝政腐败时期,这种矛盾更为加剧,"道势兼顾"的可能性也就丧失了,这也是为什么历朝统治末期循吏奇缺的原因。

第三节　得君行道的士大夫人格

"士大夫"应该是在战国时期出现的新概念,一般学者认为士大夫有两个含义,其一指居官与有职位的人。如《周礼·考工记》云:"坐而论道谓之王公。作而行之谓之士大夫。"指具体的执行官。《荀子·王霸》载有:"农分田而耕,贾分货而贩,百工分事而劝,士大夫分职而听。"士大夫指一切官吏。其二指有一定社会地位的文人。《战国策·齐策四》谭拾子谓孟尝君曰:"君得无有所怨齐士大夫?"此处的士大夫指的是孟尝君的食客。《荀子·强国》载有:"不比周、不朋党,偶然莫不明道而公也,古之士大夫也。"《韩非子·诡使》亦云:"今士大夫不羞污泥丑辱而宦。"士大夫指仕宦之外的文人。可见士大夫既可以指称有职位的官吏,又可以指称无官职的文人,文人与官吏通过参与政权系统而联系在一起。自战国时期以来,自由流动的士通过推行其"道"被诸侯君主礼遇,有的被延聘入政权系统,位列庙堂,成为布衣卿相,士与大夫便联系起来成为这一社会现象的最好诠释。汉代以来,"势"有目的地为儒者大开入仕之门,成为有官可守之大夫更成为儒者之主要目标,尤其是科举制的推行更加大了"士"向"大夫"转变的程度,士大夫越来越指居官有职位的人。但由于此时官吏的选拔还考虑到出身等其他因素,因此,大夫并不必然是"士",也可能是武官或贵族。直至宋代,形成重文抑武的基本国策,科举成为选拔官吏的唯一途径,"大夫"才必然为"士",为"士"转变为"大夫"提供了制度保障,"士大夫"作为居官有职位的人这一阶层才算正式形成。所以胡三省才会在《资治通鉴》中曰:"此所谓士大夫,指言内外在官之人。"①(《资治通鉴》卷288)因此,我们认为宋代士大夫是参与到政治格局之中的儒者。

一、宋代士大夫政治主体意识的觉醒

鉴于五代十国的长期混乱局面,宋初统治者采取了一系列巩固中央集权的措施,形成了"与士大夫共治天下"的治国传统,大批的中下层儒者得以进入庙堂,积极参与国家大事,"以天下为己任"的政治主体意识开始觉醒。

1. 皇帝与士大夫共治天下之局面的形成

赵宋统治者是自愿地要与士大夫共治天下的。宋代开国君主深

---

① 转引自张其凡《皇帝与士大夫共治天下试析》[J],《暨南学报》,第23卷第6期。

思自唐以来的盛衰成败,认为宗室、外戚、后妃和宦官四种政治势力是皇权不保的主要根源,因此,宋初制定了许多诸如事亲之法,事长之法,治内之法,待外戚之法,宽仁之法等律、敕、令、格、式等法令和家法以约束宗室、外戚和宦官等势力,以确保赵宋政权的稳固。此外武人出身的宋太祖对武人的陋习深有感触,认为即使文臣贪污,"亦未及武臣一人也。"(《续资治通鉴长编》卷七)于是宋太祖"杯酒释兵权"安顿了随他"起义"的武臣后,便开始大规模重用文臣,实行"重文轻武"的基本国策,以至军事首脑枢密院长官也由文人士大夫充任。这样宋初统治者以史为鉴,把深为政权之祸的宗室、后妃、外戚、宦官以及武臣都排除出政权合作范围,那么唯一可以依靠的就只有士大夫阶层了。北宋统治者何以如此信赖士大夫阶层呢? 一来,长久的战乱造成了社会价值观的错乱与倒置,欲定民序,先安民心,宋初统治急需制定一套稳定的社会价值系统以定民心,没有深谙儒家文化的士大夫阶层是做不到的;二来,士大夫本身只有依附皇权才能发挥政治作用,不会形成尾大不掉之势。由此宋初统治者开始大规模地开科取士,且采取"取士不问家世"的人才选拔原则①,打破了贵族垄断官位的局面,大批的下层读书人一跃"龙门"而为庙堂之士大夫,其对宋政权的向心力大大增强。赵宋政权对士大夫委以重任,作为士大夫阶层的最高政治代表——宰相,其权力与皇权是相辅相成的。即皇帝拥有最高的立法权和裁决权,而宰相则掌握最高的行政权,所以由皇帝诏敕形式发出的诏令如果没有经过宰相的同意,是不起作用的,正所谓"凡制敕所出,必自宰相"(《续资治通鉴长编》卷十八)。为使皇权与相权间达至平衡,宋时又设台谏,对宰相和皇帝进行监督,从而形成皇帝、宰相、台谏稳定的中央三角结构。为了鼓励士大夫"风闻言事",宋统治者还设立了"不杀士大夫言事官"的誓约,"自宋太祖勒不杀士大夫之誓以昭子孙,终宋之世,文臣无殴刀之辟。"②宋代实行的种种制度,大大提高了

---

① 转引自马和民《论科举制度的社会化效应》[J],《浙江大学学报》(人文社会科学版),第 35 卷第 5 期。

② (清)王夫之:《宋论》[M],北京:中华书局,2003 年版,第 6 页。

文人士大夫的政治地位,他们已经不再是国家政策的旁观者,而是国家政策的制定者、国家大政方针的规划者,他们认识到自身的政治主体地位,是与皇帝共治天下的。终于在宋神宗的议事会议上,枢密使文彦博坦然地说出:"为与士大夫治天下,非与百姓治天下也。"(《续资治通鉴长编》卷二二一)

当然,皇帝与士大夫共治天下并不意味着皇帝与士大夫的地位是对等的。虽然相权在宋代比较隆大,但丞相的任命权却把持在皇帝手中,"君权是绝对的、最后的;相权是派生的,它直接来自君主。换言之,与君尊臣卑相应,君权与相权是上下有别的。"①且宋代多从下层儒者中选拔官吏,丞相多凭一己之才能被选拔任用,所以丞相一旦失去手中的权力,也不再可能凭借着门第或门生故吏对朝廷发生影响,只能是平凡一书生,因此,宋代丞相虽握行政大权却不可能擅权。另外皇帝还利用"异论相扰"来故意引起士大夫间的争论,自己再从中调解,平衡权力,而台谏与丞相之间的职权纷争更是宋帝不时裁决的内容。如王安石时期,虽被宋神宗称为"师臣",可谓圣恩日隆,可宋神宗还是选用反对变法的司马光为枢密副使,任用反对变法的冯京为枢密副使和参知政事,宋神宗需要他们制衡王安石。最后,皇帝还通过设置知州、提点刑狱司等职务把地方大权紧紧控制在自己手中,地方、中央官吏无论官职大小,只对皇帝一人负责,表面看起来是官吏们之间的平等,实际沦为皇帝控制全国的工具。但总的来说,宋朝时期,政治氛围比较宽松,士大夫在不触动皇权基本利益的前提下,执政的自主性大大提高了。

2. 士大夫政治主体意识的觉醒:以天下为己任

北宋初年,因五代政权更迭频繁,民生凋敝,连带世风败坏,道义之风不存,故宋太祖时士大夫皆少有气节。但经太祖、太宗、真宗的一系列"崇文重儒"措施的推行,尤其是士大夫政治局面的形成改变了士大夫的内心世界和精神气象,他们砥砺名节、注重德行,把自己视为政治主体,积极参与政事,评判历史,把追求个人的闻达转向关心社会和

---

① 余英时:《历史与思想》[M],台北:联经出版事业公司,1986年版,第50页。

国家的整体利益,体现出"以天下为己任"的社会责任感。

士大夫政治主体意识的觉醒首先表现为砥砺名节、不畏权贵。北宋士风的转变直至宋仁宗时才大致完成,其标志是范仲淹渐成为士大夫的领军人物。范仲淹"自做秀才时便以天下为己任,无一事不理会过"(《朱子语类·本朝三》卷一二九),即使遭到贬官,也依然不改初衷,慨然曰:"先天下之忧而忧,后天下之乐而乐。"忠君、爱民的责任意识影响了当时的士风。故朱熹赞曰:"至范文正时便大厉名节,振作士气,故振作士大夫之功为多。"(《朱子语类·本朝三》卷一二九)的确如此,范仲淹被宰相吕夷简污为"朋党"遭贬官时,就有秘书丞、集贤校理余靖不畏强权,与之抗辩,更有太子中允、馆阁校勘尹洙就此自求贬谪。因为右司谏高若讷认为朝廷贬谪范仲淹的举措得当,被欧阳修写信痛斥"不复知人间有羞耻事耳"(《欧阳修全集·与高司谏书》),可见砥砺名节、重视德行、不畏权贵已经是当时士大夫的一种群体行为。士大夫政治主体意识的觉醒还表现在他们为学的经世致用方向,他们注重从经典中寻求治国平天下的理论依据。如范仲淹、欧阳修等人以《春秋》的"名教"和《周易》的"通变"作为其政治改革的理论依据。石介、孙复、胡瑗等学者也都着重从总体上把握经典的内涵,讲求"明体达用",希望把儒家学说贯彻到社会政治秩序中去。及至北宋中期道德性命之学勃兴,但其经世致用的旨归依然不减。"新学"、"洛学"、"关学"、"蜀学"等学派讲求性命义理,也都同时关注经世致用。张载就立下"为天地立心,为生民立命,为往圣继绝学,为万世开太平"(横渠四句)的宏志大愿,他在进行心性本体理论的探索时,也始终比较关注现实社会的政治、经济、军事问题,如他的以诚为本的道德本体论就是希望当时的官吏能够去私欲、立公心,但他又提出"圣人之法天,以政养万民,肃之以刑。民之盛世,欲动情胜,利害相攻,不止则贼灭无伦焉,故得刑以治"(《通书》第63章),对不能以诚自化的贪官进行依法制裁。张载的学生二程也注意学问的经世致用,认为"君子之道,贵乎有成。有济物之用,而未及物乎,犹无有也"(《河南程氏粹言·人物篇》)。程颢曰:"读书将以穷理,将以致用也。"认为不可"滞心于章句之末",为此者乃"学者之大患"(《河南程氏粹言·论学篇》)。所以二程特别希望能够以格致正诚的修身为起点达到修齐治平的宏图志向,他们由此特别推崇《大学》。对于王安石的变法,程颢一开始也是热切盼望和支持的,甚至作为王安石的属官到各地检查变法情况。最后士大夫政治主体意识的觉醒还表现为他们热情关注国计民生的问题。范仲淹"庆历新政"中有三条涉及国强民富方面,王安石的"熙宁变法"也以理财为先,王安石曰:"至狗彘食人食则检之,野有饿莩则发之,是所谓政事。政事所以理财,理财乃所谓义也。一部《周礼》,理财居其半,周公岂为利哉?"(《王文公文集·答曾公立书》)苏轼对宋仁宗上《进策》25篇,也直言富国强兵之道。士大夫的政治热情表明士大夫已经清楚地认识到自身作为一个阶层对社稷苍生所肩负的责任,他们作为政治主体的意识已经觉醒。

二、"忠君"为尊道之应有之义

士大夫作为政治主体登上赵宋王朝的殿堂,他们思谋以道治天下,赵宋王朝是不反对的,但赵宋王朝之所以与士大夫共治天下,其目的是为了赵家江山的永固,这是士大夫与皇帝共治天下的前提,也是皇帝对士大夫政治容忍的底线。所谓"政权是皇帝打出来的,这个地方是不能动的"①。因此,宋朝士大夫虽在心性之学方面继承孟子,在君臣关系上却继承汉儒,甚至以天理良知来给三纲五常进行本体论证明,使忠君成为尊道之理所当然一部分。

北宋初期开始反对汉唐以来的章句训诂之学,而注重发挥经典之中的义理之学和性理之学,其忠君思想也试图从经典之中寻求理论依据。孙复、石介由此提出复兴尧舜三代之"王道"的思想。此前今文经学注重申明"尧舜之道"的"公天下"与"文武法度"之"家天下"的区别,孙复则不再叙讲二者之别,而重在阐释舜之增设"公侯伯子男"的"五等之制",完善黄帝创制的"君臣之分",从此"僭陵篡夺之祸不作"(《孙明复小集》卷一)。努力以"三代之盛世"论证君臣纲常等级的合理性。为了解除儒者之于"行道"与"忠君"之间的困惑与矛盾,孙复

---

① 牟宗三:《政道与治道》[M],桂林:广西师范大学出版社,2006年版,第7页。

则探求把"直道"与"忠君"归于一理的"至德"。孙复认为文王"三分天下有其二,以服事商"(《孙复明小集文王论》),周公"虽有庇民之大德,不敢有君民之心"(《春秋·尊王发微》),所以二者都是"直道"又"忠君"的"至德"之人。其学生石介继承此观点,认为伊尹"五就桀"是至公大义的忠臣,而吕望弃绝其君,虽辅佐文王,也不是全德君子。二人的观点得到当时士大夫们的普遍认可。此后李觏、司马光则把君臣纲常等级的正当性推到极至,甚至因"民为本、社稷次之、君为轻"的主张而斥孟子。二程时期则把君臣之道上升为天理的主要内容,天理生生不息,大化流行,"五帝公天下,故与贤;三王家天下,故与子……然贤人难得,而争夺兴焉,故与子以定万世,亦至公之法也"。(《二程集·河南程氏粹言》卷一)朱熹亦云:"宇宙之间,一理而已。天得之而为天,地得之而为地,而凡生于天地之间者,又各得之而为性。其张之为三纲,其纪之为五常,盖皆此理之流行,无所适而不在。"(《朱文公文集·读大纪》)所以家天下不过是"天理"的"分殊"而已,这就从本体论方面证明了忠君的必要性。当然,北宋时期思想界异彩纷呈,各家之说盈盈不绝,即使他们之间存在着政见观点不同,忠君程度不同,其以君为尊的大方向是一致的。如王安石因其政见、忠君观点等屡受司马光、二程等攻击,究其实依然把君权放在高高的位置,他在《洪范传》中说:"皇极者,君与臣民共由之者也。三德者,君之所独任而臣民不得僭焉者也。"又言"三德者,君道也"(《王文公文集·洪范传》卷六十五)。明确地规定正直刚柔三德为皇帝所独任而臣民不得僭的君道,依然是典型的皇权至上理论。

三、忠君与尊道的结合点:得君行道

　　忠君是士大夫们行道的固有之义,君权被士大夫们置于至高无上的地位,而身为儒者之实质要求其在行政实践中必须以道为尊,忠君与尊道纠合在一点:君之合道。机缘巧合,北宋的"皇帝与士大夫共治天下"之政治格局恰好可以使士大夫们既忠于皇权又得以行道,因为皇帝本身是士大夫行政的发起者与合作者,由此,宋代士大夫们为实现"回向三代"而"得君行道"了。

1. 格君心之非的理论与实践

得君行道是自孔子以来的儒者理想,孔子、孟子、荀子辗转各诸侯国多年都以寻求诸侯国君来弘扬儒家之道,宋代的士大夫政治终于使这种理想变成了可能,士大夫们以三代之盛世为目标,积极争取得君行道。得君行道的重点在于君心是否认可"道",所以士大夫们得君行道的一个重要表现就是要"格君心之非",也就是格去君心中不合道之部分。孟子曰:"人不足与适也,政不足间也。惟大人为能格君心之非;君仁莫不仁,君义莫不义,君正莫不正;一正君而国定矣。"(《孟子·离娄上》)即大儒不必执着于对用人之非、执政不足进行批评,当务之急是实现君主的仁心,君主有了仁心才能施仁政,君主心正才能国定。封建大一统政权建立以后,董仲舒认为治道要从正君心开始,"故为人君者,正心以正朝廷,正朝廷以正百官,正百官以正万民,正万民以正四方。四方正,远近莫敢不壹于正……而王道终矣。"(《汉书·董仲舒传》)由此,他坚持用阴阳灾异说来"格君心之非"。两宋时期,在"回归三代"的激励下,士大夫们更希望能够通过"格君心之非"实现既存之政权的"圣君合一",因为人"性本善",只要努力践行是可以达到圣贤境界的,所以通过"格君心之非"是可以把皇帝变成明君的。由此他们积极地借助经筵来影响皇帝。如王安石在第一次与神宗畅谈时明确提出"道有升降,处今之世,恐须每事以尧舜为法"(《皇宋通鉴长编纪事本末》卷第五十九 王安石事迹)。而在神宗屡次对其询问变法之要时,王安石也都要求"讲学为事",这虽然成为反对派攻击他的一个口实,但我们可以看到王安石此时是希望"以尧舜二帝三王之学"来"格君心之非"的,他希望宋神宗能够明"先王之意",如此变法可行。二程和朱熹也执着于"格君心之非",二程以"回向三代"为理想,认为五帝禅让是"至公之法",后世的传子制也是"天下之公法"但"守法者有私心尔"(《二程集·河南程氏遗书》卷十八),所以要"格君心之非"。虽在仁宗、英宗、神宗时期多次上书,希望君主能够施仁政、"君志先定",均未被皇帝采用,哲宗时,程颐终于得以主持经筵,教导幼主,正如明儒薛瑄曾评论说:"伊川经筵讲疏,皆格心之论。"(《宋元学案·伊川学案下》)朱熹沿袭二程的观点,认为:"如论任贤相、杜私门,则立政之要也;择良吏、轻赋役,则养民之要也;公选将帅、不由近习,则治军之要也;乐闻警戒、不喜导谈,则听言用人之要也。推此数端,余皆可见,然未有大本不立,而可以与此者。此古之欲平天下者,所以汲汲于正心诚意,以立其本也。"(《朱文公文集》卷二十五《答张敬夫》)即一切政治问题都有待于君主"正心诚意"才能解决,怎样才能使君主之心归于正呢?"君心不能以自正,必亲贤臣,远小人,讲明义理之归,闭塞私邪之路,然后乃可得而正也。"(《朱文公文集》卷十一《庚子应诏封事》)终至宁宗时期,朱熹像程颐一样被任命为焕章阁待制、侍讲,赴经筵向宁宗进讲《大学》,谆谆告诫宁宗要以"修身为本"。

宋代士大夫的"格君心之非"是在"回向三代"的理想促动下进行的。显然,他们希望能够实现像五帝时期一样的盛世,并把这种盛世实现的希望寄托在当时的皇帝身上,通过"格君心之非",达到宋帝本人的圣君合一,也即"道势兼顾",那么天下也就大治了。但正如我们在第二章所分析的,五帝一样的圣人虽然实现了"道势兼顾",但有一个预设的前提,那就是他们本身已经达到了"内圣"的境界,也就是说圣王是先有道才兼有势的,"道"是根本、是前提。但宋代的士大夫们把皇权置于崇高的地位,又强调道之尊严,那么"道"与"势"之间的紧张关系就成为士大夫们无从解决的难题。虽然他们试图用"灾异遣告"说来限制皇权,但其牵强附会的主观性很难形成对王权的限制。况且现实的行政实践中,皇帝本身已是"势"之实际占有者,"道"之合法性、可行性还都仰赖于"势",在这种情况下,行道也只能是皇帝的一个姿态,一个对政绩的缘饰罢了,若士大夫汲汲以求,非执着于以道来评判君心,限制皇权,其结果只能是失败。所以,程颐、朱熹都不为皇帝所喜,不久即被解职。晚年朱熹终于明白,"先生多有不可为之叹。汉卿曰:'前年侍坐,闻先生云:'天下无不可为之事,兵随将转,将逐符行。'今乃谓不可为。曰:'便是这符不在自家手里。'"(《朱子语类》卷一〇四《自论为学工夫》)在君主专权的封建体制下,想要实现儒家之道的秩序重建是不可能的,更何况以道去约束、规范君心,实现圣君合一、道势兼顾呢?难怪朱熹之学被斥为"伪学",其人也被冠名为"伪学之魁"了。

2. 得君行道的现实实践

当内外形势相对比较危急,而君主又比较想有所作为的情况下,皇帝还是希望能够借助儒家之道来增强国势的。庆历和熙宁年间,在北宋政府积贫积弱,内忧外患的压力下,仁宗和神宗分别启用范仲淹和王安石变法,这便是历史上有名的庆历新政和熙宁变法,也是宋士大夫们得君行道模式的尝试。这两次变法无一例外都失败了,其失败原因众说纷纭,莫衷一是。本书只是借此申明得君以行道方式的局限性。

范仲淹和王安石身为士大夫,均以尧舜之道为楷模,希望能够由"内圣"而"外王"。经过北宋前期的发展,儒学的研究已经开始从汉唐以来的章句训诂注疏之学转向了发挥经典中义理的义理之学和性理之学,儒者们注重经世致用。如范仲淹、欧阳修等人以《春秋》的"名教"和《周易》的"通变"作为其政治改革的理论依据。王安石则为了统一人们的思想,在宋神宗的授意下,编成《三经新义》,为变法之依据,自成一派"荆公新学"。《增补宋元学案·荆公新学略》指出:"荆公生平,用功此书最深,所自负以为致君尧舜者,俱出于此。是固熙宁新法之渊源也。"因此,范仲淹和王安石更注重社会文化价值系统的建构和发展。范仲淹除对北宋初期理学思想的发展多有提携外,对仁宗他规劝以尧舜之道,曰:"虞舜以舍己从人而称圣德。"(《范文正公集》卷16《让观察使第二表》)希望仁宗能够从善如流;并对仁宗进行警示:"尧舜则舍己从人,同底于道;桀纣则以人从欲,自绝于天。"(《范文正公集》卷20《用天下心为心赋》)对于变法他也"并不认为适宜采取急躁的办法来推行快速的跨越式改革。因为'天下久安则政必有弊者,三王所不能免'。而要真正取得改革的成功,范仲淹认为'事大不可以忽致',应该采取'蘮以岁月而人不之为'的方法来逐次推行新政"①。王安石在与神宗第一次畅谈时认为"方今治国之道"应"以择术为先",要求神宗"每事当以尧舜为法"②(《皇朝编年备要》卷十八《宋九朝编年备要》)。面对神宗追问变法之具体要务时则反复言曰:"讲学既明,则施设之方不言而喻。"(《续资治通鉴》卷六十六)也就是

---

① 郑志强:《范仲淹与宋仁宗政治关系新论》[J],《社会科学研究》,2010 年第 6 期。
② 陈均:《皇朝编年备要》,卷第十八[M],宋九朝编年备要。转引自张琴《论王安石"择术"与"理财"思想的统一》[J],《中国民族大学学报》(人文社会科学版),第 2 期。

说王安石本着"以择术为先"的观念,希望能够为神宗讲尧舜三王二帝之学,使神宗能够明白"先王之意",从而"法其意",那么"施设之方"也就自然明了。因为"其所遭之变、所遇之势,亦各不同,其施设之方亦皆殊"(《上仁宗皇帝言事书》)。针对具体问题的策略也会发生变化,只有神宗"明其意"并"法其意",才能解决问题。显然,范仲淹、王安石变法的宗旨是以宋帝的"内圣"达至国家大治的"外王"。

　　但与两位士大夫的价值观相悖的是当时宋帝作为"势"的最高代表,自有"势"之价值目标,即赵氏统治的稳固与长久。因此,范仲淹的新政十策在仁宗的多次催促下仓促出台,又在仁宗皇帝的十分嘉许下"遽下二府促行"。王安石也在神宗"当今理财最为急务,养兵备边,府库不可不丰"(《续资治通鉴》卷六十六)的功利心态下颁布变法事务。势出于功利性目的,短期时间内会借用儒家之道,甚至表现出尊道的姿态,如神宗对王安石以"师臣"相称,二人关系堪称"千载一时";仁宗待范仲淹亦是"上倚公右于诸臣"(《范文正公仲淹墓志铭》)。一旦"道"之推行对"势'之稳固不利,宋帝们即刻改变态度。庆历新政遇到大官僚的强烈抵抗,被污为"朋党",而范仲淹、欧阳修以至正公心以对,坦然承认"诚使君子相朋为善,其与国家何害?"触动了赵氏的家天下理念,所以被调往西部参政带兵去了。王安石坚持以道事君,宋神宗却是"人主之德已成,大臣尊仰,将顺之不暇,天容毅然,正君臣之分,非与熙宁之初比也"[1],所以王安石最终被罢相。朱熹亦云:"神宗尽得荆公许多伎俩,更何有他。到元丰间,事皆自做,只是用一等庸人备左右趋承耳。"[2](《朱子语类·本朝四自熙宁至靖康用人》)道出了神宗对士大夫的利用目的。

　　由此可见,中国封建社会的君主专制制度把儒者的匡时济世之宏愿窄化为"入仕"路径,因此,作为封建士大夫的儒者不可避免地对皇权、封建官僚体系带有依附性,这种依附性使他们只能把行道的希望

---

　　① 马永卿编·刘安世撰:《元城语录解》,卷上,丛书集成初编本。
　　② 黎靖德编:《朱子语类》卷130,《本朝四·自熙宁至靖康用人》[M],中华书局,1986年版,第3096页。

寄托在仁德的君主身上。范仲淹、王安石以及当时他们周遭的士大夫们都是本着"回向三代"良好祝愿来辅佐宋君的,他们寄希望宋君效法尧舜圣王,推行"天下为公"的"大道",并以事圣君的忠臣标准要求自己。然而现实是如此无奈,宋君已是拥有权势之帝王,其家天下的私心使他另有一套政治理想和价值判断,所以宋帝与士大夫可以在"富国强兵"的短期功利目标上达成一致,使"得君行道"成为可能,但随着"道势"合作的深入开展,"道"之"天下为公"的高远目标必与"势"之功利发生冲突,士大夫要么稍改其志,逢迎圣意,退化为封建统治之"势"中部分;要么坚守行道之重任,最终为"势"所厌、所弃。范仲淹、王安石被宋帝抛弃是"道势"在现实中无法长久兼顾的必然结果。

第五章
"道势疏离"的道德人格范型

兼济天下、匡世救国是儒者的"外王"理想,但在其"外王"的政治实践中,儒者常常陷入道与势、理想与现实的冲突之中。在这种冲突中,儒者固然有其作为认知主体的局限性,但归结起来,儒者的人微言轻、势单力薄等客观条件是其与强势冲突失败的主要原因。"外王"所遇的种种障碍和失败导致儒者济世之意志与理想的减缩和退却,由外王的社会价值追寻转向内圣的德性自足,从兼济天下的宏愿转向独善其身的保身全德。另一方面,儒家之道超越的内在性与自足性也为儒者之意志的减缩和退却营造了一个可以自慰自足的心理接纳场所,儒者可以通过自身的修身养性获得以道自任的满足感、尊严感。因此,也会导致一部分儒者醉心于内圣的自足,主动远离势之纷扰。儒者自足、自适于自身有道的内圣系统,形成"道势疏离"的道德人格范型。

第一节 "道势疏离"之道德人格的形成

正如前文所言,儒者的"外王"事功会遭遇一个儒者本身完全无法把握的社会环境,而儒者所持之"道"除了儒者本身的品格外没有任何外在的、客观的保证,面临声势浩大的"势"之进逼,儒者不得不把行道的场域逐步内缩,走"修身以立道"的内在超越路线了。

一、道之超越的内在性与自足感

"在哲学、伦理学的语境中,相对于现实,理想就是'超越';相对于现存世界,意义世界就是'超越世界'。"①儒家之道的超越在于通过道德修为,成贤成圣,达到与道德之天的合一。也即用礼教来整顿社会秩序,用道德规范来治理国家。与西方基督教的外在超越路线相比(西方基督教认为伦理道德规范是由上帝或神规定的,上帝或神是人类救赎的源头),儒家超越的思想路线是内在性的,儒家之道化礼的外在强制力量为人内在的道德自觉,把超越变为人们具备仁德、践行仁德,进行道德自律的主动要求,而非外在力量的强制,因此我们说儒家走了一条内在超越的思想路线。

孔子首先开创了儒家寻求内在超越的文明路径。孔子时代,礼已沦为一种僵化的形式,而其内在的意义早已失落,所谓"礼云礼云,玉帛云乎哉!乐云乐云,钟鼓云乎哉!"(《论语・阳货》)为了重新恢复周制,孔子以仁释礼,使礼具有了道德的内容和本质,礼的行动以仁为出发点和旨归。这样就把外在强制性的礼变为内在仁的自觉要求。如孔子弟子宰我问"三年之丧","宰我问:'三年之丧,期已久矣。君子三年不为礼,礼必坏;三年不为乐,乐必崩。旧谷既没,新谷既升,钻燧改火,期可以矣。'子曰:'食夫稻,衣夫锦,于女安乎?'曰:'安。''女安,则为之!'夫君子之居丧,食旨不甘,闻乐不乐,居处不安,故不为

---

① 朱贻庭:《论儒道对世俗功利的超越精神》[J],《道德与文明》,2011 年第 1 期。

也。今女安,则为之!'宰我出,子曰:'予之不仁也! 子生三年,然后免于父母之怀。夫三年之丧,天下之通丧也,予也有三年之爱于其父母乎!'"(《论语·阳货》)孔子把"三年之丧"的礼之执行看成人自身内在的情感要求,道德规范的源头在于人的内心,因此,德性的修养在于人内在的道德修为,所谓"为仁由己,而由人乎哉?"(《论语·颜渊》)"我欲仁,斯仁至矣。"(《论语·述而》)由此规定了儒家寻求内在超越的文明路径。但是孔子并没有解决人的内在德性从何而来的问题,孟子接着孔子的理路继续向前发展。孟子认为人的德性是内在的,"仁、义、礼、智,非由外铄我也,我固有之也。"(《孟子·告子上》)正是基于人心生而有四端,所以孟子提出了性善论。由性善论出发,孟子进一步提出了仁政学说,"先王有不忍人之心,斯有不忍人之政矣。以不忍人之心,行不忍人之政,治天下可运之掌上。"(《孟子·公孙丑上》)所以全部问题在孟子看来都是道德问题,只要保存天赋的"四端","苟能充之,足以保四海"(《孟子·公孙丑上》),人性善端的扩充成为解决一切问题的关键。孟子由此更进一步以人心为基础来统和天人关系,"诚者,天之道也;思诚者,人之道也。"(《孟子·离娄上》)道德规范"诚"成为天道的内容,天具有了道德属性,也就成为道德之天,这成为天人相通的基础和前提。因此人只要"尽其心者,知其性;知其性则知天矣"(《孟子·尽心上》)。为何认识自己的心、性也就知天了呢? 因为"万物皆备于我矣,反身而诚,乐莫大焉"(《孟子·尽心上》)。显然这是唯物主义的认识论不能解释通的,因为孟子的知并不是认识论中以求真为目的的知,而是一种道德体认和体悟,在体悟内在道德之心,提高自身的道德境界的基础上达到天人的合一。孟子通过"内自省"的方式把孔子的"仁"内化为"心"的自我实现、自我扩充,达到"天人合一"的道德境界,具有终极关怀的内涵,从而实现了儒家人性自我超越的理想。同时这种"内自省"把成圣、成贤的方式转化为心性的内在修养,而不必借助外在不可把握的社会环境,也使儒家修身全德的内圣说发展为不必外王的独立自足系统。孟子的"内自省"使儒家的内圣说具有自足感,也奠定了儒家心性学的基础。随着魏晋玄学的发展和佛道心性学的浸淫,儒家以"内自省"为核心的修养论逐步发展起来,并在宋明时期达到高峰。关于德性的本源问题,他们依然沿用孟子的四端说,"性是实理,仁义礼智皆具。"(《朱子语类》卷五)把仁义礼智社会伦理观念视为理,也即其所讲的"天命之性",是内在于人心的,因此宋明时期儒者的学术宗旨都以内省修身,教人成贤成圣为主。如二程说:"圣贤千言万语,只是欲人将已放之心,约之使反,复入身来,自能寻向上去,下学而上达也。"(《二程集·河南二程遗书》卷一)朱熹亦曰:"向内便是入圣贤之域,向外便是趋愚不肖之途。"(《朱子语类》卷一一九)陆九渊亦认为:"精神全要在内,不要在外,若在外,一生无是处。"(《陆九渊集》卷三五)时至王阳明则提出了"致良知"之说,"良知只是个是非之心"(《传习录》下),强调通过积累达到内心固有良知的顿悟,亦属于内省修身之学。

儒家内省修身之学的发展原是"外王"的基础和先在条件,孔子之时尤其强调经邦济世的"外王"应用,即使晚年退而讲学,也是为培养经邦济世的人才而努力。孟子亦辗转于各诸侯国之间,努力实现外王的功用,内圣之学虽已成为一个自适、自足的系统,却还没有消减外王的志向,"内圣"依然同"外王"一起成为人生的终极理想。但在宋明时期的宋明理学发展中,通过把社会伦理规范的本体化论证,人完全可以通过"反身内求"的内省方式实现人生的终极目标,此时外王事功相对于人生价值的实现已不具备决定性意义,"内圣"成为可以脱离外王而独立自足的价值系统,儒家之道呈现为以心性学为导向的内化趋势。

儒家之道超越的内在性和自足感,对于儒者个人精神的发展是有利的,它使"个体的生命价值既可以通过外在的事功来实现,也可以在内心的适意与自足、自由中去求得"①。儒者由此可以从容地选择自身价值的实现,而不一定非以"入仕"的方式来实现自身的人生价值,"以道自乐"、"乐在道中",醉心于学术之道、"内圣之学"亦可以成为儒者的行道方式。同时,它的内在性和自足感可以使儒者在面临"外王"的

---

① 张玉璞:《三教融摄与宋代士人的处世心态及文学表现》[J],《孔子研究》,2005 年第 2 期。

窘境中，不必因"以道自任"的使命感而螳臂挡车，从匡时救世的社会性大范围的弘道退缩至个人的以身显道，儒者得道即为有德，所以儒者的修身全德即为弘道，这就为儒者从外王事功的退却提供了精神的自慰和满足感。所以，儒者在面临"道势"之冲突中，由于儒家之道的内在性和自足感，使儒者很容易选择远离"势"之"内圣"的行道方式，形成"道势疏离"的道德人格范型。

二、"道势疏离"之现实依据

儒家之道归根结底是以外王为旨归的，如果社会环境等外在条件允许，大部分儒者必会通过济时救世的功用以弘其道，但外在社会环境完全不好把握，在不得已的情况下，儒者为保持"道"之尊严或自身生命安全也只有采取"道势疏离"的人生态度。其根本原因之一在于封建专制之"势"的极度强化。自封建大一统的王朝建立以来，儒者的"圣王"理想就被衍变为"王圣"的绝对权威，儒者也不像战国时期那样拥有身份的自由，其"外王"的道之旨归必须在封建皇权认可的基础上才有实现的可能性，"外王"的宏图大愿演变为实际的"入仕"问题，儒者的经邦济世实际成为封建皇权"家天下"的统治工具，儒者对封建之势存在着依附性，儒家之道的推行也必然依附于"势"，这种依附性决定了儒者必须忠于皇权、忠于一姓之政权；而从行道的角度出发，儒者又必须保持人格之独立，依据"道"之理论和当世之要求对君权进行约束、限制，极力于皇权面前抬高"道"之地位，弘扬"道"之尊严，因此，儒家之道与"势"之紧张关系也就无从化解。这种"道势"间的紧张关系造成了儒者内在观念的冲突，而随着封建专制制度的日益强化，"道势"之间的紧张关系也就愈益剧烈，儒者观念之冲突日益激烈，最后造成弘道之意志的减缩和退却，采取"道"与"势"疏离的处事态度。这种情况自北宋以来直至明清时期，表现最为明显，因为该时期封建帝王的权力空前集中，所以这段时期也是儒家心性之学发展的高峰期。

造成"道势疏离"的原因之二是中国封建朝代的频繁更迭。正如黄炎培对封建王朝的描述"其兴也勃焉"，"其亡也忽焉"（黄炎培在延安与毛泽东的谈话），中国封建王朝的家天下和人治特征使每一代王朝都不能最终避免沦亡的命运，因此在新旧王朝的交替之际，往往战事频繁、民不聊生，一些儒者为了保全性命不得不远离纷乱、危险的朝政事务，托命深山。如东汉末年的郭林宗就是"夜观乾象，昼察人事，天之所废，不可支也"（《后汉书·党锢列传》）。而一个王朝之所以走向灭亡，大多由于其末期的统治腐朽黑暗，小人当道，一些正直有为之儒者不能行其道，又不甘与小人为伍，徒辱名节，遂远离庙堂，疏离权势。如东汉时期的檀敷就"以郡守非其人，弃官去。家无产业，子孙同衣而出"（《后汉书·党锢列传》）。汉末主持汝南"月旦评"的名士许劭，曾对劝其仕进的人说："方今小人道长，王室将乱，吾欲避地淮海，以全老幼。"（《后汉书·党锢列传》）此外，一些儒者之所以选择与新的权势疏离乃是出于封建的忠君意识。封建王朝的家天下导致"爱国"与"忠君"的重叠，一些儒者出于"忠君"思想，"一身不事二主"的封建意识，断然远离新的权势。如南宋末年的士大夫不愿意变节仕元，故远离朝政，著名的有撰《文献通考》的马端临、撰《玉海》及《困学纪闻》的王应麟、注《资治通鉴》的胡三省等。总之封建王朝兴衰的周期使本就处于道势冲突间的儒者又面临着生死存亡、民族大义、士人名节等具体的抉择关头，这些困难重重的选择逼迫着他们最终远离了封建之势，以自身之德行彰显儒家之道。

造成"道势疏离"的原因之三在于社会文化对隐逸之风的推崇。中国传统文化中隐逸之风可谓由来已久，最远可追溯到上古时期的许由、巢父，他们因不受爵位、独善其身一直受到人们的推崇。纵观中国历史，许多重要的史籍如《后汉书》《晋书》《南史》《宋史》《明史》等专辟逸民列传，对隐士、逸民之节义大加赞扬。由此可见，疏离权势的隐士行为是颇受中国封建社会文化认可和推崇的，在这种文化氛围中，一些儒者的价值观由此受影响，疏离权势是正常不过的。所以历代也都有儒者躬行实践，以道自任，疏离权势、高尚其事，托身山林，从而使隐逸之风不绝如缕。封建专制之"势"对隐士的高调礼遇又对这种推崇隐逸之风起到了推波助澜的作用。历代皇帝为了证明自己的政治清明和为人心胸宽广、尊贤重才，也都纷纷给予隐士很高的礼遇，甚至高调征聘其到朝廷做官,而隐士越是拒绝征聘的次数多,其名反愈显(当然,类似逢萌不理睬北海太守的奉谒致礼,太守居然"怀恨而使捕之"的事件还是存在的,但并不占据主体地位)。朝廷的高调礼遇和民间的推崇相应交替,共同烘托出中国文化中对隐士高尚其志的认可,也导致了庙堂之上的士大夫隐士情结,影响和促进了"道势疏离"之道德人格范型之形成。当然,造成儒者"道势疏离"的原因还与佛老思想的渗透有关,但这不在本书讨论范围之列,所以不予深入研究。

仕与隐是一组相对的概念,相对于封建专制体制内入仕儒者的"道以仕行",疏离权势、远离庙堂的儒者行道方式的通常称为"隐",所以本书研究"道势疏离"的儒者道德人格范型也主要以归隐的儒者为例。儒家的归隐不同于道家等其他学派的归隐,归隐的儒者始终以儒家之道自任,他们要么是从外王的"道势"冲突中退缩至内在自适的修身全德,要么是本身性情所致,固守于"道"之内圣的自足,"道"始终是他们行为处事的立足点

第二节　独善其身的权时之策

"道势"合一是儒家的理想,外王是儒家之道的旨归,所以大部分情况下儒者都是积极入世的,但这并不能排除儒家思想中亦有关于"隐逸"的内容。儒家的隐逸思想最早来自孔子,孔子曾经把隐逸看成其理想人格——君子的行为而大加赞扬,"君子哉!蘧伯玉,邦有道则仕;邦无道,则可卷而怀之。"(《论语·卫灵公》)"宁武子,邦有道,则知;邦无道,则愚。其知可及也,其愚不可及也。"(《论语·公冶长》)但是孔子真正碰到隐逸之士时却又表现出完全不同的态度,如面对"荷蓧丈人"对其入世的批评,孔子让弟子子路告之曰:"不仕无义,长幼之节,不可废也;君臣之义,如之何其废也?欲洁其身,而乱大伦。君子之仕也,行其义也。道之不行,已知之也。"(《论语·微子》)孔子认为隐逸是"欲洁其身,而乱大伦"的不义行为。分析孔子对隐逸的两种不同态度,我们发现孔子并不反对隐逸,但隐逸要符合"道"。怎样

的隐逸才算符合儒家之道呢？一般情况下，儒者应该积极入世，以调整社会秩序、行道为己任，但行道的过程充满了变数，充满了不能以儒者之主观能力所能把握的障碍，孔子本人身临其境，"累累若丧家之犬"，自然明白其中的艰辛，作为"以道自任"的仁人志士，儒者此时还是应该努力行道的，所谓"知其不可为而为之"是也。只有行道的过程中，以儒者力之微薄、渺小无法捍卫"道"之尊严、人格尊严之时，为了不辱其道、保身全生，儒者可以与权势疏离，"卷而怀之"隐逸于世了。所以孔子对隐逸的赞赏或谴责是以"道"为落足点的，这一点可以从孔子对隐士的评价方面来证明，在《论语·微子》里孔子高度赞扬了伯夷、叔齐、虞仲、夷逸、朱张、柳下惠、少连七位隐士，就是因为他们都能合乎"道"，在昏乱的社会形势下修身全德，保持了"道"之尊严。孟子也接着对这些隐士进行分析和赞扬，强调他们的道德表率和道德感化作用，如"故闻伯夷之风者，顽夫廉，懦夫有立志"。"故闻柳下惠之风者，鄙夫宽，薄夫敦。"（《孟子·万章下》）因此，这些隐士只是隐其身而没隐其道，他们以自身的德行彰显着"道"之尊严，以身显道和行道，这应该是孔孟对他们隐逸行为大加赞扬的原因。合道是儒家隐逸的基本立足点，那么什么时候可以隐逸呢？孔子曰："天下有道则见，无道则隐"（《论语·泰伯》），"以道事君，不可则止"（《论语·先进》），也就是无法行道之时可以选择隐逸，所以孔子在周游列国极度困窘之时发出"道不行，乘桴浮于海"（《论语·公冶长》）的慨叹。孟子赞成孔子的因时而变，曰："可以速而速，可以久而久，可以处而处，可以仕而仕"（《孟子·万章下》），所以孔子为"圣之时者"，是前面几位隐士的最高境界。孟子总结道："故士穷不失义，达不离道。穷不失义，故士得己焉；达不离道，故民不失望焉。古之人得志，泽加于民；不得志，修身见于世。穷则独善其身，达则兼济天下。"（《孟子·尽心上》）"达"指得势做官，可以"以仕行道"，行仁政以爱民；"穷"指不为"势"所用，与权势疏离，不受官职羁绊，但却可以洁身自好，以德全身，保全自身的人格价值；在"穷"与"达"之间还有一个桥梁即"不得志，修身见于世"，可见"穷"本身不是目的，也不应安于"穷"，"穷"时立足民间，修身、明道，仍然可以匡时济世。因此对于儒者而言，与权势的疏离只是暂时之举,疏离权势是为了将来更好地进行"外王"事功。所以当蚳鼃在孟子劝说下"谏于王而不用,致为臣而去。"面对齐人的议论,孟子曰:"有官守者,不得其职则去;有言责者,不得其言则去。我无官守,我无言责也,则吾进退,岂不绰绰然有余裕哉?"(《孟子·公孙丑下》)"去"意味着疏离权势,意味着"在野"、"无官守",却并不意味着"外王"事功的放弃,甚至可以更加"绰绰然有余裕哉"。

通过以上分析,我们可以认定儒家之道也是讲"隐逸"的,但这种隐逸只是无奈之举,是为了维护"道"之尊严,维护儒者行道的志愿和抱负不得已的权宜之计,其目的依然是"外王"事功,其旨归依然是儒者社会价值的实现。权时之宜的隐逸思想导致了儒者往往隐而不逸、身隐心不隐、避世而不忘世的隐逸风格。儒者们隐逸的方式多种多样,隐逸的原因纷繁复杂,隐逸的结果也不尽相同,但大体来说,以隐逸为权时之宜的儒者大多具有以下三种特征。

一、独立人格与尊严之维护

儒家的隐逸是一种无奈之举,是道之推行范围的逐步萎缩,由经邦济世的全社会范围最后回向儒者自身,这种退缩的过程伴随着儒者经邦济世之社会价值的失落。外在的事功既已无法实现,儒者只有通过自身的修养、品行来彰显其道了,儒者人格的独立和尊严、儒者的名节与操守成为其捍卫其道的最后秉持。所以,当政治局势不容许儒者借势弘扬其道时,儒者大都致力于维护自身人格的主体性和尊严。首先,儒者为了砥砺名节、保全德性毅然辞官。一部分儒者因朝政黑暗、小人当道,不得已他们只好隐居以求保德。如汉代唐羌因为"旧南海献龙眼荔枝,十里一置,五里一堠,奔腾阻险,死者继路"(《后汉书·和帝纪》)而对政局失望,辞官归隐。苏章为官秉公无私,使州郡"望风畏缩",做并州刺史时,能"摧折权豪",竟至"忤旨,坐免"。遂"隐身乡里,不交当世"(《后汉书·苏章传》)。宋代刘勉之"绍兴中,以荐赴朝廷。时秦桧擅权,知不与桧合,即谢病而归,杜门十余年"(《宋史·刘勉之传》)。还有一部分儒者本身注重保持人格的尊严与气节,所以不甘于逢迎往来等官场丧志辱节的行为,也毅然辞官归隐。如东汉檀敷,"桓帝时,博士征,不就。灵帝即位,太尉黄琼举方正,对策合时宜,再迁议郎,补蒙令。以郡守非其人,弃官去。家无产业,子孙同衣而出。"(《后汉书·党锢列传》)"逢萌家贫,给事县为亭长,时尉行过亭,萌侯迎拜谒,既而掷盾叹曰:'大丈夫安能为人役哉!'遂去。"(《后汉书》本传)明代"杨引应召,驸马都尉陆贤以襄服见,引太息曰:'是其心易我,不可久居此矣。'去就出处,卓然有陶潜、徐樨之风。"(《明史》本传) 其次,隐士们严格要求自己,行为合道。与道家隐士的率性自由、回归自然、回归本我、和光同尘的隐居方式不同,儒者们的隐居生活带有浓厚的人间烟火气息,他们即使隐居也依然注重家庭和家居生活,注意自身的行为风范作用,坚守儒家之道的规范性。大部分隐士为了生存采取了不同的生活方式,有的"既耕亦已种"、有的渔猎、有的采药、有的设馆授徒,安贫乐道,洁身自好,以儒家之规范严格要求自己,不接受非义之馈赠,不为五斗米折腰,著名的隐士樊英非常注重身为儒者的人格尊严,其被迫见汉顺帝时,"犹不以礼屈",不肯行君臣之礼,但其生病期间,夫人遣奴婢问候病情时,樊英却下床还礼,曰:"妻,齐也,共奉祭祀,礼无不答。""其恭谨若是"(《后汉书·樊英传》)。明代的方孝孺等人也尤为推崇隐士友鹿翁等隐者"恂恂然操行驯谨,发言必稽乎义"(《逊志斋集》卷21)的行为。儒者通过疏离权势,远离奸佞小人而保持人格的独立与尊严,也含有对腐败之势,污秽之人事关系的批判和抵制,这些都有进步作用。但不可否认的是,有些儒者为了人格之自由竟疏离至与世隔绝,进而忘世,走向极端,忘却了儒者肩负之社会责任,这也偏离了儒家之道有关隐逸的本意。然中国传统思想中道家、佛家思想的杂糅与渗透对儒者的影响是不可避免的,这也是儒者隐逸原因、方式等多样化的原因,因与本题涉及不多,故不做深入探讨。再次,儒者们坚守隐逸中"抱固穷节"的自尊意识。儒者是从隐逸中收获到精神的自由的,由此他们的诗文和著述中多关乎田园、牧歌式的恬淡与悠远,纵情山水的自适与自足,但除个别士族以及官僚们支持的隐士之外,大部分隐士的生活是比较简朴、困苦的。如陶渊明在《饮酒》中叹道:"竞抱固穷节,饥寒饱所更。"杜甫亦面临茅屋为秋风所破,"布衾多年冷似铁,娇儿恶卧踏里裂。床头屋漏无干处,雨脚如麻未断绝"的穷困艰苦的处境(《茅屋为秋风所破歌》),张岱在明朝灭亡后"避迹山居,所存者,破床碎几,折鼎病琴,与残书数帙,缺砚一方而已,布衣蔬食,常至断炊"(《自为墓志铭》)。在这种情况下隐逸必得有一种内在的精神力量,这种精神力量就是儒家之道,所谓"天地之间人为贵",人何以能"与天地参矣",在于人的厚德载物,所以儒者们虽身受困苦,但有儒家之道作为精神的秉持,从而能够不屈从于外在的环境、条件,不受惑于内在的欲望、本能,而听命于儒家之道的高义,把儒家之道化为人格和观念。如陶渊明"吾不能为五斗米折腰,拳拳事乡里小人邪"(《晋书·陶潜传》);杜甫则忧国忧民之志不改,"安得广厦千万间,大庇天下寒士俱欢颜!风雨不动安如山。呜呼!何时眼前突兀见此屋,吾庐独破受冻死亦足!"(《茅屋为秋风所破歌》)张岱由少富转入贫困,痛苦尤甚,然其惦念著述,终五易其稿,撰成《石匮书》这部明史巨著。这种贫穷之中的坚守,逆境之中的执着更能凸显出儒者道德人格的崇高,更令人仰慕和敬佩!

二、身隐心不隐之责任意识

儒者的归隐只是在无道权势下保全自己的人格尊严、精神自由而不得已的生活方式,儒家之道的熏陶使他们依然怀有匡时济世之志和兼济社稷苍生的使命感,所以儒者们多疏离政治而没有脱离现实生活,依然在世俗生活中关注着社会局势,身在江湖而心存魏阙。具体表现为:其一,以在野之名关注朝政之实。嵇康是魏晋时期有名的隐士,他拒绝司马氏的征辟而从容于竹林之游,但他却并没有就此放弃朝政之事,而是借着隐士的身份"隐居放言"。司马氏愈是提倡"名教",愈是想美化尧舜的禅让来为篡魏的政权取得合法性论证,嵇康愈加"越名教而任自然","非汤武而薄周孔","轻贱唐虞而笑大禹",对司马氏集团假借名教行篡权之实进行讽刺、批判,鼓动士大夫与皇权离心,从而导致被杀的悲剧结局。郭林宗本是东汉名士,因"天之所废,不可支也"(《后汉书·党锢列传》),为保身全命而隐逸,但他在野期间严格以儒家道德规范为标准,进行品评人物,对当时世风亦起到激浊扬清的作用。宋代邓考甫本已"坐事去官,遂闭户著书,不复言仕",但见蔡京等人专权误国,遂直言上书,竟被杀害(《宋史·隐逸列传》)。他们既不愿无道的社会禁锢、污秽他们的志士节操,又不能罔顾社稷苍生之疾苦,所以身在乡野以全其志,又关注朝政以行其责,虽路途艰辛,头悬利刃,亦无惧无畏,表现出儒者的大丈夫气概。其二,开门授徒,宣讲"道"之大义。如隐士樊英"隐于壶山之阳,受业者四方而至"(《后汉书·樊英传》)。其弟子陈寔后也辞官,赋闲在家,但陈寔的学生中如李元礼、韩元长等都是当时东汉党锢之争中有名的领袖,所以陈寔的私学教育必是融会进自己的政治思想的。公孙穆"家贫贱","长习《韩诗》、《公羊春秋》","隐居东莱山中,学者自远而至"(《后汉书·方术列传》)。宋代的刘勉之"杜门十余年,学者踵至,随其材品,为说圣贤教学之门及前言往行之懿"。徐中行"晚年教授学者,自洒扫应对、格物致知达于治国平天下"(《宋史·隐逸列传》)。二程也曾在伊川讲学,促进洛学的繁荣和发展,其弟子杨时学得理学正宗,亦是当时很有影响的政治家。儒者虽然疏离了权势,但他们依然关注着天下时政,通过讲学传播、阐发自己的政治观点,从而影响士人,形成社会风气,是他们身隐心不隐的重要表现。其三,著书立说,阐述政治观点。所谓"功泽又不及民,别事又做不得,惟有补辑圣人遗书"(《二程集·二程遗书》),儒者的归隐是无奈之举,他们会努力把自己的政治观点阐述、表达出来,以期有利于世。如隐士王符因仕途碰壁,遂愤然隐居,致力于著述,分题论述关于用人、行政、边防等统治政策,针砭时政,批评迷信、卜筮、交际势利等不良社会风气,"以讥当时失得,不欲彰显其名",(《后汉书·王符传》)故名《潜夫论》。胡三省则在著述中联系蒙古灭宋的史实,发表感慨,表达自己的民族感情,宋亡后继续编写《资治通鉴音注》、《释文辩误》,并校勘、考证、解释《通鉴》,对《释文》作辨误。张岱亦在亡国隐居时继续撰写著名的《石匮书》,"事必求真、语必务确,五易其稿,九正其讹,稍有未核,宁缺勿书。"该书共历时五十年方完成,以表忠于前朝之志。儒者以独立人格阐释经义,批判时政,实现了"立言"的价值,使隐逸具有重要的现实意义。

三、仕隐相济的权变

隐逸只是儒者在无道社会中保身全德的无奈之举,是其兼济天下之志不得推行后的暂时修整,是儒者们韬光养晦、择机而起的心灵规避处所,一俟入仕的时机成熟,条件具备,他们就会以饱满的热情重新投入到治国平天下的宏图伟业中。这也是中国历史中儒者们先仕后隐、先隐后仕、仕隐交替、隐而不逸、仕而羡隐的原因所在,他们看似矛盾,实则蕴含着和谐统一的因子,即内圣的自足自适与外王的旨归。

儒者的经世情怀是一致的,但儒者们经受的外部环境是复杂多变的,一部分儒者无法行其道,只能淡泊名利,寄情山水,以俟时机。如仲长统,才华横溢、性格豪放、敢于直言,无奈身逢东汉末年政局昏暗、时局动荡,只好"每州郡命君,辄称疾不就",愤而著述《昌言》,针砭时政,指点江山;空有兼济之志而无从作为,极度苦闷之中欲遁入道家避世情怀寻求心灵之安慰,"欲卜居清旷以乐其志"(《后汉书·仲长统传》),后被尚书令荀彧举荐为尚书郎,遂积极"参丞相曹操军事"。这种先隐后仕比较著名的要数诸葛亮了,他"躬耕于南亩,不求闻达于诸侯"(《出师表》),却又"每自比于管仲、乐毅"(《三国志·诸葛亮传》),对天下大局了然于心,可见他并非没有经世之志,只是还在等待、观望,寻求一个行道的良好时机。刘备三顾茅庐之后,终于使他择定"明主",从而一展抱负,以成三国历史之精彩格局。可见在中国封建专制的政治体制下,儒者之外王的志愿必须依附于势,但若所托非势,或遭无道之势,道既不得行,也就只好"独善其身"。如唐羌、苏章、刘勉之等等,这种先仕后隐的例子举不胜举,笔者在此不再赘述。儒者内圣的自足与外王的旨归和谐统一于儒者的经世情怀,这决定了他们不甘心放弃经世的机遇,所以常有仕隐交替的现象发生,如陶渊明自二十九岁至四十一岁之间,由仕而隐、隐又复仕达五次之多,他一次次在功名利禄与"刑天舞干戚、猛志故常在"的激励下出仕,一次次又"坦至公而无猜,卒蒙耻以受谤。虽怀琼而握兰,徒芳洁而难亮"(《感士不遇赋》)惆怅归隐。最后寄情于田园之乐,其固有生性淡泊、"性本爱丘山"之性格因素,反复出仕也有生活方面的逼迫,但身为一名怀有

"兼济天下"之志的儒者,其反复出仕缘于经世情怀所致是无疑的。但东晋时期昏聩、混乱的政治格局最终逼迫他与权势疏离,发展为道势疏离的道德人格。而一些已经出仕,致力于道势兼顾的儒者也是怀有归隐情结的。如范仲淹可谓得君行道了,轰轰烈烈的庆历新政对北宋的社会发展产生了一定的影响,范仲淹是积极于"达则兼济天下"的政治理想的,但其却屡遭贬谪,内心不免惆怅和遗憾,所以在诗文中多次表达了思慕归隐之情。如"丹阳太守意何如,先诣茅卿始下车。展节事君三黜后,收心奉道五旬初。偶寻灵草逢芝圃,欲叩真关借玉书。不更从人问通塞,天教吏隐接山居"(《范仲淹全集·移丹阳郡先游茅山作》)。这种对归隐的思慕之情在范仲淹的诗文中可谓比比皆是,但其临终之际依然不忘叮嘱仁宗"伏望陛下调和六气,会聚百祥,上承天心,下徇人欲。明慎刑赏而使之必当,精审号令而期于必行。尊崇贤良,裁抑侥幸,制治于末乱,纳民于大中",希望仁宗能成为"天下之君",体现的依然是"道势兼顾"的儒者经世情怀。辛弃疾更是一腔报国之志难托付,一心抗战复国的他偏逢南宋朝廷苟安之世情,故仕途多艰,先后三次徘徊于仕隐之间,报国无门之际,心情极度悲愤、压抑,纵使托志青山,纵使心灰意冷,依然不忘"金戈铁马,气吞万里如虎"(《永遇乐·京口北固亭怀古》)的壮志情怀。儒者们仕隐之间的徘徊、权变充分反映了儒者在"道"之独立精神与仕之依附人格之间的挣扎与彷徨,隐逸只是一种不得已的选择,或者说是为了更好地入仕,或者说是其经世的另一种表现形式,这是儒家之道的入世本性所决定的。

总体来说,儒家之道强调整体意识,儒者们对家庭、社会和国家抱有不可推卸的责任感,这种责任感使儒者们在行道无路,报国无门的情况下,易产生悲愤、惆怅、遗憾、压抑之情绪,内圣之学为他们提供了心灵的缓冲,更兼有佛老遁世思想的补充,从而使他们可以保持着人格的独立与尊严,理想的崇高与纯洁,同时也为儒者们提供了韬光养晦、重振雄风的机会。但儒者们的隐逸终归向人们昭示着权势的无道,昭示着儒者们对无道之"势"的抗争,作为儒者捍卫道的最终方式,隐逸因其对社会、政局的批判作用而具有进步意义,儒者们不慕功利,不图虚荣的高风亮节使他们永垂不朽。

第三节　笃志行道、醉心学术的乐道精神

儒家之道的内在性和自足感使"以道自乐"、"乐在道中",醉心于学术之道,"内圣之学"亦可以成为儒者的行道方式,儒者可以通过对仁义之道的坚守,通过自身的道德修为达到"体道"、"得道"、"行道"的心理满足,从而乐在"道"中。孔子之时,就已经以"道"为乐了。孔子虽然没有达到以势行道的外王目标,是因为"夫子之道至大,故天下莫能容……夫道之不修也,是吾丑也。夫道既已大修而不用,是有国者之丑也"(《史记·孔子列传》)。所以孔子能够饭"疏食饮水,曲肱而枕之,乐亦在其中"(《论语·雍也》)。其弟子颜回亦"一箪食,一瓢饮,在陋巷。人不堪其忧,回也不改其乐"(《论语·雍也》)。他们的快乐显然不是物质方面的追求,也不是以物质之苦为乐,因为"富与贵,人之所欲也……贫与贱,人之所恶也"(《论语·里仁》)。所以他们的快乐是对精神情操的执着,是"发愤忘食,乐以忘忧,不知老之将至"(《论语·述而》)。"体道"后的欢娱。汉、宋以来的儒者们都把它奉为人生境界,尤其是宋代理学更强调"孔颜之乐",强调通过内圣的修为而达到"仁"的精神境界,达到境界后所带来的莫大快乐,即"万物皆备于我,须反身而诚,乃为大乐"(《二程集·河南程氏遗书》)。外在的客观环境与此"乐道"已不相干。这种乐道精神增加了儒家"内圣之学"的自适性,从而使部分儒者得以自愿、主动地疏离权势,醉心于学术之道,以构建儒家学术之道的体系和儒家学术思想的表达为己任。

一、专心向学的治学之风

孔子晚年归鲁后,即专心授徒和整理古代典籍,孟子经世不成之后,退而与万章之徒"序《诗》、《书》,述仲尼之意,作《孟子》七篇"(《史记·孟子荀卿列传》)。自西汉儒术定为一尊之后,博通经书成

为儒者的安身立命之本，因此，一些儒者醉心于学术，不愿出仕。最典型的莫过于东汉的郑玄。"郑玄少为啬夫，得休归，常诣学官，不乐为吏，父数怒之，不能禁。遂造太学受业"（《后汉书·郑玄传》）。可见郑玄对学术的追求志向是比较大的，他在太学经过刻苦攻读之后，又西入关中，拜在古文经学大师马融的门下，"日夜寻诵，未尝怠倦"，七年后，四十岁的郑玄学业大成，回归故里，"家贫，客耕东莱，学徒相随已数百千人"（《后汉书·郑玄传》）。截至此时，郑玄主动选择的都是读书、传道、授业的人生定向。此后郑玄因党锢之祸遭禁十四年，黄巾起义后，党人纷纷被起用，但郑玄依然屡次婉拒征用，潜心著述、授徒、解惑。除党锢之祸遭禁的十四年外，郑玄一生都主动地疏离权势，醉心于经术的学习、研究和传授。在遭禁的十四年里，郑玄潜心研究经业，不仅完成了著名的《三礼注》，而且"乃发《墨守》、《膏肓》，起《废疾》。休见而叹曰：'康成入吾室，操吾矛，以伐我乎！'"（《后汉书·郑玄传》）使古文经学压倒了今文经学。纵观郑玄的一生，疏离权势，专注于经术，不仅集古文经学集大成，而且把古今文经学熔为一炉，开创了郑学。其著作则"括囊大典，网罗众家，删裁繁诬，刊改漏失，自是学者略知所归"（《后汉书·郑玄传》）。对经学的发展做了重大的贡献。郑玄何以家贫如斯依然不仕呢？其在《诫子书》中道："但念述先圣之元意，思整百家之不齐，亦庶几以竭吾才，故闻命罔从。"郑玄以笺注儒家经义为己任，所以其临终惦记的依然是儒家的经术事业，"末所愤愤者，徒以亡亲坟垄未成，所好群书率皆腐敝，不得于礼堂写定，传于其人。"（《后汉书·郑玄传》）郑玄醉心于著述、学习、传授儒家经术，所以其在贫困的生活中依然有得道的乐趣，这种乐趣使他以纯正的学者身份终其一生，他在经术的著述中完全体现了自己的价值，成为一代硕儒，赢得了人们的尊重，郑玄安葬之际，"自郡守以下尝受业者，赴会千余人"（《后汉书·郑玄传》）。类似郑玄这样醉心于儒家学术，疏离权势的儒者还有很多，如东汉颖容避乱荆州时，不接受荆州牧刘表的邀请出仕，隐逸而写成了五万余言的《春秋左氏条例》，从而使《左传》经学得以上承西汉，后继杜宽、杜预之学，颖容本人也成为经学史上承上启下的名儒。再如廖扶"绝志世外。专精经典，尤明天文、谶纬，风角、推步之术"(《后汉书·方术列传》)等等。

当然，醉心于学术的儒者并不是不关心时事政局的迂儒，郑玄虽然终生未仕，却也关心国家大事，郑玄六十六岁时，李傕、郭汜等乱长安，徐州刺史陶谦欲联合诸州郡，共推当时名臣朱俊为元帅以讨伐之，在陶谦的奏记中，就有博士郑玄的签名。后刘备为徐州刺史，也经常向郑玄请教治乱之道。[1] 素有安乐先生之称的邵雍一生没有做官，却并不超然于物外，对王安石的变法持反对态度："自从新法行，尝苦樽无酒。"(《无酒吟》)为富弼、司马光、吕公著等人的旧党集团提供理论指导。所以他们虽致力于学术著作，却并不忘情于世外，身为儒者心忧天下的责任意识并没有消减。这些儒者之所以疏离权势，醉心于学术，当然有其复杂的原因，本书无从一一考证，但他们把自身价值的实现寓于经术的传承中，而没有走传统的匡时济世的外王之路，说明他们已然对依附"势"以行道的方式产生了怀疑或不认同，对入仕以经邦济世的结果产生了怀疑，从而重新清醒地对自己的认识进行定位，其学者之儒的准确定位表现出他们在强势面前的精神独立与人格自由，而这种精神独立和人格自由恰恰成为乱世和专制皇权下"道"之尊严的保证。

二、另辟蹊径之弘道实践

儒者除了醉心于学术之外，还在"道势"之间力求寻得外王之外的弘道途径，他们于教授生徒、杜门著述中积极寻求弘道良策。如宋代王开祖，"皇祐五年，中第三甲进士"因"是年制科并不取人"，遂"不调而归"[2]，不再出仕。但王开祖认为自己的隐逸和魏晋时期的隐居是不一样的："魏晋之世，君子之隐者，披深林、坐幽谷之中，编木肤而衣之，茹草实而饮洞泉，睨在位者不啻若寇雠！吾党之隐者异于是，观斯时也，遇斯人也。言不行则言隐，知不行则知隐。不可与有为，则以其罪

---

① 参见杨天宇《郑玄生平事迹考略》[J]，《河南大学学报》(社会科学版)，2001 年第 41 卷第 5 期。

② 王开祖：《儒志编》附陈谦《儒志学业传》，影印文渊阁四库全书本。转引自陆敏珍《王开祖及其观念：濂洛未起前的道学思想》[J]，《中国哲学史》，2009 年第 3 期。

行,人不知其罪于人也,是吾党之隐者也。"(《儒志编》)不同于魏晋隐者的"忘世",王开祖认为隐居的自己依然对现世进行着关怀,儒者的退隐并不意味着对现世的漠视,因为儒者的社会责任在于行道与否,而不在于自身的仕进与退隐。那么王开祖认为的道是什么呢? 王开祖把孔孟时期的儒学称为"道学",认为"孔子之道见乎六经……为君臣、父子、兄弟、夫妇者,尊卑上下各有分,服而修之者循循如也"(《儒志编》),显然道是调整和指导人间尊卑上下秩序的规范,这种规范"见乎六经",所以要推行道之大用,就要先求道。基于此观点,王开祖与一般以仕行道的观点相反,认为"夫得用者,其文简;不得其用者,其文备"。所以"孔子之道见乎六经,以至于今……其功无穷,又岂止一时得位而谓之道大用哉?"得位与入仕并不能保证道之大用,孔子就是因为没有得位,所以其"章章乎六经,万世之人饮食衣服之所以生"。那么依此看来,要行其道,必须致力于确立儒家的思想体系,由此,王开祖立志倡儒家"道统",曰:"由孟子以来,道学不明。今将述尧、舜之道,论文、武之治,杜淫邪之路,开皇极之门。吾畏天者也,岂得已哉!"(《宋元学案·进士王儒志先生开祖》)以回向经典重构儒家的知识体系为己任。王开祖对儒家知识体系的重构对永嘉学派的产生做了重要贡献,被陈谦尊为"永嘉理学的开山祖"。

元代刘因亦是元政府著名的"不招之臣",一生当中仅入朝为官不过几十天,就因继母病重而辞官,终其一生都在教书、著述中度过。关于刘因隐逸的原因,历来争论颇多,其隐逸肯定是多种因素综合作用的结果,本书在这里不再赘述。但刘因的隐逸不同于道家是肯定的,他曾强烈批评老庄消极避世、贵柔守雌的观点,认为是其自私自利、逃避社会责任的表现。曰:"挟是术以往,则莫不以一身之利害而节量天下之休戚,其终必至于误国而害民;然而特立于万象之表,而不受其责焉。"(《静修集·退斋记》)他由此认为"心固已死",毫无意义地活着还不如死去,"使其舍此而为区区岁月筋骸之计,而禽视鸟息于天地之间,而其心固已死矣。而其所不容已者,或时发焉,则自视其身,亦有不若死之为愈者。是欲全其生,而实未尝生;欲免一死,而继以千百万死。"(《静修集·退斋记》)与道家相比,刘因是积极入世且牢记自身的社会责任的。刘因也不赞成儒者因仕途不顺而沉浸于道家的消极避世中去，"而世之所谓大儒，一遇困折而姑借其说以自遣者亦时有之。要之，皆不知义命而已矣。"（《静修集·庄周梦蝶图序》）刘因的隐逸和入仕都是行道的方式，那么刘因是怎么把隐逸与社会责任的担当统一在一起的呢？这就要追溯到刘因的哲学思想了。刘因认为无论是匡时救世还是隐逸都是由"时命"所决定的，自己完全不由自主，自己能够做到的是"立心之初"，把"初心"端正了，就能正确看待入仕与隐逸，不会"自拘于一隅，道体本周遍，而自滞于一偏。其为累也，甚矣！"（《静修集·遂初亭说》）行道不必执着于入仕，"时不与志，用不与材，则可以立德，可以立言，著书垂世，可以为大儒，不与草木共朽，碌碌以偷生，孑孑以自存。"（《静修集·叙学》）因为时命的原因，不能入仕以立功，还可以立德、立言，一样行道，永垂不朽。由此，本着积极入世的人生态度，刘因虽然终生不仕，却也没有逃避应负的社会责任，著述教学，在北方成就了一个较有影响力的学术派别——静修学派。

综合王开祖和刘因的行道实践，貌似二者都是主动地与权势疏离，并不是出于对社会无道的控诉和悲愤，但仔细分析我们会注意到刘因与王开祖的内心依然存在着道势之间的紧张冲突，以道自任的他们都没有妥协。如王开祖曰："夫人又谓孔子贤于尧、舜、禹、汤、文、武远矣。彼数君有天下，既没，或庙于陈，或庙于冀，或庙于亳，或庙于周，而天下不得而通祀焉。孔子既没，于今举天下郡邑得立庙而时祀之，上至天子，北面而行礼焉，岂不过于数君也哉。"（《儒志编》）实含有"道尊于势"之义。刘因认为入仕由"时命"所决定，时命是机遇、机会或遭遇，是身外的客观环境，刘因当时入仕的官场环境则是"奴颜与卑膝，附势同奔驰。吮痈与舐痔，百媚无不为"（《静修集·拟古三首》）的状况，时命不合适，所以刘因把行道的重心放在"立德"、"立言"的方面，在民间行其道。刘因与王开祖的弘道方式都是竭力离开权势的，这表明"道"之独立精神已经越来越不适应日益集权化的专制统治，如王开祖曰："使孔子用于当时，则六经之道固不若今之著也。夫得用者，其文简；不得其用者，其文备。使孔子用而为君，尧焉舜焉而已尔。为之臣，禹焉稷焉而已尔。"（《儒志编》）透露出儒家之道脱离政治权势的禁锢而得以独立发展的希望。这是随着封建专制日益强化，儒者出于以道为尊的使命感、出于对自身人格独立与尊严的维护，而希望超越政治束缚，进行弘道实践方式的大胆尝试。他们努力地通过自我的完善而成为文化的传承者，竭力独立于权势之外寻求弘道的途径，这是对以仕行道习惯思维的突破，更是对当时集权之势的隐性批判。其以道自任、洁身自好的人格魅力为中国思想史更添光亮的色彩。

第六章
"枉道从势"的道德人格范型

儒家之道很好地把君民两重主体性矛盾统一在圣王的"内圣之德"中,并以圣王的政治实践作为"道势"合一的证明,从而把"人主之心"视为历史发展的决定力量,在这种思维理路下,所有的政治问题都可归结为道德问题,一切苦难的解决都指望着"圣君明主"的产生。由此,历代儒者都致力于由内圣而外王的实践,并以儒家之传统道德价值对社会现实进行针砭和批判,却疏忽了对政治制度和法律制度建设,并形成对既存君主专制制度的事实维护和认可。但历史中的有为之君却寥若晨星,道德的柔性劝阻在"势"之粗暴与强权面前是如此脆弱、有限,儒者们要么铁肩担道义,终究只能落得个以身殉道的悲壮叹息;要么固志守节、洁身自好,徒于恬淡中蕴一缕壮志未酬的遗恨。更兼有儒家之道缺少外在的标准,儒者之人身依附的尴尬,部分儒者在"势"之拉拢利诱和暴力压制下,价值追求发生变异,枉道而逢迎势之意志,曲学以阿世,形成枉道从势的道德人格。

第一节 儒家伦理政治的理论困境与现实难题

正如前文所讲,儒家之道以伦理道德来调整社会秩序,从而走出由内圣而外王的实践模式。当道德与政治结合,德与位碰撞,开始了儒家道德政治化、封建政治道德化的双向历程,形成中国封建社会特有的儒家伦理政治模式。但儒家伦理政治模式不但存在着其自身无法消解的理论困境,而且在实践的过程中也使儒者遭遇着理想与现实相悖的尴尬处境,现实难题的压迫与理论困境的无从消解溶蚀着儒者以道自任的决心和毅力,甚至使其价值观扭曲和错位,导致枉道以从势、曲学以阿世的儒者道德人格之形成无从避免。

一、儒家伦理政治之理论困境

民本和尊君则是儒家伦理政治中的核心问题。民本思想自西周渊源而来,为了更长久、稳定地维持统治,周公提出了"敬天保民"的统治思想,所谓"天视自我民视,天听自我民听"(《尚书·泰誓》)以民意代天意,督促、警诫周王朝的统治者能够畏服天意,从而顺从民意,这种顺从了民意的统治王朝自然能够"皇天无亲,惟德是辅"(《尚书·康诰》),它是代表了天意的政权,人民服从天意,也就要服从周政权的统治。以道德之天来平衡和制约君与民之间的关系。当然,其目的依然是君权的统治。先秦儒家发展了西周的民本思想,进而提出爱民、富民、教民之仁政学说。如孔子曰:"百姓足,君孰与不足;百姓不足,君孰与足?"(《论语·颜渊》)要求统治者"节用而爱人","使民以时"(《论语·学而》),孟子则提出诸如"制民之产"、"民贵君轻"等比较著名的观念。那么儒家爱民、重民的伦理政治观如何处理君与民的关系呢? 首先,先秦儒家发展了古代民本思想中以民为政治主体,以天意威慑统治者进行道德自律的思想。孟子云:"天降下民,作之君,作之师,惟曰其助上帝宠之"。(《孟子·梁惠王下》)荀子亦云:"天之生民,非为君也。天之立君,以为民也。"(《荀子·大略》)显然把民视为政治的主体,为政治活动的最终目的。其次，先秦儒家的民本思想又是与其尊君观念并行并存的。如孔子提倡"君君臣臣，父父子子"（《论语·颜渊》）。孟子曰："劳心者治人，劳力者治于人；治于人者食人，治人者食于人，天下通义也。"（《孟子·滕文公上》）荀子尊君思想更为明确："天地者，生之始也；礼义者，治之始也；君子者，礼义之始也……故天地生君子，君子理天地。君子者，天地之参也，万物之总也，民之父母也。无君子，则天地不理，礼义无统，上无君师，下无父子，夫是之谓至乱。君臣、父子、兄弟、夫妇，始则终，终则始，与天地同理，与万世同久，夫是之谓大本。"（《荀子·王制》）政治的实际治理权还是操纵在君主的手中，君主成为政治运行中的事实主体，从而造成儒家伦理政治中必须应对的难题：君与民的两重主体性如何统一？这个问题在儒家伦理政治的理论中似乎是很容易解决的：那就是二者统一于儒家最高的道德理想——"圣王观念"。所谓"政者，正也。子帅以正，孰敢不正？"（《论语·颜渊》）"以不忍人之心，行不忍人之政，治天下可运之掌上"（《孟子·公孙丑上》）。"上之于下，如保赤子；下之视上，欢如父母"（《荀子·王制》）。只要有一个圣主明君的出现，二者即可统一。在理论上诉诸以道德消解政治两重主体性的矛盾，从而疏忽了政治制度的建设，对君权除以道德进行规劝和限制外，几无任何的约束。但如果君主没有德性、天下无道呢？孟子曰："民为贵，社稷次之，君为轻。是故得乎丘民而为天子，得乎天子为诸侯，得乎诸侯为大夫。诸侯危社稷，则变置。"（《孟子·尽心下》）变置掉危害社稷的诸侯。基于此政治观点，孟子赞扬"汤武革命"的正义性，曰："贼仁者谓之贼，贼义者谓之残。残贼之人，谓之一夫。闻诛一夫纣矣，未闻弑君也。"（《孟子·梁惠王下》）这显然立足于理论的理想性。现实的政治生活中，掌握国家暴力机构的统治者怎么会允许政权另更他手或被作为"一夫"而诛掉呢？难怪齐宣王听到"君有大过则谏，反复之而不听，则易位"会"勃然而变乎色"（《孟子·万章下》）。孟子"舍我其谁"的经世宏愿终难实现。尤其当政治方面实现了全国性的大一统之后，君主的权威性更加不容置疑，以道德来解决政治问题也更加心有余力不足了。西汉景帝时，儒生辕固生与道家代表人物黄生争论"汤武革命"的正当性，黄生认为"汤武非受命，乃弑也"。认为君权是不可易的,而当辕固生把理论问题牵涉到现实时:"必若所云,高帝代秦,即天子之位,非即?"(《史记·儒林传》)实际上正指出了君民两重主体性的矛盾所在,如果认为君权是"天命"所在,那么民本何以制约君权呢? 新建立的刘姓江山正当性何在? 如果民意是"天意"的体现,统治者违背民意自然应该受到惩罚,那么暴君拥有政权的正当性又在哪里? 其统治的长期性和稳定性如何确保? 这种内部的悖论是儒家伦理政治无法解决的,所以景帝也只有"食肉不食马肝,不为不知味;言学者不言汤武受命,不为愚。遂罢"(《史记·儒林传》)。从而把这一问题悬置起来。

儒学诉诸道德而无从解决君民两重政治主体性的难题势必造成现实政治生活中儒者的困境。一方面在方法上,不注重外在政治制度的建设以解决政治问题,而是从道德上消解君民两重主体性的矛盾,把德性修养视为解决问题的关键,其力量是非常有限的。因为缺少外在制度保护的伦理规范希望人们自觉地绝对遵循是不可能的,更何况道德诉诸自律而缺少外在标准的限制。儒者坚持以儒家之道匡正、批判现实之势,极易遭受强势之镇压,要么以身殉道、要么疏离权势。而相当一部分儒者在权势的利诱和压迫下,容易发生价值观变异,枉道以从势。而且对君主德性的思慕也遮蔽了人们对政权组织形式正确与否的思考,从而造成中国历史中虽朝代更迭频繁,而政权组织形式稳定如初的特有现象。正如牟宗三先生所说:"西汉二百年,尚屡接触此问题。然无论禅让说,或五德终始说,皆未能超出'积德与天命'的观念的范围。而思人风云之结果,则王莽之篡也。光武之后,无人论及。君主专制政体遂延续二千年而不变。明亡为满清,是华族一大变。当时诸儒,抱亡国之痛,对历史文化、学术风气,未尝无反省。黄宗羲有《原君》、《原臣》、《原法》之作,王船山有读史之书,吕留良盛辨夷夏,顾亭林有亡国亡天下之议,然大皆民族意识与文化意识,而对于君之限制及政权之更替仍不出传统观念之范围。"①

① 牟宗三:《政道与治道》[M],见《道德理想主义的重建》,北京:中央广播电视大学出版社,1992 年版,第 115~116 页。

进退维谷:道势间的儒者

另一方面,儒家之伦理政治的内在困境成为儒者节义把持之难题。在中国的封建专制社会里,"政治的理念,民才是主体;而政治的现实,则君才是主体。这种二重的主体性,便是无可调和的对立"①。在民本与尊君的夹缝中,儒者内心之紧张也日益加剧,常常希望在尊君的同时能够对君权进行限制。但贤明之君主实在可遇不可求,儒者以"道"限制君权的希望常常被残酷的现实粉碎,以身殉道的悲壮结局或固志守节的隐逸与其说是儒者个人的悲剧,毋宁说是儒家伦理政治模式的必然结果。在这种内在悖论的伦理政治模式中,尊君成为首要的规范,部分儒者阿谀君权、逢迎权势在所难免。尤其要注意的是,儒家伦理政治中对于"汤武革命"悬而未决的处置也给实际政治生活中的儒者设置了难题。朝代更迭之际,乱世英雄们常常打出"替天行道"的大旗,新政权常借"惟仁者宜在高位"(《孟子·离娄上》)的观念为自己的统治张目,在新旧政权的民本与尊君之间,儒者们何去何从?对暴力夺取新政权的合法性确认和认可与儒者们希望的尧舜禅让方式也大相径庭,儒者们如何自处? 儒家伦理政治从来没有提供明确可供借鉴之标准,这加剧了儒者在乱世中节义操守把持的难度。部分儒者投身权势,为势之权威歌功颂德亦在所难免。

二、儒家伦理政治之现实悖论

儒者以道自任的责任感使他必须以道针砭、批判、匡正现实社会秩序,所以儒者和政治权势必将发生直接的关系。以道德规范政治的无力感以及儒家伦理政治本身的内在悖论在现实的政治生活中更显突出,尤其儒者社会地位和君主绝对权威的两相对比更增加了儒者现实政治生活中以道自任的难度,消减着其弘道、行道的决心和毅力。

第一,儒家之道参与政治并不是由圣而王的必然结果,而是王之权势合法性论证的需要。现实的政治生活与儒家之理想伦理政治模式并不契合,现实政权的拥有并不是内圣的必然结果,其政权的更迭及取得方式除了儒家所排斥和抵触的暴力与阴谋外,没有其他任何途

---

① 徐复观:《中国思想史论集续编》[M].上海书店出版社,2004 年版,第 308 页。

径,由圣而王的理想路径现实中则表现为由王而称圣的权势威慑。但以暴力取得政权并不能以暴力守成政权,建立在暴力基础上的政权是没有号召力的,"势"之所有者需要具备某种"合法性"论证。因此,他们借助儒家之道为自己的政权歌功颂德、对人们进行道德教化,从而巩固封建统治。从这个方面来说,儒家之道之参与政治,完全是武力政权延聘进来的,是封建权势稳固统治的工具,所以它从来没有取得对"势"的优先性和指导地位。而且儒家之道本身只是一种观念形态,并没有组织形式和制度保障,在强大的权势面前是温文、软弱的,因此,一部分儒者守不住"道"的基本防线,枉道求势、曲学阿世也是正常现象。第二,现实政治生活中君民的两重主体性使儒者深感疲惫。中央集权的封建专制政治制度对君主权力很少约束,权势之集中必然造成君主之骄奢淫逸,儒家之理想德治更无从实现。君主之强权与民众之反抗在所难免,儒者在两者之间倍感尴尬,忠于君主又要劝诫君主,防范民众又要保护民众。在这种双面防御的夹缝中,一部分儒者难以固守其节,倒向权势、功名之诱惑实为在所难免。第三,儒者之经济地位也是比较尴尬的。自春秋战国以来,儒者虽取得了身份的独立,成为"四民之首",但却无自己的经济基础,如果不为势所用,往往穷困潦倒。如李斯入秦前对其师荀卿曰:"诟莫大于卑贱,而悲莫甚于穷困。久处卑贱之位,困苦之地,非世而恶利,自托于无为,此非士之情也。"(《史记·李斯列传》)李斯虽不是儒者,但其与儒者同属士之阶层,相同的社会地位决定了他们相似的经济状况。经济状况的压力迫使儒者向势靠拢,委曲求全。尤其是封建大一统政治体制下,以儒学为选官任职的主要标准,更刺激了大部分儒者营营奔走于利禄之途。第四,儒者之经世宏愿很容易导致与权势的亲和。儒者兼济天下之志,儒者的用世情怀能否实现,全赖于"势"之占有者是否任用他们,采纳他们的意见。尤其在大一统的封建集权体制中,儒者个人社会地位的取得,经世情怀的满足,弘道之愿的实现只有入仕一条途径的情况下,很难避免一些儒者在入仕的过程中渐渐丢失其兼济之志而沉迷于个人利益和功名的追求。第五,"势"之思想迫害的强制手段。政治方面的一统要求与之适应的文化方面的思想一统,君主集权的政治体制要求与之适应的文化垄断,因此,强权之势不仅要求"道"为他们进行合法性论证,对人们进行教化,而且要求"道"之于"势"的绝对服从。他们一方面利用儒者身份地位的尴尬进行入仕的诱惑,许之以诱饵从而畜之若奴婢,正所谓"明祖以枭雄阴鸷猜忌驭天下,惧天下瑰玮绝特之士,起而与为难;以为经义诗赋,皆将借古有用之学者,莫善于时文,故毅然用之。其事为孔、孟明现载道之事;其术为唐宗英雄入彀之术;其心为始皇焚书坑儒之心。抑之以点名、搜索防弊之法,以折其廉耻;扬之以鹿鸣、琼林优异之典,以生其歆羡,三年一科,今科失而来科可得,一科复一科,转瞬而其人已老,不能为我患,而明祖之愿毕矣。意在败坏天下之人才,非欲造就天下之人才"①(《该科举议》,《校邠庐抗议》卷下)。道出了专制之势对儒者的真正用意。另一方面专制之势对异端思想进行残酷镇压。东汉的党锢之祸、嵇康之死以及明清以来的文字狱都折射出"势"之占有者对"道"之进步精神的恐惧和憎恶。在这种思想高压下,固守名节者固然可敬,但大部分儒者还是委曲求全,稍改其志了。

也正是因为"道"有迁就、配合"势"之一面,一些儒者往往在权势压迫和引诱下发生价值观错位和扭曲,汲汲以求个人利益和功名利禄,甚至不惜诣媚争宠、钩心斗角,丧失了儒者的气节和尊严,所以孟子才会谆谆告诫不应"枉道而从彼(势)"(《孟子·滕文公下》)。荀子才会把分化的士阶层分为"仰禄之士"和"正身之士",并认为"夫仰禄之士,犹可骄也,正身之士不可骄也"(《荀子·尧问》)。对枉道从势的仰禄之士表达了蔑视。而其在《荀子·非十二子》中则对"仕士"的丑行进行了揭露:"古之所谓仕士者,厚敦者也,合群者也,乐富贵者也,乐分施者也,远罪过者也,务事理者也,羞独富者也。今之所谓仕士者,污漫者也,贼乱者也,恣睢者也,贪利者也,触抵者也,无礼义而唯权势之嗜者也。"认为已经入仕的士已经丧失了"道"之担当者的气节和人格。不可否认,儒者在与权势直面的过程中,由于各种各样的原因,儒者往往对强势进行妥协,但他们妥协的动机和目的有时是不

---

① 转引自刘宝村《道与势之间》[J],《人文杂志》,2000 年第 2 期。

同的,妥协的程度也是有分级的,我们应根据儒者妥协的程度与动机的不同,对他们进行具体分析。武断而不加思考地认为所有"枉道从势"的道德人格都是低下的,是不负责任的表现,是道德判断中的形而上学。

第二节　枉道以行道的大儒

儒者参与政权是武力占有者延聘进来的,他们从来也不可能成为最高权力的执掌者;从而在现实的政治生活中,"道"从未取得对"势"的优先和指导地位。尤其在西汉以来的大一统的政治格局下,在文化专制的氛围中,儒家之道为求得发展,能够行"王道"于天下,取得与专制帝国的整体利益相契合,得到统治者的赞成方为大计,所以儒家之道在传承的过程中向适应中央集权方面靠拢在所难免。另一方面,儒家之道的根本目的是调整现实社会秩序,儒者虽言必称古,但也多"托古言志",所以其学术理论往往贴近社会现实形势而形成"问题意识",在家天下的集权统治下,其学术理论难免迎合统治阶层的需要,对其道进行不断的修正,从而造成先秦时期儒家之道的民主性、开放性逐步流失。这是儒家之道的历史局限性,我们无从苛责于古人,只要他们的动机是为了行道于天下,且能够坚持"从道不从君"的精神操守,能够做到言行与学说的高度一致,能够保持身为儒者的人格尊严与独立,则他们仍不失其大儒的魅力,仍会因其对中国思想的发展和贡献而青史留名。当然,也有部分儒者枉道的动机纯粹是个人利益、荣辱的得失,是自私自利的价值观驱动,其道德人格则当另论。

一、枉道以行道之客观必然

在权势和道义的双重挤压下,儒者之道顺应社会现实状况,不得不做出适当的调整,本书试就其中两种社会形势的明显变化加以说明:其一是中央集权封建政治体制的建立;其二是夷夏之辨下的民族问题。针对这两种大的社会变动,先秦时期的儒家之道必须做出调整,以适应新的发展形势,否则只能被埋入历史的尘埃。

就中央集权政治体制的形成而言,儒家之道中变化最大的则是传统的"君臣之义"。在先秦儒家的观念中,君臣是合道基础上的双向关系。如孔子对君臣进行"正名",曰:"君君、臣臣、父父、子子"(《论语·颜渊》),认为君臣应该各尽其义,各守其责,曰:"君使臣以礼,臣事君以忠。"(《论语·八佾》)孟子明确提出君臣相处的规范:"内则父子,外则君臣,人之大伦也。父子主恩,君臣主敬。"(《孟子·滕文公章下》)所以"欲为君,尽君道;欲为臣,尽臣道"(《孟子·离娄章上》)。君臣之间的关系是双向的,对君之义务亦以"道"作为判断的标准和依据,若是无道之君,则臣也不必遵守"臣道"的义务,也就是"以道事君,不可则止"(《论语·先进》)。孟子时期则主张君主能够尊道从而敬臣,如"汤之于伊尹,学焉而后臣之,故不劳而王;桓之于管仲,学焉而后臣之,故不劳而霸"(《孟子·公孙丑下》)。君臣之间只有"去利,怀仁义以相接"(《孟子·告子下》),"亦师亦友",平等相待,才能取得统治的成功。所以对于"无道"之君,孟子不仅主张"不事",还主张对其讨伐。先秦儒家认为君臣关系是合道基础上的双向义务,是"君不君则臣不臣"(《荀子·臣道》)的双向规定与约束,具有鲜明的民主性和思辨性。然而先秦儒家的君臣关系又怎能入得了掌握国家机器之统治者的法眼呢?尤其是大一统的封建政权体制下,整个国家都为一姓所私有,所以荀子时期整个社会风气已经是"虚道实势",荀子曾以性恶论为依据强调"君子非得势以临之"(《荀子·荣辱》)的求势之合理性。其弟子韩非则直接提出了法家的"君尊臣卑"论,把君臣的双向义务解释成臣对君的单向责任,自然能够为强权之势欣然接纳,秦暴政虽然于历史昙花一现,但"君尊臣卑"的观念却眷恋萦绕于统治者的心头,关注现实形势的儒家之道必须顺应这个现实,在"道"之行和"道"之枉之间,还在与黄老无为的道家思想争夺官方关注力度的儒家之道似乎别无选择,孟子"汤武革命"的"诛一夫"注定被悬置,皇帝之权威与集权的事实存在必须寻求合道之理论论证。董仲舒经过了"三年不窥园"的精心潜修,终于糅合诸家之说,在《春秋繁露》中对君尊臣卑的事实关系进行了理论证明,以天人感应的神化儒学来强化帝王权威,所谓"故君臣之礼,若心之与体;心不可以不坚,君不可以不贤;体不可以不顺,臣不可以不忠"(《春秋繁露·天地之行》);又曰:"天为君而覆露之,地为臣而持载之;阳为夫而生之,阴为妇而助之;春为父而生之,夏为子而养之。王道之三纲可求于天。"(《春秋繁露·基义》)由此强调臣对君单方面的"忠",如"春秋之义,臣有恶,君名美。故忠臣不显谏,欲其由君也"。再如"心止于一中者,为之'忠';持二中者,谓之'患'"。所谓:"'患',人之中不一者也。不一者,故'患'之所由生也。是故君子贱二而贵一。"《春秋繁露·天道无二》基本奠定了整个封建社会的君臣模式,先秦儒家开明的君臣关系完全被抛弃了。因此,从该方面而言,董仲舒是枉道的,其行为是"道"对"势"的一次让步和妥协,但其行为又是身不由己的,在短命秦朝法家余韵的浸润中,在事实的封建强权统治下,董仲舒的思想难以克服其历史的局限性,但考察其枉道的动机和其行为处事的人格风范,与其他沽名钓誉的儒者又有很大的分别。

就华夷之辨下的民族问题而言,中国历史上统一的中央政权建立基本上都是由汉族完成的,只有元、清是由少数民族建立,政权自汉族向少数民族的更迭势必引起社会大的动荡,尤其是人们生活习惯与文化心理的变化,儒者如何对待"华夷有别"、"不事二主"等事关名节之传统大义呢? 在名节与用世之传道之间,儒者如何自处呢? 这是历史给儒者所出的难题,也是儒者在中华民族形成过程中必须应对的时代课题。"华夷之辨"一直是中国古代民族观的核心,随着中原农耕文明的发达与成熟,其与周边畜牧或渔猎的文明方式产生区别,从而有了"诸夏"与"四夷"的对应,但也仅仅是语言和生活习惯差异性的区别符号而已,如《礼记》记载:"中国夷狄,五方之民,皆有性也,不可推移……五方之民,语言不通,嗜欲不同。"①随着春秋时期四夷进犯中原,各诸侯国为壮大自身的力量,问鼎中原,纷纷打出"尊王攘夷"的旗号,从而使华夷之间产生冲突与矛盾、对立和紧张的观念。先秦儒家的

---

① 李学勤:《礼记正义》[M],《十三经注疏标点本》,北京大学出版社,1999 年版,第398~399 页。

"华夷之辨"主要指文化礼仪方面的差别,子曰:"管仲相桓公,霸诸侯,一匡天下,民到于今受其赐。微管仲,吾其披发左衽也"。明显有华夏族文化优越于少数民族的倾向。如"子欲居九夷,或曰:'陋,如之何?'子曰:'君子居之,何陋之有?'"(《论语·子罕》)孔子欲隐居在少数民族地区,有人认为那里闭塞落后,愚昧不开化,孔子则认为只要君子去传播文化,教化人们,就不会闭塞落后了。又如荀子曰:"居楚而楚,居越而越,居夏而夏,是非天性也,积靡使然也。""干、越、夷、貊之子,生而同声,长而异俗,教使之然也。"也认为教化是华夷之间的主要区别。基于华夏族文化优越于夷族,华夷之辨主要在于教化的区别之认识,从而形成了"以夏变夷"的文化输出观点。孔子曰:"顾远人不服,则修文德以来之。"(《论语·季氏》)孟子曰:"吾闻用夏变夷也,未闻夏变于夷也。"(《孟子·滕文公上》)所以钱穆先生认为:"在古代观念上,四夷与诸夏实在另有一个分别的标准,这个标准,不是'血缘'而是'文化'。所谓'诸侯用夷礼则夷之,夷狄进于中国则中国之',此即是以文化为'华'、'夷'分别之明证。"①但"裔不谋夏,夷不乱华"(《左传·定公十年》),"非我族类,其心必异"(《左传·成公四年》)的民族大防意识一直存留于汉民族的心理层面,随着南宋以来,北方辽、西夏、金等少数民族的不断侵扰和南下,"言夷夏之大防"的心理更为迫切,宋人晁说之曰:"彼金贼虽非人类,而犬豕亦有掉瓦恐怖之号,顾弗之惧哉"②,从而形成了儒者们之"华夷有别"、"不事二主"的名节大义。而当时蒙古部落以一种落后的文明征服汉民族的较高文明,在中原地区以原有的生产方式进行统治,变耕地为牧场并大肆屠戮汉人,针对这种情形,尽快对蒙古子弟进行较高文明的教化比儒者个人名节的保全更有意义,许衡因此以行道为己任,积极争取以儒家之道说服蒙古贵族统治者,在中原地区推行汉法。正如马克思所说:"野蛮的征服者总

① 钱穆:《中国文化史导论》(修订本)[M],北京:商务印书馆,1994 年版,第 41 页。
② (宋)晁说之:《嵩山文集》(卷二)[M],四部丛刊续编影印旧抄本。转引自陈红梅《儒家夷夏观与中国传统思维的阴阳组合结构》[J],《北方民族大学学报》(哲学社会科学版),2009 年第 6 期。

141

第六章　「枉道从势」的道德人格范型

是被他们所征服的民族的较高文明所征服。"①许衡行道责任和博施济众之用世情怀使他摒弃传统的"严民族大防",舍弃"立节"之节操维护,积极消除民族隔阂,促进民族融合,在先秦儒家民族观的基础上提出了新的"夷夏观":"同人于宗,吝;同人于野,亨。同人于宗,同者几人,则其所失者多矣,所以孤立无援。人要与天下人同,何必同宗。"②(卷二《语录下》)许衡还积极促进理学在元代的官学化,但理学若被完全不同生产方式的蒙古统治者接受和欣赏,必须对蒙古统治具有"有用性",所以宋代理学不可避免地要进行调整和发展,这可以视为"道"对"势"的又一次让步,也可以看作"道"自身随时代发展的开放性,总之许衡之枉道与其他儒者为个人名利计是完全不同的,需要我们具体情况具体分析。

二、枉道以行道之人格特征

董仲舒、许衡之类儒者在历史的重大关头,对儒家之道积极进行调整,使儒家之道能够为统治阶层所用,对民众进行教化,增强华夏民族的向心力,从而实现了以调整社会秩序为旨归的愿望。他们对儒家之道的传承和发展做出了重要的贡献。促使他们枉道的动机和目的是以道自任的尊严、弘道的志向、用世的情怀,而不同于世俗之个人利益和功名渴求,所以他们虽枉道而不失为大儒风范,他们的道德人格具体表现为以下特征。

1. 以弘道为己任的责任意识

在儒家之道薪火相传历程中,秦朝"焚书坑儒"式的血腥高压政策和少数民族文明的入侵几使其遭遇灭顶之灾,儒家的"王道"学术和伦理人文资源奄奄一息,基本消失殆尽,残酷的社会现实中儒者坚持弘道是更为艰巨的任务,唯其艰辛,更突显其儒者人格的高大。

经过秦朝的血腥镇压,法家功利思想的影响,尤其是残酷战争中,

---

① 《马克思恩格斯选集》(第二卷)[M],北京:人民出版社,1972年版,第75页。

② 许衡:《鲁斋遗书》[M],《北京图书馆古籍珍本丛刊》,北京:书目文献出版社,1991年版。

儒者的"迂远而阔于事物"的行为举止常遭到人们的轻蔑和嘲讽,刘邦"不喜儒"甚至"辄取其冠,溲溺其中"固有其专权者的任性,却也不乏时代的印记。但儒者们依然保存着儒家典籍,使之蝇蝇不绝。汉初思想领域的宽松政策方便了各家思想的复苏,一些儒者解说经义,授徒著书为儒学的复兴准备了文化条件和人才储备。但"文帝好刑名","景帝不任儒",虽设博士"故诸博士具官待问,未有进者"(《史记·儒林列传》),尊崇道家思想的窦太后因儒者辕固生直言《老子》乃"此家人言矣"而起了杀意,所以儒家之道的弘扬还是比较困难的。在"今师异道,人异论,百家殊方,指意不同,是以上亡以持一统,法制数变,下不知所守"(《汉书·董仲舒传》)的思想混乱状态下,作为文景时期的博士,董仲舒为传道在积极准备着,他一方面"下帷讲颂,弟子传以久次相受业,或莫见其面",为推行儒学培养了合格人才。一方面"盖三年不观于舍园,"糅合诸子百家,构建了一个迎合西汉大一统政治统治秩序的文化大一统的儒学体系。终于能够说服汉武帝"罢黜百家,独尊儒术",弘道于天下。董仲舒的新儒学体系固然有迎合西汉统治集团喜好的一面,但他致力于解决的现实问题却是革除秦朝的弊政,努力劝汉武帝行儒家的"王道";而在阐述理论依据时,也总是力图尊重孔子思想的原意,其中更有不少来自《论语》的引文作为其理论来源和论据支撑,类似于"孔子曰:'人能弘道,非道弘人'"的句式更是处处皆见。由此可见董仲舒是致力于在全国范围内重建儒家伦理道德体系和精神家园的,其目的是弘道而不是投机于权术。

元朝的许衡在"传道"和"立节"的选择中,舍弃了"立节"的个人名节,立志贯行其道。许衡三十六岁始得学习程朱理学,历时七年方心领神会,自此尽抛旧学,"慨然以行道为己任",走上了为蒙古统治者效力的道路。至元八年(1269年),许衡再次被任命国子祭酒时,喜曰:"此吾事也。"(《元史·许衡传》)至元十七年(1280年)"以疾请还"时仍"以道不行为忧"。皇太子真金派人劝慰曰:"公毋以道不行为忧也,公安则道行有时矣,其善药自爱。"(《元史·许衡传》)可见许衡的出仕是以行道为目的的,许衡以行道为己任的出仕态度引起当世之人的赞扬和肯定。据元末陶宗仪《南村辍耕录》记载,许衡应召时曾路过保定，去拜访刘因，刘因曰："公一聘而起，毋乃太速乎?"许衡答曰："不如此，则道不行。"（元陶宗仪《南村辍耕录·征聘》）明确表示出仕是为了行道。经考证，中统元年（1260 年）刘因才十二岁，且其年少时怀有"兼济天下"之志，估计不可能做出此类发问，当是后人依据二儒不同的行道方式进行的猜测，把"不如此，则道不行"的回答视为许衡的出仕态度，从中可以窥出当世之人对许衡的理解和认可。为了行道，许衡对理学做了通俗化和实用化的解释，改变理学注重内在心性修养的"邃密"功夫，把道平实化为大家都能理解的"民生日用"间之"盐米细事"，曰："大而君臣父子，小而盐米细事，总谓之文；以其合宜之义，又谓之义，以其可以日用常行，又谓之道。文也道也，只是一般。"（《许文正公遗书》卷一，《语录》上）把深奥的心性修养变成日用间的行为践履，方便了道在元朝的广泛传播。为了行道，许衡本人除亲自教学外还上书朝廷，兴办学校："自上都、中都及司县，皆设学校，使皇子以至庶人之子弟，皆入于学，以明父子君臣之大伦，自洒扫应对至平天下之要道"（《元史·许衡传》）。使元朝从中央到地方设立了各级学校。在中原文明遭到蒙古旧习冲撞时，许衡"慨然以传道为己任"的责任感使儒家之道能够被元统治者接受而得以传承，其对蒙古贵族子弟的理学教育对于民族的融合亦起到重要作用，许衡的传道及对道的平实化发展都是顺应历史潮流的，其渊博的学识和高尚的品格使其永垂不朽。

2. 经世致用的用世情怀

经世致用是儒家之道的价值所在，是真正儒者不可推卸的责任，所以在历史重大关头行道的儒者也会致力于儒家之道在现实社会中的应用，具体表现为他们的"用世"情怀。董仲舒十年磨一剑，终于因贤良对策赢得了汉武帝的认可，其用世情怀得以实现，对策曰"今临政愿治七十余年"（《汉书·董仲舒传》）。首先董仲舒的"天人感应"学说为汉家封建大一统政权提供了合法性论证和理论依据，对于汉朝的稳定与和平起到重要作用。如董仲舒任胶西王相时，胶西王怀有政治野心，希望董仲舒能够协助他成就霸业，但董仲舒主张政治大一统，所以他以儒家义理规劝胶西王："臣仲舒闻，昔者鲁君问于柳下惠曰：'我欲攻齐,何如?'柳下惠对曰:'不可。'退而有忧色,曰:'吾闻之也,谋伐国者,不问于仁人也。此何为至于我?'但见问而尚羞之,而况乃与为诈以伐吴乎?其不宜明矣。以此观之,越本无一仁,而安得三仁?仁人者正其道不谋其利,修其理不急其功,致无为而习俗大化,可谓仁圣矣。三王是也。《春秋》之义,贵信而贱诈。诈人而胜之,虽有功,君子弗为也。是以仲尼之门,五尺童子,言羞称五伯。为其诈以成功,苟为而已也,故不足称于大君子之门。五伯者,比于其他诸侯为贤者,比于仁贤,何贤之有?譬犹碔砆比于美玉也。"(《汉书·董仲舒传》)以此规劝胶西王的政治野心。作为儒家之道的践行者,董仲舒希望君主行"王道",推行仁政,他发展了先秦儒家的仁学思想,提出"先之以博爱,教之以仁也"的"博爱"说(《春秋繁露·为人者天》),曰:"王者爱四夷,霸者爱及诸侯,安者爱及封内,危者爱及旁侧,亡者爱及独身。"(《春秋繁露·仁义法》)所以董仲舒提出"度制"的治国策略,"使富者足以示贵而不至于骄,贫者足以养生而不至于忧,以此为度,而调均之。是以财不匮而上下相安,故易治也。"(《春秋繁露·度制》)故董仲舒建议采取措施对贫富进行调均,如"盐铁皆归于民"、"薄赋役,省徭役,以宽民力"、"去奴婢"等(《汉书·食货志》)。及至其辞官还家,著书立说,依然关注朝政。"仲舒在家,朝廷如有大议,使使者及廷尉张汤就其家而问之,其对皆有明法。"(《汉书·董仲舒传》)如其提出"盐铁皆归于民"的建议就是在元狩五年提出的,而此时他已居家授徒了。许衡亦有强烈的"用世"情怀,他在条陈《时务五事》中强烈建议忽必烈以"汉法"治国:"考之前代,北方奄有中夏,必行汉法,可以长久,故后魏、辽、金历年最多,其他不能实用汉法,皆乱亡相继。史册具载,昭昭可见也。""帝嘉纳之"(《元史·许衡传》),从而令许衡等人仿照汉王朝制定各项典章制度。许衡的用世情怀还体现在把理学由注重心性修养转向"民生日用"间之"盐米细事",要求在政治上、生活日用间笃实行道。而且他提出了务实的"治生"主张。曰:"学者治生,最为先务,苟理生不足,则于为学之道有所妨。彼旁求妄进,及作官谋利者,殆亦窘于生理所致"。(《鲁斋遗书》附录《宋元学案》卷90)劝告统治者能够"入继正统,专以养民为务",要"以财发身",因为"今国家徒知敛财之功,不知生财之由,不惟不知生财,而敛财之酷又害于生财也"(《鲁斋遗书》《时务五事》)。许衡充分关注人们生理欲望的满足,把民富与国强,物质利益的实现与行道结合起来,这对于刚从蒙金交战中平息下来的北方平原地区而言是极为有利的,既有利于元政权的长治久安,又有利于百姓生命财产的保全,符合社会发展规律。

3. 言行与学说的高度一致

董仲舒、许衡的学术主张都在一定程度上与政治权势相结合,为政治权势服务,却并不妨碍他们大儒的风范,具体在于他们能够始终做到以身行道,保持言行与学说的高度一致,以自身儒者的人格风范赢得了众多儒者的敬重。如《史记·儒林列传》记载董仲舒"进退容止,非礼不行,学士皆师尊之"。"董仲舒为人廉直","至卒,终不治产业,以修学著书为事"《汉书》。中则通过对江都王和胶西王骄戾性格的描写,以及董仲舒任二王相时的以身作则、以礼进谏的叙述,向人们展示了董仲舒为一代大儒的学术造诣和"从道不从君"的精神操守,视董仲舒为一代儒宗,"仲舒遭汉承秦灭学之后,《六经》离析,下帷发愤,潜心大业,令后学者有所统壹,为群儒首。"(《汉书·董仲舒传》)董仲舒虽致力于儒家之道的经世致用,却并不汲汲于功名,虽适应形势变化调整发展儒学却并不阿谀权势,虽珍惜生命却并不苟合于矫王,其行为举止处处与其学说相契合,不失为大儒风范。许衡行道之时,蒙汉之间依然存在着尖锐的斗争,民族矛盾和朝廷内派别倾轧比较严重,许衡调整民族矛盾,服务于蒙古统治者,推行汉法,虽不符合"不事二主"的传统名节观,其为官却清正廉洁,在乱世中推行理学,保持言行与学说的高度一致,仍不失当代大儒的操守,受到人们的赞扬和称誉。许衡对理学进行了平实化、世俗化的诠释,而他本人则于言语行为间笃行其道,坚持"学以致用",使心性和事功在他身上得到了高度统一。如许衡授徒"衡善教,其言煦煦,虽与童子语,如恐伤之"(《宋史·许衡传》)。其为官清廉,谨慎处事,不愿卷入复杂的官派之争,但学术不正的儒者王文统将许衡在内的三人明升暗降、调离忽必烈身边之时,则劝说其他二人进行反抗:"姑舍其不安于义者,且以一事言之。如中古以来,师傅与太子相见,则就西位东向,太子东位西向,公能为些事否?不然,是师道自我而亡也。"①(元·苏天爵《国朝名臣事略》卷八《左垂许文正公》)其行为以合道为标准,曾以诗言志曰:"但期磊落忠信存,莫图苟且功名新。"(《鲁斋集·训子》)就在其病革之际,"家人祠,衡曰:'吾一日未死,宁不有事于先考。'扶而起,奠献如仪。既撤,家人馂,怡怡如也。已而卒,年七十三。"(《鲁斋集·训子》)许衡一生以行道为己任,而其又改变了宋儒的"坐而论道"之风,以言行体道、行道,保持了行为与学术的高度统一,赢得了人们的尊敬和爱戴。闻其卒,"怀人无贵贱少长,皆哭于门。四方学士闻讣,皆聚哭。有数千里来祭哭墓下者。"时人对其评价曰:"圣朝(元明)道学一派,乃自先生(许衡)发之,至今学术正,人心一,不为邪论曲学所胜,先生力也。所以继往圣,开来学,功不在文公(朱熹)下。"(《国朝名臣事略·左承许文正公》)

4. 从道不二之儒者风骨

枉道是儒家之道"问题意识"的必然结果,是儒者试图以道分析、解决现实问题的尝试,在封建集权的政治体制下,"道"必然要为"势"服务才能生存与发展。但不可否认的是"道"不仅立足于现实问题而且超越于现实问题,其理想性旨归与"势"之功利性目的存在着不容避免的矛盾和冲突。董仲舒、许衡等儒者虽然以道为统治阶级服务,但其"从道不二"的儒者风骨并没有减少,所以他们依然不失大儒气魄。董仲舒的天人感应论以"屈民伸君"、"君权神授"的观点得到了汉武帝的青睐,但在为君权提供合法性论证的同时,亦提出了祥瑞灾异说和"屈君伸天"的主张,"且天之生民,非为王也,而天之立王以为民也。故其德足以安乐民者,天予之;其恶足以贼害民者,天夺之。"(《春秋繁露·尧舜不擅移、汤武不专杀》)希望能够对皇帝进行制约,以行"王道"从而促进社会发展,使人们安居乐业。为了维护其大一统的学说,捍卫国家的统一和稳定,董仲舒不受胶西王"桓公决疑于管仲,寡人决疑于君"的诱惑,不畏其"尤纵姿,数害吏两千石"(《汉书·董仲舒

第六章 「枉道从势」的道德人格范型

---

① 转引自徐子方《与道共进退——许衡及其心态》[J],《南通师范学院学报》(哲学社会科学版),第17卷第1期。

传》)的逼迫,坦然以义理规劝胶西王,对残暴的江都易王"以礼谊匡正,王敬重焉"(《汉书·董仲舒传》),董仲舒以身作则,以道进谏,从而赢得"二矫王"的敬重。许衡建议元统治者推行"汉法",提出"治生"理论,在元统治者看来确实有利于巩固政权、获取财富,这是理学能够官学化的主要原因所在。但蒙古文明和汉族文明存在的巨大裂隙短时期内并不能消弭,许衡也清醒地认识到:"臣之所学迂远,与陛下圣谟神算未尽吻合。"(《元史·许衡传》)所以蒙古贵族接受儒学是带有功利性目的的,一旦其战略目标转变,其对理学的态度也会发生变化。面临南征的任务,忽必烈重用言利之徒,抑制理学。以阿合马为首的奸佞之徒排挤许衡等儒臣。许衡丝毫不畏权贵,坚决推行"汉法",弘扬理学。"每与之议,必正言不少让。"(《元史·许衡传》)董仲舒的主张只被汉武帝部分采纳,许衡的建议也只是被忽必烈有选择地运用,这是"道"之理想性与"势"之现实性、功利性永远无法调和的必然结局,当然,也映射出董仲舒、许衡等儒者行道的原则性和从道不二的儒者节操。

第三节　儒者道德人格的滑落

　　儒者以道自任,以天下为己任,借势以弘道,所以儒者参与政治,走向仕途的根本精神是"道"高于"势","道"对"势"具有指导作用。这种精神在政治模式中体现为儒者的主体意识和独立人格,如孔孟虽在列国间辗转颠簸,却保持了"说大人,则藐,勿视其巍巍然"的昂扬道德人格。及至秦汉,面临大一统的中央强权,仍然不乏坚持人格独立,捍卫道德操守的儒者,这是儒家之道薪火相传的命脉,也是中华民族优秀传统的延续。这些儒者的人格在历史的天空中格外璀璨,更加映衬出其他儒者人格的平庸、浅薄和低下。

　　谭嗣同说:"二千年来之政,秦政也,皆大盗也;二千年来之学,荀学也,皆乡愿也。惟大盗利用乡愿,惟乡愿工媚大盗。"①言语虽颇为偏激,却道出了儒家之道与"势"相互结合、相互利用的关系;指出儒学在政治化的过程中枉道的必然结局;指出在儒学官学化的过程中必然伴随着儒者为官之术的形成与发展。儒者介入到封建集权的官僚体制中,其道德主体性、人格的独立精神在与封建政治的人身关系发生冲突时有所消减;功名利禄的吸引,个人、家族的利益驱动亦会动摇儒者的兼济天下之志;"泽加于民"的志向很容易被"光宗耀祖"的辉煌冲散,因此,在现实的政治生活中,寄希望于个人加强道德修养、以道德自律为基础的入仕弘道之途极大程度上蜕变为儒者寻求功名、个人恩宠,络绎不绝的"禄利之路",儒者的道德人格呈现下滑的轨迹。正如徐复观所言:"知识分子的精力,都拘限于向朝廷求官的一条单线上,而放弃了对社会各方面应有的责任和努力。于是社会既失掉了知识分子的推动力,而知识分子本身,因活动的范围狭隘,亦日趋于孤陋。此到科举八股而结成了活动的定型,也达到了孤陋的极点。同时,知识分子取舍之权,操之于上而不操于下;在上者之喜怒好恶,重于士人的学术道德,于是奔竞之风成,廉耻之道丧;结果,担负道统以立人极的儒家的子孙,多成为世界知识分子中最寡廉鲜耻的一部分。"②一旦儒者丧失了对道的坚守和个人的气节,就容易被贪婪的欲望左右,则奸诈的权变、阿谀谄媚的举止、阴鸷的心计、残忍的手段等等都会成为其为实现个人私利而无所不用的手段,从而最终丧失人格。

一、儒者独立人格之丧失

孔子比较注重道德人格的独立和自主性,子曰:"乡愿,德之贼也。"(《论语·阳货》)认为趋时媚俗、不讲道德原则的"乡愿",是伪君子,所以孔子认为判断儒者的德性要"乡人之善者好之,其不善者恶之"(《论语·子路》)。可见孔子憎恶沽名钓誉、没有道德自主性的

① 见谭嗣同《仁学》[M],转引自钱穆《中国近三百年学术史》[M],商务印书馆,1997年版,第741页。
② 徐复观:《学术与政治之间》[M],台湾:学生书局出版社,1980年版,第55~56页。

"好好先生"。孟子之时,士往来于各诸侯国之间,常枉道而逢迎权势以跻身于仕途,孟子对此进行了严厉的谴责,称之为"妾妇"。如:景春曰:"公孙衍、张仪岂不诚大丈夫哉? 一怒而诸侯惧,安居而天下熄。"孟子曰:"是焉得为大丈夫乎? 子未学礼乎? 丈夫之冠也,父命之;女子之嫁也,母命之,往送之门,戒之曰:'往之女家,必敬必戒,无违夫子!'以顺为正者,妾妇之道也。"(《孟子·滕文公下》)因此,以道自任的儒者具有道德人格的独立和自主意识,他们内在的道德认知和道德修养是其与外部世界接触的原则与基础,任何的习俗、权势等不能使之屈服。所谓"三军可夺帅,匹夫不可夺志也"(《论语·子罕》)。慨然道出了儒者之为道德主体的昂然挺立姿态。因此,他们坚持道尊于势、道德高于政治。所以以道自任的儒者能够以道义事君,在庙堂中犯言直谏、格君心之非,弃个人荣辱不顾;及至朝政无道,无力挽大厦于将倾之际,则"用则可,不用则去"(《荀子·臣道》),洁身自好,退隐江湖。然而正如我们前面所分析的,能够真正做到见义忘利、舍生取义的只是很少一部分儒者,大多数儒者以其微薄孤寒之力是无法与强大国家机器抗争的,他们要么在朝政暴力下以求保身全命、要么追求荣华富贵、功名利禄,他们把握机遇,卷入政治大潮,枉道以从势,利用其学术为统治权势张目,不敢坚持自己的主张和原则,失去了其道德人格的独立与自主,成为依附于封建权势的唯唯诺诺的妾妇。

最早使儒家之道奴化于政治权势,得以务实化、世俗化发展的是儒者叔孙通。叔孙通是以枉道求得汉政权任用的,因为"沛公不好儒,诸客冠儒冠来者,沛公辄解其冠,溲溺其中。与人言,常大骂。未可以儒生说也"(《史记·郦生陆贾列传》)。故叔孙通"乃变其服,服短衣,楚制,汉王喜"(《史记·刘敬叔孙通列传》)。儒服是儒者的外在标志,是对其儒者身份的内在心理认同,是以儒家之道自任的表白和希望他人以儒家之道要求、监督自己的决心,叔孙通为投刘邦的喜好,弃儒服不穿,实已暗含着对自身儒者身份的否定和弘扬儒家之道的消极态度。叔孙通儒者身份的认同和恢复是通过为汉朝制定朝仪的机会,为了满足刘邦处于权势顶点的虚荣心,叔孙通混合古礼与秦仪制成汉朝仪,"自诸侯王以下莫不震恐肃敬","竟朝酒,无敢欢哗失礼者。"刘邦九五之尊的威仪终于得以成立："吾乃今日知为皇帝之贵也。"(《史记·刘敬叔孙通列传》)叔孙通和他的儒者弟子均被封赏,成为正式进入封建庙堂的第一批儒者。到汉武帝时期,"则公卿士吏斌斌多文学之士"(《史记·儒林列传》)。典型代表是四十岁才学儒的公孙弘,公孙弘由博士到左内史,最后官至丞相,并被封为平津侯,其仕途的顺利主要在于其善察圣意、不肯面折廷争的为臣之道。公孙弘对汉武帝言听计从,不肯与之争论,"尝与公卿约议,至上前,皆背其约以顺上指。"唯唯诺诺、毫无主见。公孙弘道德主体独立性的丧失大概缘于其"少时为薛狱吏","年四十余,乃学《春秋》杂说",儒学虽然可以丰富他的知识水平,却已失去丰润其品格的时机。"于是上察其行敦厚,辩论有余,习文法吏事,而又缘饰以儒术,上大说之,二岁中,至左内史。"(《史记·平津侯主父列传》)显然,公孙弘以阿谀奉承赢得汉武帝的好感,以屈儒家之道受到汉武帝的重用。从叔孙通到公孙弘虽然以儒者身份进入政治系统,实现了儒学与政治的结合,却使儒家之道成为缘饰政治权术的工具,丢失了"道尊于势"的原则。其本人通过"面谀"、"逢迎"等方式迎合权势,致力于官场的权术琢磨而放弃道义的坚持,其对儒者身份的内在自觉、以道为尊的自贵、自显,于出处辞让之际的儒者风骨全然无存,丧失了道德人格的主体性和自主性,成为依附于权势,为权势服务的封建政治体制的妾妇。所以叔孙通遭到正统儒者的谴责:"公所事者且十主,皆面谀以得亲贵","公所为不合古,吾不行。公往矣,毋污我。"(《史记·刘敬叔孙通列传》)公孙弘也被辕固生警告曰:"务正学以言,无曲学以阿世!"(《史记·儒林列传》)汲黯怒责他"多诈而无信",董仲舒直言他"从谀"。他们虽然以迎合之术实现了个人功名的汲取,却造成了道德人格的滑落。

由叔孙通到公孙弘完成了儒学的世俗化和奴性化过程,促成儒学在强大封建权势压力下由学术性、超越性向实用性、世俗性的转变,这种转变与董仲舒等的"三纲五常"的理论建设相互结合,把封建社会的尊卑意识推向顶点。在这种严格的尊卑观念下,儒者道德人格之尊严与主体性受到很大的压抑,尤其是君尊臣卑的政治体制更使儒者以道为尊的主体性难以挺立。事实上汉以后,儒者虽得以大规模地进入仕途,却颇多对权势的曲意逢迎之辈,他们唯上是从、阿谀奉承、唯唯诺诺,如扬雄对王莽上劝进书,高德儒对隋炀帝"指鸟为鸾",宇文士及对唐太宗阿谀逢迎等等。清朝年间曹振镛历任三朝大学士,备受恩宠,其秘诀竟在:"无他,但多磕头,少说话耳。"(《暝庵二识》)儒者之道德主体的昂扬精神及独立人格完全失去了,成为封建权势的应声虫和毫无主见的奴才。

二、弃义好利之风兴起

总体来说,儒家之道是重义轻利的。孔子强调义,并以之作为君子与小人的判断标准,曰:"君子喻于义,小人喻于利"(《论语·里仁》),"不义而富且贵,于我如浮云"(《论语·述而》)。但孔子并不盲目排斥利,他同时强调利的合理性,"富与贵,人之所欲也"(《论语·里仁》),鼓励人们追求正当的个人利益:"富而可求也,虽执鞭之士,吾亦为之。"(《论语·述而》)可以说孔子的义利观比较全面、辩证。荀子承其志,认为"义与利者,人所两有也"(《荀子·大略第二十七》),继续提出"以义制利"(《荀子·正论第十八》)的义利观,但处于礼崩乐坏,天下纷乱的时期,何为利? 何为义? 他们的义利观具有一定的操作难度。所以孟子直接地否定了利,曰:"王,何必曰利"(《孟子·梁惠王上》),提出"去利怀义"的义利观。① 虽有些偏激,但对于列国争霸,人相言利的乱世现象却也有拨乱反正的意义。西汉时期董仲舒继承孟子的观点,提出"正其谊不谋其利,明其道不计其功"(《汉书·董仲舒传》)的义利分割的观点,只注重动机的纯洁性。儒家义利观的主导思想大体沿此方向发展,宋明理学时期达到了一个绝对化的高度,对利完全排除,导致儒学义利观的目标过高,难以企及,很容易导致理论与实践的脱节,我国历史上的伪君子、道学家即属此列。再者,儒家之道的经世志向使儒者无法与利进行完全的隔离,大则为天下苍生谋利,小则以实现个人名望的心理满足、封妻荫子的富贵之资。在

① 参见朱贻庭《中国传统伦理思想史》[M],上海:华东师范大学出版社,2003年版,第98页。

匡时济世的高远之志与"亲亲、尊尊"的血缘家族之责任间,儒者有时亦无从取舍,当兼济天下之志无从实现之际,封妻荫子、光宗耀祖的血缘责任就会日益突显,最终滑向不可控制的逐利深渊。

事实上大多数情况下,动机的纯洁与结果的功利并不两分,理想与现实并不矛盾,人之世俗欲求与德性保全在一定程度上可以一致。自儒学官学化以来,儒者纷然于"禄利之路",追逐个人的功名利禄,这和儒者经邦济世,匡正天下之志向并不矛盾,在以仕行道的同时,亦实现个人价值的满足,把个人价值的满足寓于社会价值的实现之中本身就是儒家之道的精义所在。但这只能在比较理想的社会状态下实现,如封建王朝处于政治清明、经济复苏、发展时期,封建权势的统治比较清明等等,饶是如此,由于儒家之道的过于高远,令人可望而不可及,再加以儒家之道缺少外在的强制约束而试之于儒者内在道德自律的实践方式等原因,亦会引起儒者个人内在的心理冲突,在义与利、理和欲间踌躇。更何况,封建王朝理想的社会状态本就极少存在,所以儒者之弃义好利之风实难避免。

弃义好利之鄙儒自古以来就不乏其人,他们枉道以求衣食之源,继而渴求功名富贵。西汉时期,经过叔孙通、公孙弘等人对儒学的世俗化、奴性化改造的成功实践,使儒学成为功名利禄的敲门砖,更助长了鄙儒弃义好利之风;"势"之占有者以利禄为诱惑的选官制度则把儒家道德作为主要标准,更是吸引着鄙儒以儒学为求利的工具。在私欲的驱动下他们伪饰道德行为,沽名钓誉,施展八方技能,纷纷登上政治舞台,变"古人欲达勤诵经"的良好传统为"今世图官免治生"的好利之举,东汉末期的清议之风即是对鄙儒弃义好利之风的针砭和讽刺,魏晋时期的玄学则是对名教功利化的试图突破与发展。正如本书前面所分析的,处于利益之网纠葛中的儒者一旦动摇其以道自任的意识,逐利就不可避免。隋唐科举制度的开创直接从动机方面瓦解了儒者治经、读书的弘道之志,变格物、致知、修身、齐家、治国、平天下的求学目的、经世致用之志向为功名利禄的博取,入仕以行道的最初坚持被功名利禄消解,针砭时政、匡正秩序的社会责任感也被冲蚀,枉道从势成为自然的选择,这些儒者完全成为封建权势的依附者、追随者,正如唐太宗的得意所在:"天下英雄尽入吾彀中矣。"及至明清之际更是以八股取士加强了对儒者的思想控制,鄙儒们操经术以逐名利,"三年清知府,十万雪花银"成为人们对入仕儒者之贪婪好利的普遍认知(吴敬梓《儒林外史》),至嘉靖、万历年间,"士无节义之守,而奔竞成风;吏乏廉静之操,而贪污日著。上司多喜谀佞,下官专事逢迎,而忘尽职之义。大抵依阿软熟,惟恐招尤,缄默圆活以图保禄,非书之所谓靡靡、诗之所谓泄泄者乎?"[①](王邦直:《陈愚衷以恤民穷以隆圣治事》,《明经世文编》卷215)王阳明处于其间,对鄙儒弃义好利之风深感厌倦:"人在仕途,如马行淖田中,纵复驰逸,足起足陷,其在驽下,坐见沦没耳。"(《王守仁全集》卷九)其以"破心中贼"为目的的"心即理"之心学构建就是对晚明士风沦落的努力拯救,希望去除儒者好利之念。但由于无道之势积弊日久,终难挽救士风流弊。

三、道德人格之最终沦丧

也许是出于势之残酷镇压下保身全命的不得已,也许是出于维持生计的无奈,也许是出于用世之务实的曲意权变,儒者在仕途中的枉道行为一旦突破,就难以避免人格的滑落,也许他们本人并没有做出助纣为虐、祸国殃民的罪行,也没有这种卑鄙的动机,但其人格的滑落,使他们离开"佞幸"也就是一步甚至半步之遥了。叔孙通曲学阿世,枉道逢迎权贵,的确没有危害社稷、群臣,所以还可以解释为"务实"、"机智"等,但"机智"与"圆滑","务实"与"投机"之间的分界又在哪里呢?自然要在儒者一贯的整体行为中寻求,公孙弘同样面谀人君,但"为人意忌,外宽内深。诸尝与弘有隙者,虽详(佯)与善,阴报其祸。杀主父偃,徙董仲舒于胶西"(《史记·平津侯主父列传》)。心胸狭窄,阴郁冷酷,就不再是"务实"、"机智"所能权宜和掩藏的了,其人格的低劣已然可见。通儒马融学贯今古文经,却不能安贫,为五斗米折腰,投靠外戚邓骘,后又依附外戚梁冀,飞章诬陷名士李固致其被杀,马融因软弱、贪图享乐而丢失儒者气节,为士人所不齿。

---

① 转引自刘宝村《道与势之间》[J],《人文杂志》,2000年第2期。

儒者以道为尊的原则性一旦失去,弃义好利的私欲就会无限膨胀;或者说一旦儒者沦为欲望的奴仆,其道义的原则性也就丧失。在欲望的深渊中,有的儒者越陷越深,不仅丢失了道德人格,而且不复有做人的资格,沦为奸佞之人,遗臭万年。如秦桧、蔡京本精于儒学,擅长书画,却阿谀奉承、陷害忠良、荼毒苍生、背离民族大义,长跪于历史的审判台;阮大铖的《燕子笺》虽脍炙人口,但其做人无品,依附阉党,叛明降清,终遭士人唾骂;来俊臣、周兴等心狠手辣、涂炭生灵,百姓恨不得食其肉、饮其血;等等。这些奸佞之人在历史上可谓不绝于缕,举不胜举,笔者不再赘述。导致他们沦为奸佞的原因众多,本书不再一一分析,但有一点可以肯定的是,奸佞之人是积小恶而一步步形成的,儒者枉道的第一步就可能导致以后人格滑落的不可抑制,故孟子曰:"如枉道而从彼,何也? 且子过矣。枉己者,未有能直人者也。"(《孟子·滕文公下》)也就是说歪曲道义,丢失道之原则而屈从权势是错误的,扭曲自己是无法使别人正直的。儒者以道为尊的气节坚持是困难的,而人格的滑落却又极其容易,也许正是基于此,才使我们越发敬重那些豪气干云、铁骨铮铮的正义之士。

第七章
道势关系与现代知识分子
道德人格的建立

　　经过前面的分析,我们可以断定所谓儒家之道乃是儒家致力于理想社会秩序建构的一套总的价值系统;它既内含着学术操守,又外化为理想社会秩序建构的责任;它既体现为入仕的"兼济天下",又散发为生活日用间品德行为的伦理教化;是儒者生活、治学、入仕之际的行为价值取向。"势"则指以封建王权为代表的整套行政系统,其所维护的社会秩序是儒家之道得以形成、发展和赖以推行的宏观社会环境,同时也是儒家之道致力于批判、调整和引导的对象。由于历代封建王朝都以儒家之道作为其政权合法性的依据,所以儒家之道与势之价值取向总体上是一致的,儒家之道显然成为封建社会秩序的理想状态,因此也可以把二者的关系理解为理想之势与现实之势的关系,即理想的价值取向与现实的价值考量之间的关系。只要人类社会存在,人们就必然处于理想价值取向与现实价值考量的纠葛之中。尤其我国当前处于社会主义转型的关键时期,各种价值观念相互激荡、交融,社会主义社会的总体价值取向和现实价值考量之间的关系日益紧张,加剧知识分子内在的价值冲突,造成道德人格的滑落。综合考证封建社会儒者在道势间的道德人格内涵,对于我国当代知识分子道德人格的建构具有重要意义。

第一节　道势间儒者之道德人格的综合考证

通过对"道势"间儒者之四种道德人格范型的具体分析,我们发现在道尊于势、道势兼顾、道势疏离和枉道从势的行为选择背后隐藏着一系列的价值观念,即:以道自任、学术操守、君臣之义、功名利禄、个人气节、夷夏之别、兼济天下、保民重生等等。这些价值观念间的不同组合造成儒者间不同的行为选择,决定了他们道德境界的不同。如同样声称以道自任,若出于学术操守,兼济天下之目的,则带来儒学的辩证发展和个人道德境界的提升;若出于功名利禄的夺取,罔顾社会的变化与发展,则难免陷入僵化、迂阔,甚至伪道学的境地。宋朝时期儒学侧重于心性之学的发展,其本意为应对佛道之挑战,克服汉唐以来儒学注重训诂考订之僵化,从而带来了儒学发展的第二个高峰;荆公新学与程朱理学也都致力于经世致用,解决社会现实问题,所以王安石、二程、朱熹等人实为大儒风范。而理学一旦被封建王朝作为禁锢儒者思想之工具,与儒者孜孜以求功名利禄的科举考试相结合,则只能造就出"却习成妇女态,甚可羞。无事袖手谈心性,临危一死报君王,即为上品也"(颜元《存性编》卷一)的腐儒了;至于耿定向之流,动辄称"尔为自己,我为他人;尔为自私,我欲利他",却不忘"福盟子孙"、"居官求显"(《焚书》卷一),则沦为典型的伪道学家,其对李贽等人的迫害尤反映出其道德人格的低下。因此,四种道德人格背后的系列价值观念间存在着多种组合可能性,也为儒者行为选择的多样性提供了充足的理论依据。我们不能够对儒者在道势间的选择采取简单、僵化的理解,不能仅仅依据其对道的坚持和推崇程度来划分其道德境界的高低,而应该综合考虑系列价值观念的多样性、儒者行为选择的多样性以及儒者之行为选择背景、理论认知背景等多方面的因素,进行全面地分析和综合把握。

通过对道势间儒者四种道德人格的综合把握，我们发现无论是"礼崩乐坏"的大变革时期还是封建政治的"大一统"时代，两千多年来的中国历史中真正的儒者传承着文明的进程，创造了伟大的精神成果，他们以自身的行为方式、情感方式、思维方式诠释着儒家之道的价值系统，虽然儒家之道究竟多大程度上适合现代文明社会还是一个讨论中的问题，但儒者在道的历史传承过程中所形成的以道自任等文化精神和文化生命却是可以被现代社会的知识分子所继承的。

一、儒者道德人格之优良传统

1. 以道自任的明确价值取向

正如余英时先生在《士与中国文化》一书中所说："中国知识分子阶层刚刚出现在历史舞台上的时候，孔子便已努力给它贯注一种理想主义的精神，要求它的每一个分子——士——都能超越他自己个体的和群体的利害得失，而发展对整个社会的深厚关怀……由于孔子恰处在士阶层兴起的历史关头，他对这一阶层的性格形成的影响是不容忽视的。"①孔子所贯注于士的这种理想主义的精神即为"志于道"，曰："士志于道，而耻恶衣恶食者，未足与议也。"（《论语·里仁》）士从旧式血缘等级的束缚中挣脱出来，成为独立的社会阶层，即是以道为精神凭借的，"道"成为士自我身份认知的依据。如刘向《说苑》给士下定义为："辨然（否），通古今之道，谓之士。"（《俗文》篇）既然如此，作为士的身份自觉就要以道自任，以道为自身的理想、信念和终极价值取向。但以道自任是需要一定的献身精神的，"冉求曰：非不说子之道，力不足也。子曰：力不足者，中道而废，今女画。"（《论语·雍也》）在君主对士颇多礼遇的春秋时代，冉求等儒者尚不能坚持，更遑论封建集权的大一统时代？所以孔子说："可与共学，未可与适道；可与适道，未可与立；可与立，未可与权。"（《论语·子罕》）说出了儒者以道自任的难度与艰辛。事实上自秦汉以来，儒者一直面临着"道势"间的两难选择，"势"为现实社会秩序的实际操纵者，是儒者个人生死荣辱

---

① 余英时：《士与中国文化》[M]，上海人民出版社，2003 年版，第 25 页。

的把握者,所以儒者必须顺从"势"、依附"势",在此情况下对"势"进行背离或匡正是极为困难的,难度和艰辛是可想而知的。但愈如此,真正的儒者愈把对"道"的追求作为人生的终极价值,愈深感自身的使命重大,"士不可以不弘毅,任重而道远。仁以为己任,不亦重乎?死而后已,不亦远乎?"(《论语·泰伯》)"天下有道,以道殉身;天下无道,以身殉道。"(《孟子·尽心上》)无论他们采取的是道势兼顾、道势疏离还是枉道从势的行为选择,只要他们能够做到以道为尊、以道匡势、以道教化、以道修身,"道"就是他们安身立命的价值取向。正因为有此"以道自任"的明确价值取向,才有了原儒"从道不从君"的高尚气节,才有了东汉名士、东林党人铁肩担道义的铮铮铁骨,才有了陶渊明等人解袍挂冠而去的超然与洒脱,才有了嵇康等异端的真情与率性的挥洒;正因为有此明确的价值取向,才有了王安石变法的灿烂与遗憾,才有了许衡对个人气节、夷夏之别的超脱;正因为有此明确的价值取向,才使中国的思想史异彩纷呈,舍生取义、以身殉道、谋道不谋食等崇高的品质才源远流长,共汇为优秀的中华民族精神。

2. 浓厚的人文关怀

作为儒者明确的价值取向,儒家之道本身氤氲着浓厚的人文关怀,它关注着人的现世生活,诉求着人性的善与美,致力于改善人们生存状况的理想社会秩序,追逐着超越自身的人格境界,成为儒者修身、立世,从而实现自己存在价值的精神支持。"儒家对人的重视,在孔子'问人不问马'的态度中就已得到了体现,'天地之性人为贵'一向为儒家所普遍坚持,而陆九渊的'天、地、人之才等耳,人岂可轻,人字又岂可轻。'则更表达了儒家对人的自我价值的尊重和对人的地位的充分肯定。"[①]儒家对人的重视、对个体价值的肯定、对自我价值的实现和超越是通过其重人伦的道德修养来实现的。"仁"是儒家之道的核心,所谓"仁者,人也",在儒家之道中,人不再囿于生物学意义的理解,而是被从道德和理性方面进行诠释。孔子认为"性相近,习相远"(《论语·阳货》),孟子认为人"性本善",荀子则持"性恶论",此后儒家万变不离

---

① 洪修平:《论儒学的人文精神及其现代意义》[J],《中国社会科学》,2000年第6期。

其宗,无论是"性三品说"还是"性善情恶"说等均从善恶道德范畴方面对人性进行界定。儒家对人性的道德界定是为人自身的超越服务的,儒家憧憬"止于至善"的人格境界,努力达到"君子"、"圣人"的理想人格,不仅儒者个人以此为目标,而且儒家之道的这种道德理想均等地对每个人敞开。如孔子"有教无类",希望人人都能够进德修业;孟子认为"人皆可以为尧舜"(《孟子·告子下》),荀子提出"涂之人可以为禹"(《荀子·性恶篇》),此后儒家也强调人们道德修养,成贤成圣方面的可能性,鼓励人们超越现实、超脱自我。理想道德境界的达到是于人伦日用之间进行的,所谓"仁者爱人"(《论语·颜渊》)、"泛爱众而亲仁"(《论语·学而》)讲的是儒者从"亲亲"的血亲之爱层层向外推而广之为"泛爱众"的博爱,以血亲之礼发散为一般人际交往的伦理准则。因为"泛爱众"的推广,儒家产生了民本的观念,主张"重民"、"富民"、"保民"、"教民",所以孔子推崇德政,孟子希望施行仁政,荀子推行王道说,儒家由此寄希望于"圣主明君",实现回向三代的理想社会。儒者对至善的追求,对理想道德境界的期许,对个人的超越与完善,对理想社会秩序的建构是以"道"为价值取向的,而在对"道"的坚持和弘扬中,儒者予寓个人价值于整体价值之中,在整体价值的实现中完成自身的存在价值。所以儒者强调道尊于势,以道事君,以道匡正社会秩序;所以儒者强调社会担当,积极干预时政,限制王权,希望能够给百姓带来福祉;所以儒者注重道德修养,推广道德教化,积极醇化民众,移风易俗;所以儒者具有强烈的忧患意识,具有治国平天下的志向,社会形势愈动荡,儒者的使命感愈强。儒者在"道"与"势"的两难中毅然而审慎地抉择以道为尊,是对其个人的超越,是自身价值的实现,它本是儒家人文关怀的内容,也是儒家人文关怀的驱动。儒者以道自任的价值取向和责任担当在超越自身、实现自身价值的同时亦实现了对他人的生存状况的改善,也尊重了他人的人格和尊严。

　　3."以天下为己任"的历史使命和社会责任感

　　儒家之道以人为中心的本性决定了儒者具有积极的"入世"精神,具体表现为"以天下为己任"的历史使命感和社会责任感,它是儒者在对过去、现在和未来进行整体的思索后而形成的对自身使命的自觉,从而意识到对社会所肩负的责任。出于历史使命感和责任感的驱动,儒家虽从修身出发,却并不把"内圣"视为终极性的价值理想,而是强调从内圣开出外王的事功来。所以儒者普遍关心现实生活,以治国平天下为自身的崇高理想,以治国安邦、匡时济世为立世志向。先秦儒家的大师们不仅自己在列国间辗转流离,寻求报国报民之途,而且"无一例外地要求弟子积极入世,上者成为王佐,下者成为吏材,即使做不成官,也要成为培养治世之才的'君子儒'"①。孔子即使晚年潜心编撰文献,也以其入仕的弟子把握政治形势:"弟子出去做官要听候他的吩咐,做官的政绩要向他报告,管辖的地区要接受他的视察。"②孟子则喊出了"方今天下舍我其谁哉"的豪言壮语。及至大一统封建专制时期,儒学与封建权势的结合加剧了儒者的历史使命感和社会责任感,他们把国家的治乱兴衰、民族的荣辱成败、民众的平和幸福都视为自身不可推卸的责任。这种责任心驱动着他们积极参与到国家的政治活动中,如东汉党人慨然以天下为己任,陈蕃放弃友人保身全命的劝告,"时年七十余,闻难作,将官属诸生八十余人。并拔刃突入承明门",事败身死(《后汉书·陈王列传》);李膺"事不辞难,罪不逃刑",在第二次党锢之祸时从容投狱而死。明末东林党人谨记"风声雨声读书声,声声入耳;家事国事天下事,事事关心"的历史使命,与宦官集团和封建皇权展开了旷日持久的斗争,东林领袖高攀龙临死笑曰:"吾视死如归,今果然矣。"(《明史·高攀龙传》)以杨涟、左光斗为代表的东林六君子明知将不免于难,仍义无反顾地与宦官斗争,在狱中为全其名节,受尽磨难而死。强烈的社会责任感和历史使命感驱动着他们舍生取义、以道殉身。北宋时期,范仲淹"先天下之忧而忧,后天下之乐而乐"为北宋的富强和安定呕心沥血,积极推行庆历新政;王安石大刀阔斧进行熙宁变法,都是出于内心深处历史使命感的激励。许衡本

---

① 汤一介、张耀男、方铭:《中国儒学文化大观》[M],北京大学出版社,2001年版,第374页。

② 蔡尚思:《孔子思想体系》[M],上海人民出版社,1982年版,第55页。

可保身全节,在"夷夏之别"的传统观念下隐居藏身,但其出于保护中原文明,弘扬儒家之道的目的,积极入仕向蒙古贵族推行汉法。明末抗清的儒者王夫之、顾炎武等人则明确提出"以身任天下",王夫之曰:"吾惧夫薄于欲者亦薄于理,薄于以身受天下之薄于以身任天下者。"(《诗广传》卷二,《陈风》)顾炎武则曰:"保天下者,匹夫之贱,与有责焉耳矣。"(《日知录·正始》)更被后人概括为历史使命感和社会责任感的精妙语言"天下兴亡,匹夫有责"。即使处于江湖之远,只要儒者具有强烈的历史使命感和社会责任感,他们以"天下为己任"的壮志就不会熄灭。陶渊明固然超脱,依然吟哦"猛志固常在";诸葛亮以睿智、通达著称,仍以"管仲"自期,辅佐刘备、巩固汉室,鞠躬尽瘁、死而后已。综合儒者在"道势"间的抉择,我们可以发现儒家之道浓厚的人文关怀使儒者们具有强烈的历史使命感和社会责任感,这种优秀的品质促使他们"以天下为己任",谱写出一曲曲荡气回肠的正气之歌。

4. 顽强的社会批判精神

所谓社会批判是本着终极的价值取向对一切重要的社会现象进行评判的态度和行动,对于合理的社会现象进行维护和推动,对于不合理的社会现象进行调整和推倒,以期社会朝着理想的目标发展。儒家之道有着明确的价值取向,其圣王合一的理想社会,圣人、君子的理想人格一直成为儒者奋斗、前趋的目标,而儒者依此目标积极对既存的社会秩序、人格现状进行诱导和调整。孔子面对"礼崩乐坏"、人道式微的纷乱局势,愤然曰:"八佾舞于庭,是可忍也,孰不可忍也!"(《论语·八佾》)并说:"天下有道,则庶人不议。"(《论语·季氏》)那么当时"天下无道"也就为"庶人议"提供了理由。以道之理想社会秩序而言,既存社会秩序永远是"无道"或"不尽合于道"的,所以"庶人议"也就成为一个社会常态,故孟子有"处士横议"之语。所谓"处士"指未仕或不仕者,他们不在政治系统之内,却对包括政治系统在内的一切重大社会问题进行评判,荀子所在的稷下学宫更是"处士横议"的高峰。正如我国学者朱学勤所言:"所谓社会批判,而不是政治参与,就是说知识分子以在野之身,监督在朝之政,善则推动之,恶则反抗之,弱则激励之,强则抗衡之。"①因此儒者一直以"王道"来规范、约束皇权,以"仁政"来对现实政治体制进行批判和调整,尤其是吏治腐败、政权昏聩之际,儒者的批判力度比较大。如东汉末年政治昏暗,朝政腐败,太学生和知名儒者纷纷针砭时政,形成轰轰烈烈的清议之风;宋代太学生以陈东为首进行上书,为我国历史上最大规模的太学生运动,逼迫宋钦宗重新启用主战派将领李纲;明末被罢黜官职的东林党人顾宪成、高攀龙等人在东林书院聚众讲学,倡导"读书、讲学、爱国"的精神,一时应者云集,成为议论国事的主要舆论中心。此外还有一些儒者通过著述立说,也纷纷表达自己的观点,对社会现实进行批判。如隐士王符愤然隐居,著述《潜夫论》,针砭时政,批评迷信、卜筮、交际势利等不良社会风气,"以讥当时失得,不欲彰显其名"(《后汉书·王符传》)。其实隐者本身疏离权势的行为就是对时政当局的最大批判,其高洁其身、不入流俗的行为就昭示着政局的黑暗和腐朽,再兼以授徒讲学、著述立说更是把他们的批判观点传播出去,对封建权势当局形成一定的压力。儒者之所以有着顽强的社会批判精神,缘于他们深厚的人文关怀,缘于儒者特有的历史使命感和社会责任感,缘于儒者以道自任的价值取向。因为儒者深受"道"之熏陶,所以他们有着深厚的文化素养,较一般百姓更为博学多才,因此对社会潜藏问题更具有敏锐的洞察力和预见性;因为他们受道之熏陶,所以他们更为关注人类社会的理想发展,他们更具有以天下为己任的社会责任担当精神;所以儒者们不惜舍弃功名、舍弃生命,对封建社会进行不遗余力地批判和针砭。

5. 高洁其身的道德修养

正如我们第二章所论述的,儒家之道无形又空泛,呈现为一种精神方面的信持,但它并没有宗教组织可以利用,所以儒家之道只能依凭其天然的载体——儒者——进行弘扬和彰显;而儒者本身在强大的封建权力系统面前显得势单力薄、渺小孤独,除其本身的道德修养外

① 朱学勤:《风声·雨声·读书声》[M],上海:三联书店出版社,1994 年版,第 21 ~ 22 页。

无所凭依，儒者只有通过自身之高洁道德品行彰显、佐证道之崇高，从而达到与强力之权势抗衡的目的，因此，历代儒者特别注重加强自身的道德修养。孔子告诫弟子曰"不学礼，无以立"《论语·尧曰》，主张以礼修身；孔子还时刻以身作则，曰："德之不修，学之不讲，闻义而不徙，不善不能改，是吾忧也。"（《论语·述而》）荀子曰："士欲独修其身。"（《荀子·儒效》）《中庸》把"修身"作为治理国家的九条主要原则之首，因"修身则道立"。《大学》亦云："自天子以至于庶人，壹是皆以修身为本"，修身成为儒者的道德风貌和彰显儒家之道的关键。何为修身？修身就是以儒家之"仁"充斥内心，以"礼"规范外在行为，以理想人格为目标的自我道德修养。儒者的修身是不止于"内圣"的，它还与弘道紧密相联。孔子强调"修己以安人"、"修己以安百姓"，通过入仕之途，士大夫们修身，加强道德修养，能够做到"美其政"，从而匡时济世，治国平天下。历代王朝的循吏们无不以儒家之道修养自身，仁爱百姓、教化子弟；历代的谏官、诤臣无不欲以儒家之道匡正皇权、约束帝王；他们铁骨铮铮，锲而不舍地以儒家之理想人格来修正自身，以儒家之理想社会来规范、批判既存之封建权力系统，不惜放弃功名利禄、舍弃个人生命。儒者们加强道德修养，在野则"美其俗"，通过自身"人伦日用之间"的行为举止，对周围民众进行感化，更兼以儒者多授徒讲学，谆谆教化子弟生徒，把儒家修身之学发扬开去，使儒家之价值系统深入民间，中国历代隐者更因其不慕富贵、功名、权势的高洁品行而起到榜样示范作用。修身的结果是儒者的名节的彰显，名节从而被儒者视为比生命更为宝贵的存在。东汉名士李膺不为保身而屈节，从容赴狱而死；范滂亦"与李杜齐名，死亦何恨"；明末杨涟、左光斗为代表的东林六君子在狱中受尽磨难，虽死亦保名节。名节还成为儒者们结交的标准，通儒马融学富五车，终因个人名节不保而为当时儒者所侧目，如名士赵岐虽娶马融叔女，却鄙马融而不与之相见。东汉李膺因其名节被视为"天下楷模"，与他结交被称为"登龙门"。东林党人的结交更以个人的名节为基础。也正因为此，儒者的道德修养不仅是儒家之道的内容，而且成为以道自任之儒者的自发需求，是儒者以道自律的自觉意识。他们中正直的官吏、廉洁的官员、高洁的隐者、德高望重之士等等因其个人的修身品行为百姓爱戴,永垂青史,其所任之道也因其人格魅力激励着一代又一代的儒者注重修养,砥砺名节。

二、儒者道德人格之局限性

正如蔡尚思先生所言:"中国传统文化是一分为二的,中国文化传统不只是一个,而是有两个,一为优良传统,二为非优良传统。"①但这两个传统却并不是截然二分的,它们融会在一起,矛盾的组合在一起,从而使中国的传统文化呈现复杂的形态。同样中国古代儒者的道德人格也是这种矛盾的统一,更是中国传统文化的具体呈现形式,所以我们对古代儒者的道德人格也应该具体分析,不仅学习以上的优良传统,同时也要对其消极部分有清醒地认识,努力予以克服。

1. 独立人格的难以保全

所谓独立人格包括内在的精神独立和其外化为言语和行为的独立与自主。儒家之道是强调儒者的独立人格的,他们注重人内在精神的独立和坚持,孔子曰:"三军可夺帅也,匹夫不可夺志也"(《论语·子罕》),一般的平民尚且有独立的意志,况儒者乎?孟子遂有"尚志"之说,"王子垫问曰:'士何事?'孟子曰:'尚志。'曰:'何谓尚志?'曰:'仁义而已矣。杀一无罪,非仁也。非所有而取之,非义也。'"(《孟子·尽心上》)这种内在的精神独立还必须通过外在的言语和行为表现出来,也就是通过日用伦常和经世致用之间体现出来,具体表现在儒家的人伦关系中。先秦儒家的五伦关系是辩证的,强调双方的权利和义务,所以儒者在复杂的人伦关系中依然可以保持言语和行为的独立与自主。如孔子曰:"事父母几谏"(《论语·里仁》),也就是说对父母可以保留不同的意见。处理君臣关系怎样做呢?孔子、孟子一生颠沛流离,就是为了实现自己的政治抱负,但他们决不以牺牲自己的人格尊严为代价,所以孔子要求"以道事君,不可则止"(《论语·先进》),荀子曰:"从道不从君",孟子则把大臣划分为不同的等级:"有

---

① 邢宗兰:《传统文化与中国知识分子人格心理》[J],《中央社会主义学院学报》,1998 年第 2 期。

事君人者,事是君则为容悦者也。有安社稷臣者,以安社稷为悦者也。有天民者,达可行于天下而后行之者也。有大人者,正己而物正者也。"(《孟子·尽心上》)很显然,"事君人者"是没有独立人格的,但"安社稷臣者"、"天民者"和"大人者"都是具有独立人格的人。先秦儒家的独立人格之坚持是有"道"作为精神支撑的,正是以"道"为其思想的信持,他们才能抗礼王侯、藐视权贵、针砭时政、思以其道易天下,他们才能够做到"人知之,亦嚣嚣;人不知,亦嚣嚣"(《孟子·尽心上》),保持自身人格的独立与尊严。

先秦儒者以道自任的独立人格鼓舞着以后的儒者,但时过境迁,首先,先秦儒者所处的多极政治格局在秦汉后已然被封建大一统的强权政治所取代,而随着历史的发展,封建皇权的集权专制日益加剧,原来五伦中的辩证色彩演变为单向的义务约束,"三纲五常"的封建规范日渐成为束缚人之独立人格的罗网。其次,多个学术派别间相互竞争、互补互荣的文化环境被"罢黜百家、独尊儒术"的学术一统所取代,从而使儒学的发展缺少了外界的营养滋补和批评促动,发展日益缓慢和僵化。再次,封建皇权文化专制的镇压和诱引扼杀了儒学的生命力。儒者在集权的封建专制统治下辗转、挣扎,"士的相对独立人格几乎丧失殆尽,自然思想自由也无从谈起。"①这种相对独立人格的丧失具体表现为:其一,就精神独立性而言,儒者之锐意创新的自由思想,自我意识被深深地禁锢和压抑。儒家以三代之理想制度和圣王之理想人格作为其道之理论依据,从而形成往后看之"泥古"的思想传统,孔子尚且"述而不作,信而好古"(《论语·述而》),儒者要立言,就必须到先古时期寻求理论依据,必须引经据典以证明立言之合法性,从而使儒学有了崇古守旧的特质,无论是汉代以来的注经疏典,还是宋代以来的解经守道都难超出孔孟的框架,更难逾越其思想的高峰。而汉代以来的儒学官学化使其他学派的发展受到抑制,儒学难以得到其他学派的滋养和促动,与政治的结合使之发展难以挣脱政权的桎梏和需要。润泽心灵的经书由官方考订,学经优劣的考核由官方的科举取

---

① 刘泽华:《士人与社会·先秦卷》[M],天津人民出版社,1988年版,第34页。

士判断,儒者的个人荣辱取决于帝王的好恶,尤其是八股文的科举格式更是禁锢了儒者的创造力,学术思想的统一已经不可避免地滑向僵化,儒者的自由思想遭到禁锢,自我意识湮灭在等级伦常之间,丧失了人格的独立性。如光武帝迷恋谶纬之学,东汉的儒学就走向谶纬化,以至于后来谶纬之学大盛就是儒者之精神独立与自主意识失去的最好例证。其二,儒者之言语与行动被封建的"三纲五常"等伦理规范束缚,少了自由与自主性。为了经世致用的外王事功,儒者必须热衷仕途,依附皇权,成为帝王的忠诚臣子,尤其自隋唐以来的科举取士制度直接把读书与入仕结合起来,在"学而优则仕"的奋斗征途中,儒者们埋头攻读"圣贤书",只求金榜题名。入得仕途,列身于庙堂之上,皇权成为其衣食利禄之供给者,功名荣辱之施给者,自当效忠以报"知遇之恩"。东汉党锢名臣、明末的东林党人以热血洗乾坤,以铮铮铁骨捍卫儒家之道,然他们终没有超脱封建忠节观的羁绊,没有摆脱政治上的人身依附和思想附属,当他们以道自任的努力行至穷途末路,甚至危及生命时,他们虽然迷茫和困惑,却依然没有能力超脱,所以也没有获得人格的独立,只是在封建规范内具有相对的独立性。而更有些儒者为了个人功名利禄的私欲追求,不惜丢弃道之高义,沦为封建政权的忠实奴仆,"以经书润饰史事"(《后汉书·循吏传》),阿谀奉承、粉饰太平。

当然,正如马克思所说:"'历史'并不是把人当作达到自己目的的工具来利用的某种特殊的人格。历史不过是追求着自己目的的人的活动而已。"①虽然,封建大一统的专制体制客观上造就了儒者人格独立性的难以保全,但整个封建时代,儒者寻求人格之相对独立的精神还是不绝于缕的,他们有的在庙堂面铮帝王,与腐败势力进行针锋相对的斗争;有的忧国忧民,以仁政恩泽乡民;有的处乡野之间,高洁其行,不欲与黑暗势力同流合污;有的特立独行,以异端思想对时政进行讽刺和针砭。虽然,由于时代的局限性,他们没有完全获得人格之独立与自由的发展,但我们也不能太过于求全责备,苛责于古人,而是应

---

① 《马克思恩格斯选集》第 2 卷[M],北京:人民出版社,1972 年版,第 118 页。

该为他们坚韧的道义担当、顽强的抗争精神、对真理的执着所感动和叹服。

2. 以道自任的有限性

由于封建专制体制的强大以及封建宗法农业社会的超稳结构,儒者难以摆脱依附身份,即使他们主观上再如何地以道自任,以道为尊,谋求自身的人格独立,但封建专制政府对思想领域的严密控制,终使儒者无法形成先进的意识形态,而以其道为尽善尽美、永恒正确的真理,难免陷入僵化和迂阔的地步,思想的开放性、包容性和创造性逐渐流失。如明末刘宗周不愧一代忠诚、耿直之臣,其倾心向学,不计生活困苦;忧心朝廷,不计个人名誉得失。然应对明末内忧外患的政局,却只能提出"二帝三王"之学,要求皇帝慎独,以仁义化民等不合时宜的主张,坚决反对汤祖望带来的西方先进的科学技术。在封建专制的禁锢和意识形态的局限下,儒者以道自任的积极效用大为降低。首先,儒者无从克服伦理政治体制中民本和君尊的二元主体间的矛盾,大大降低了其人文关怀的效用。儒者"居庙堂之高则忧其民,处江湖之远则忧其君"(《岳阳楼记》),他们既要维护君主的统治又要约束君主对民众利益的过分侵害,既要做民众的代言人又要防范民众群起作乱,在忠君的政治体制和坚守民本的道义间备受煎熬。因为没有先进的意识形态,儒者们不可能从外在客观制度的建构方面来考虑问题的解决,而是把一切问题都诉诸道德的力量,诉诸圣主明君的出现,从而使民本的意义发生了逆转,由圣王的保民、爱民的仁爱目的变成了爱民、保民才能"王天下"的事功目的。把惠民、教民等目的逆转为利君的手段和工具,其人文关怀也就难以从根本上维护百姓的利益。其次,儒者对现实社会的批判能力也十分有限。他们对既存的社会秩序提出批判,对君权进行限制,所依据的标尺并没有超越圣主明君的理想模式,更无法从体制的变革方面提出有益的见解,儒者顽强地批判固然使暴君、污吏的毒素相对减轻,使黑暗的封建专制统治相对开明,却并不能对王朝的治乱兴衰起到根本性作用,不能解决封建专制内部的根本矛盾。而其笃行与恪守的政治伦理同圣贤明君的崇拜相结合,成为封建专制合理性存在的观念保障,他们以道自任的作为反而延缓了封建专制走向末路。再次,儒者强烈的历史使命感和社会责任感的难以实现。儒者虽然以"为天地立心,为生民立命,为往圣继绝学,为万世开太平"(横渠四句)作为自身价值的体现,以匡时济世、兼济天下为自身的社会责任和历史使命,但真正对现实秩序具有把握能力的是封建权势,儒者即使承担着重大的责任,但其志向的弘扬离不开对政治的依附,这种依附性使儒者仍然难逃为封建专制效力的樊笼,难以摆脱封建家臣的宿命。所以他们不仅不能把握政治局势,甚至不能把握自己的人生命运。两千多年来的封建史中,儒者铁肩担道义,却屡屡遭受迫害,不仅治国平天下的责任难以实现,而且自身的身家性命也难以保全。东汉的党锢之祸、明末的东林党事件、历朝的文字狱都是儒者历史使命和社会责任难以实现的有力佐证。最后,儒家之道又具有着高远的旨趣,其"大同社会"的理想与"以天下奉一人"的封建家天下实质格格不入,其"道"虽然崇高却很难落实,理想的高远与现实的无奈逼迫着儒者,使他们既无法实现个人的价值,又无从超然物外;入仕可以实现经邦济世的宏图大志,却必须屈道以顺应封建专制的功用;出世固然实现了道义至上,却无从完成"以天下为己任"的社会责任,个人价值无从实现,是进亦难退亦难,从而产生了心理的紧张冲突,造成儒者的人格悲剧。而使这种悲剧意味更为浓厚的是儒者以一腔热血、满腹热忱所竭力维护的封建王朝也许已经失去了其存在的历史合理性,任何一种社会制度或历史阶段都有从进步到反动的历史发展过程,因此,我国的封建社会作为整个历史发展阶段不仅有上升的进步时期,也有落后和反动从而失去存在合理性的阶段,尤其封建社会后期和某一王朝的末期这种反动性更强,处于这一时期的儒者依然以传统的价值理念来竭力维持封建专制的存在,虽然其本身不失铮铮铁骨、义薄云天的英雄气概,但就整个历史发展过程来讲,却难掩其悲剧性存在。

不可否认,封建集权统治下的中国社会,仍有大部分儒者为稻粱谋,以儒学为入仕、谋取功名利禄的手段,完全依附于封建权势,沦为封建权力系统的组成部分和忠实的奴仆,有些儒者甚至在自身利益的驱动下,丢失做人的气节和原则,沦为奸佞之臣,完全失去了做人的人格。但真正的儒者不畏势之权威,还是能够以道自任、以道为尊的,他们以儒家之道为精神支撑和明确的价值取向,具有"以天下为己任"的社会责任感和历史使命感,坚持浓厚的人文关怀,进行顽强的社会批判,并在人伦日用间笃行道德修养,醇化风俗。虽然他们所信持的儒家之道还不能完全形成为先进的意识形态,他们依此进行的社会批判具有不彻底性,他们的人文关怀具有历史的局限性等等,但他们长久以来对"道"之尊严的维护与坚持,对"势"的顽强抗争精神和不屈态度等在千年的历史沿袭中都具有非凡的价值,对当前我国知识分子道德人格的建构具有重要意义。

第二节　我国当代知识分子道德人格的建构

随着社会的发展和文明的进步,我国古代的儒者演变为当今的知识分子。在历史的沿袭过程中,不同阶段儒者的特征和时代任务不同,我国当代知识分子所面临的形势和时代任务与儒者相比有很大的差距,尤其是我国当前正处于社会主义转型的关键时期,各种社会矛盾日渐尖锐,时代对作为民众代言人的知识分子提出了更大的期待,而与此相对应的是面对着社会转型期的各种价值冲击,我国当代的部分知识分子表现却差强人意,因此,当代知识分子的道德人格建构迫在眉睫。从古代儒者的优良传统中汲取营养,针对现实社会的具体要求,对于重塑我国当代知识分子的道德人格具有重要意义。

一、何谓知识分子

知识分子问题是近几十年来西方学者讨论的热点问题,也引起中国学者的广泛关注,可谓异彩纷呈、家异各说。但所有的论证或诠释都不能回避一个根本性的问题:何谓知识分子? 我们不能简单地照搬西方的定义,也不能依据自身的主观出发,想当然地以自身心目中的知识分子去进行论说,而要结合该词汇的历史渊源、民族文化心理和时代特征进行界说。

1. 就词源来看知识分子的含义。在西方世界,知识分子的词源分别有三个,一是在英语世界被称为"intellectual",其本来意思是"文化水平较高的人",如 1652 年诗人本洛斯(Benlowes)曾有"First race of Intellectuals"之语,用 intellectual 指称"理解力强的人"、"智者"。① 一是法文"intellectuel",其流行源于 19 世纪末的"德雷福斯"事件,当时法国军事情报泄露,德雷福斯上尉因其犹太人的身份被诬陷、错判,从而引起雨果、左拉等许多学者、作家和社会活动家等参加"人权联盟",为之伸张正义,而敌对阵营的巴雷斯则把这些学者、作家等统称为"intellectuels",即指称"'对政府不满'和'反社会'联系起来的人"②。知识分子一词中增加了"批判"和"反叛"的含义,原有的"文化水平较高"反而逐渐淡化。这与其第三个词源有很大关系,第三个词源来自俄国,即指俄国 19 世纪的民粹派,"19 世纪末俄国的知识分子,是中产阶级的一部分,他们受现代教育及西方思潮的影响,对国家落后状况产生不满,知识分子由于对社会、政治思潮有强烈兴趣,而沙皇政权的专制独裁和残酷镇压机构使他们感到沮丧,于是在法律界、医务界、教育界、工程技术界建立了自己的核心",深入民众,带领民众改变自己的命运,"为 20 世纪早期的俄国革命运动奠定了领导基础。"③俄国的知识分子被称为"intelligentsia",其中的"批判"和"反叛"含义正好与法文词源"intellectuel"重合,导致后来的西方学者多强调知识分子的批判性。尤其是进入 20 世纪,随着西方教育制度的发展和人们文化水平的普遍提高,受过大学教育的人越来越多,显然"文化水平较高"更不足以指称知识分子了,知识分子越来越指"文化水平较高"的人中的一小部分,他们能够对社会现实进行社会批判,而这种批判又超越了其个人的功利欲望和专业限制,"发展出一种自由批判的精神","知

---

① 转引自王增进《后现代与知识分子社会位置》[M],北京:中国社会科学出版社,2003 年版,第 10 页。

② 转引自王增进《后现代与知识分子社会位置》[M],北京:中国社会科学出版社,2003 年版,第 3 页。

③ 简明不列颠百科全书编辑部译编:《简明不列颠百科全书》(第九卷),中国大百科全书出版社,1986 年版,第 423 页。

识分子批评现实,主要是因为现实不合于他们所维护的一些基本价值"①。

追溯汉语中知识分子的产生,则来源于日语"智识阶级"和"智识分子",因日语中智识与知识同义,所以日本学者编辑的《毛泽东集》里就将有关表达全部统一为"知识阶级"、"知识分子"②。随着新文化运动的开展,"知识阶级"开始被大量使用,并同"劳工阶级"区别开来,如李大钊在 1919 年发表的《青年与农村》中说:"要想把现代的新文明,从根底输到社会里面,非把知识阶级与劳工阶级打成一气不可。"③在这里知识阶级指称与劳工群体相区别的文化精英群体,当时中国可谓积贫积弱,受教育者只是很少的一部分,因此,"文化水平较高"应该还是知识分子的主要特征。但作为一个群体知识分子还不能形成一个独立的阶级,如李春涛在 1925 年反驳陈炯明的反动言论"共产党的政策,还要灭绝智识阶级"时明确指出:"我们觉得有智识的人们不能承认他们是一个阶级,只能承认他们是一些有智识的分子,因为他们没有一种共通的利害,能够促成他们联合做一个阶级。"④所以就词源来说,中国知识分子的基本含义指"具有较多科学文化知识,与普通大众相区别的人和人群"⑤。

2. 就时代特征而言知识分子的含义。我国权威出版物《辞海》曾把中国知识分子定义界定为:"有一定文化科学知识的脑力劳动者。如科技工作者、文艺工作者、教师、医生、编辑、记者等。在社会出现剩余产品和阶级划分的基础上产生。知识分子不是一个独立的阶级,而分属于不同的阶级。在现代社会,随着生产的社会化,科学技术成为巨大的生产力,众多知识分子以其脑力劳动直接参与生产过程,知识

① 余英时:《中国知识分子的古代传统》,《士与中国文化》[M],上海人民出版社,2003年版,第 103 页。

② 参见〔德〕李博《汉语中的马克思主义术语的起源与作用》[M],赵倩、王草、葛平竹译,北京:中国社会科学出版社,2003 年版,第 331～332 页。

③ 《晨报》,1919 年 2 月 20 日。

④ 李春涛:《杀尽知识阶级的是谁》,《政治周报》第二期,1925 年 12 月 13 日。

⑤ 王增进:《后现代与知识分子社会位置》[M],北京:中国社会科学出版社,2003 年版,第 20 页。

分子在社会生产和历史进程中所起的作用日益重要,其人数也有极大的发展。在革命运动中,他们往往起着先锋和桥梁作用。我国解放后,知识分子从总体上已成为工人阶级的一部分,是党的依靠力量。将来,待生产力有了巨大的发展,人们的科学文化水平有了普遍的极大的提高,知识分子阶层将随着体力劳动和脑力劳动差别的消灭而消灭。"①根据辞海的定义,知识分子具有三个特征:其一是有一定的科学文化知识;其二是从事脑力劳动的相关职业;其三是阶级属性,规定了知识分子在社会发展、革命运动中的地位和作用。但随着时代的发展,我们可以看到,"有一定的文化科学知识"属于模糊的规定,在我国教育水平比较低的时代和地区,接受中等教育的人可以称为"具有一定的文化科学知识",但在当今教育水平比较发达的东部地区,受过一般的大专教育的人才可称为"具有一定的文化科学知识",但他们能被认定为知识分子吗? 就职业划分而言,随着社会分工的细化和人员流动的加剧,在同一职业领域往往存在着不同的学历水平,能够否认企业里博士员工的知识分子称谓吗? 能够把学历水平低的文艺工作者称为知识分子吗? 显然,依据文化学历和职业划分知识分子的方法还须根据具体情况再做进一步分析。

我国对知识分子概念界定尚还含糊不定之际,许许多多的西方知识分子理论和观点蜂拥而来,从葛兰西的两种知识分子论到曼海姆的"自由漂移说",从科塞的"理念人"到古德纳的"新阶级"说,从宣告"知识分子死亡了"的福柯的"特殊知识分子"说到萨义德的身体力行的知识分子论,等等,不胜枚举。他们要么对知识分子进行特征的描述,如李普塞特定义知识分子为:"所有创造、传播、应用文化的人是为知识分子,而文化是人的符号世界,包括艺术、科学和宗教。"②哈耶克则定义知识分子为"以解释观念为职业的那类人"或者说是"倒卖观念

---

① 辞海编辑委员会:《辞海(1999 年版缩印本)》[M],上海辞书出版社,2000 年版,第2093 页。

② [美]西摩·马丁·李普塞特:《政治人——政治的社会基础》[M],张绍宗译,上海人民出版社,1997 年版,第 295 页。

的职业好手"①；要么对知识分子进行行为规范的期望，认为知识分子是"人类良心的体现"②、"社会的批判者"③或"精神的超越者"④等等。在西方知识分子思潮的冲击下，在 20 世纪 80 年代中后期的文化热中，我国出现了一批知名度高，关心公共事务的知识分子，他们不拘泥于专业领域，通过演讲、著述、在报刊上撰写文章以影响时政。19 世纪90 年代随着严格的学科分工建制的生产和流通，随着严格的学术规范体制的建立，产生了学院体制内知识分子。他们有的把专业作为一种职业，为"稻粱谋"；有的为了寻找专业具有的独特价值，重建学术规范。在专业知识之具有和知识分子的"使命感"、"专业感"之间，知识分子开始进行反思，即知识分子应该成为价值理性的代表和知识条件的承载。如陈占彪在《何谓知识分子》一文中指出："要成为知识分子，有两个条件必须具备：他必须是以承继和创造某种规范性、学术性、观念性的知识体系为志业的知识者；他必须是关怀世事，介入社会，秉公判断，仗义执言的公共事务的参与者。只有专业知识，没有公共参与，不能成其为知识分子；同样，只有公共参与，没有专业知识，亦不能成其为知识分子。"⑤

3. 就民族文化心理而言知识分子的含义。作为文化的传播者和承载者，或者说"文化水平较高"而言，中国知识分子的原型可以追溯到古代的"士"（秦汉以后也称儒者），"如果根据西方的标准，'士'作为一个承担着文化使命的特殊阶层，自始便在中国史上发挥着'知识分子'的功用"⑥。而之所以认为西方的知识分子相当于中国古代的"士"，是因为"根据西方学术界的一般理解，所谓'知识分子'除了现

① ［奥］哈耶克：《知识分子与社会主义》，载《经济、科学与政治——哈耶克思想精粹》，冯克利译，南京：江苏人民出版社，2000 年版，第 245、233 页。

② ［美］参见爱德华·W·萨义德《知识分子论》［M］，单德兴译，上海：三联书店，2002 年版，第 12 页。

③ 参见殷海光《中国文化的展望》［M］，北京：中国和平出版社，1988 年版，第 583 页。

④ ［美］刘易斯·科塞：《理念人——项社会学的考察》，郭方等译，北京：中央编译出版社，2001 年版，第 2 页。

⑤ 陈占彪：《何谓知识分子》［J］，《天府新论》，2007 年第 2 期。

⑥ 余英时：《士与中国文化》［M］，上海人民出版社，2003 年版，第 2 页。

身于专业工作之外,同时还必须深切地关怀着国家、社会以至世界上一切有关公告利害之事,而且这种关怀又必须是超越于个人(包括个人所属的小团体)的私利之上的。所以有人指出,'知识分子'事实上具有一种宗教承当的精神"①。但中国古代的"士"与西方的知识分子在基本精神上虽有契合之处,但两者之间却并不等同,"中国知识分子的历史性格自始即受到他们所承继的文化传统的规定,就他们要管恺撒的事这一点来说,他们接近西方近代的知识分子;但是就他们代表'道'而言,则他们又接近西方中古的僧侣和神学家。由此可见以西方的标准来分别知识分子的传统性格与近代性格,施之于中国的情况终不免进退失据。"②那么西方知识分子与中国古代的"士"之间最大的区别便在于知识分子的内在超越性,在于其"明道救世"的传统。虽然"士"阶层已经不复存在,但其代表的精神特征和文化传统已经积淀为我们民族的文化心理,不仅影响着现代知识分子的自我身份认同,而且还左右着人们对知识分子的价值预期。首先,"学而优则仕"的经世致用使中国古代知识分子具有一定的政治号召力。蔡元培先生之所以在五四运动中具有那么大的号召力,与他身为前清进士、翰林院编修的士大夫身份不无关系。知识分子虽然已不必然与政治挂钩,但其对时局的影响力和权威感依然为人们所信赖。其次,中国古代知识分子以道自任的总价值取向和弘道的坚毅精神使其成为真理的代言人和知识的传授者,人们更愿意相信知识分子的话语,支持知识分子对社会公正价值的维护和对权力集团的批判。最后中国古代知识分子严格的道德修养使人们对知识分子的道德操守怀有天然的认同感,某种程度上知识分子甚至成为社会道德和人文精神的寄托和希望。与这种民族文化心理相适应,中国知识分子的构成要素包括:必须具有一定的文化科学知识,具有对公共事务进行言说的热情与责任感,具有一定的道德操守。这些构成要素中除具有一定的文化科学知识可

① 余英时:《士与中国文化》[M],上海人民出版社,2003 年版,第 2 页。
② 余英时:《中国知识分子论》,《余英时文集》,(第四卷)[M],桂林:广西师范大学出版社,2004 年版,第 7 页。

以量化,进行客观地衡量外,其他都是主观要素,不具有实际区分知识分子的可操作性。所以我国当前,民众依然怀有"万般皆下品,唯有读书高"的价值理念,他们普遍上还是以文化科学水平较高的专家、学者和科技工作者等为知识分子,并愿意相信和认同他们的道德操守,相信和信赖他们的话语,并对他们的社会批判和正义秉持能力怀有期望。

国内外目前关于知识分子的定义可谓众说纷纭、家异各说,本书无意在这里对知识分子进行重新定义,只是试图通过上述三个方面的分析,对当前中国知识分子所具有的特性加以界定。当前我国知识分子的特性由两方面组成,一方面是具有的专业知识水平,一定专业知识的具有使他能够敏锐、全面地把握当前问题的实质,从而在众说纷纭中把握要害,对未来提出预警和防范。规范性、学术性专业操守是其成为知识分子的基础条件。另一方面是人们对知识分子群体价值的"应当"性要求。仅仅具有一定的专业水平是不能够成为知识分子的,还应该达到一定的道德人格境界。只有具备了一定的道德操守,才能使知识分子的专业才能真正发挥对人民有利的一面,才能发挥知识分子的正面社会功能。如清华大学的秦晖教授总结出著名的"黄宗羲定律",认为由于社会政治环境的局限性,在每次税费改革一段时间后,农民负担下降后不久都会重新加重。从而对中国改革开放中可能出现的问题进行建设性预警,很好地发挥了社会批判的功能。再如,北京大学的贺卫方教授就"孙志刚案"联名上书全国人大常委会,请求对收容遣返制度实施状况进行特别调查,促进政府废除旧有的强制收容制度,慨然履行了道义担当的使命。他们是人民心中的真正的知识分子。

二、我国知识分子的现状

但当前我国知识分子绝不是民众心目中期待的那样一个让人崇敬、信赖的群体,而是一个日渐分化、颇具争议的类群。除一些正义担当之士外,越来越多的知识分子掩身于象牙塔内进行纯学术的研究和教学工作,还有部分知识分子人格沦丧,利用自身的专业优势欺骗大众,扭曲事实真相,沦为服务于权力专断或不法企业的工具。而正是这一部分道德沦丧的知识分子在媒体的叫嚣伤害了人民大众的感情,导致人民大众对话语权威的质疑,从而使知识分子问题日益凸显。因此综合分析我国当前知识分子的现状,有利于知识分子的自我反思和自我塑造。

与古代的儒者在"道势"间的艰难抉择相比,当前的知识分子面临着更加复杂的社会环境,其以道自任的真理追求和价值取向大致面临着三个方面的冲击。

1. 政治意识形态与我国当前知识分子的话语环境

"20 世纪 80 年代以来,中国知识分子生活在政治一元化和以坚持马克思主义、毛泽东思想、邓小平理论和'三个代表重要思想'为指导思想的意识形态环境中。"①中国共产党作为执政党及其领导的人民民主专政的合理性是历史证明了的,是其把中国由积贫积弱的半殖民地半封建社会改变为当前的社会主义新中国,中国共产党的指导思想和其提倡的社会意识形态是代表中国最广大人民群众的根本利益的,这是我国当前知识分子必然要适应的意识形态环境,也决定了我国当前知识分子的总价值取向必然与执政党保持一致。但适应与保持一致并不意味着知识分子失去了言说的权利和民主的环境。我国的社会主义建设事业还是新鲜的领域,不仅面临着新思潮的冲击,还受到旧思想的桎梏;不仅要应对未知的可能困难,还要致力于解决已然发生的问题;不仅要保证社会主义建设的总方向,还要在具体方针的制定方面坚持原则性与灵活性相结合;等等问题举不胜举。更需要我国当前的知识分子充分发挥参政、议政的积极性,群策群力,共同解决社会主义建设征途中的难题。事实上,自粉碎"四人帮"以来,党和国家的领导人都高度重视知识分子问题。早在 1977 年 5 月邓小平就指出:"一定要在党内造成一种空气:尊重知识,尊重人才。要反对不尊重知

---

① 虞斌龙:《中国当代知识分子道德人格塑造》[M],《社科纵横》,2009 年第 24 卷 11 期。

识分子的错误思想。"①此后,我们党的第三代、第四代领导核心都对知识分子的重要地位发表了讲话,知识分子的社会政治地位获得了很大的提升。相较于古代的儒者而言,我国知识分子生活在社会主义民主与法制日益健全的时代,他们的人格尊严和个人权利受到法律的保障,每个人都是国家的主人,都有参政、议政的权利,知识分子的话语权是受法律保障的。此外,经济地位的提高也决定了我国当前的知识分子身份更为独立和自由,他们的职业领域散布在社会各个部门,除直属于党政机关系统的公务员外(当然还有部分的专家学者兼职为各级政府的顾问、参事和咨询委员),大部分知识分子与权力系统没有直接的隶属关系,虽然他们之间的经济条件因个人能力、部门效益、地区差别等等原因而有很大的差距,但绝大多数知识分子的经济收入相较于一般工薪阶层、农民而言比较有保障,知识分子的独立性也大大增强了。知识分子完全可以自主、独立地针对社会已然或可能出现的问题大胆提出自己的见解,更好地服务于我国当前的社会主义现代化建设。但我们必须清醒地认识到,在社会主义建设的初期阶段,民主和法制尚不健全,不仅腐败势力容易滋生,旧有的封建残余也是沉渣泛起,从而导致权力滥用,局部的矛盾和斗争加剧,民主、自由的言说环境容易被破坏。越是如此,越需要当前的知识分子具有言说的勇气,只有有理、有据地对此进行批评和揭露,才能使问题暴露,才能有效地促进民主和法制建设;只有知识分子和民众的严厉监督,才能促进民主和法制的完备。

2. 市场经济的价值考量与当前我国知识分子的道德标准分化

如果说古代的儒者在"道势"间艰难地抉择,那么当前我国的知识分子还面临着市场规律的重压。市场作为资源配置的手段,其内驱动力是人们对自身利益的追逐,因此市场经济很容易使拜金主义、功利主义观念流行,那么,"知识与知识分子的市场化意味着把它们(他们)像商品一样推向市场,听凭顾客的选择与供求关系的规律支配。这样一来,不但谈论价值、意义、理想等'虚无缥缈'的话题的人文知识分子

---

① 邓小平:《邓小平文选》(第 2 卷)[M],北京:人民出版社,1994 年版,第 41 页。

大大失去了他的听众(顾客),也使得缺少直接经济效益与应用价值的其他理论科学前景不妙。这些知识的市场'兑换率'与实用性的技术知识相比低得可怜。由讲究实用、追求物质享受的大众组成的当今文化知识市场,不会有太多的顾客需要康德、黑格尔或哥德巴赫猜想,他们需要的是生活小窍门和大众文化快餐。"①在市场经济的价值考量面前,知识分子的道德标准开始分化,毕竟他们也是世俗之人,正如萨义德所说:"真正的知识分子是世俗之人。不管知识分子如何假装他们所代表的是属于更崇高的事物或终极的价值,道德都以他们在我们这个世俗世界的活动为起点——他们活动于这个世界并服务于它的利益;道德来自他们的活动如何符合连贯、普遍的伦理,如何区分权力与正义,以及这活动所展现的一个人的选择和优先序列的品质。"②因此,在市场规律的价值考量中,有些知识分子在"我们这个世俗世界的活动"中不可避免地开始遵循隐藏的市场逻辑,去迎合市场追求刺激的世俗偏好,而不是秉着正义和公理的立场,一些迎合世俗大众口味的快餐式的知识和文化产品应运而生,今天喝"心灵鸡汤",明天奋斗于"弄权擅术"的厚黑学;今天谈论"星巴克"里的职场女人,明天又徜徉于帝王庞大的后宫等等。更有一些知识分子的贪欲被放大,盲目追求过多的经济、功名利益,被利益集团收买,成为利益集团的工具,为他们进行无耻地狡辩和撒谎,甚至常常会误导政府决策,误导公众,破坏社会经济正常秩序。而当"中国城市环境污染不是由汽车造成的,而是由自行车造成的"③、"对那些老上访专业户,我负责任地说,不说100%吧,至少99%以上精神有问题——都是偏执型精神障碍"④等怪论开始肆意于媒体之时,当他们对事实、常识的扭曲达到连普通大众也一目了然之际,这批所谓"砖家"、"叫兽"的无耻行径对社会道德的

①　陶东风:《社会转型与当代知识分子》[M],上海:三联书店,1999 年版,第 309～310页。

②　爱德华·W·萨义德:《知识分子论》[M],单德兴译,上海:三联书店,2002 年版,第100 页。

③　《中国青年报》2006 年 1 月 27 日报道。

④　http://baike.baidu.com/view/74611.htm.

破坏和消解作用也就极其严重了。当然,仍有一部分知识分子恪守着自己的人生信仰和尊严,他们对整个社会怪现象焦虑万分,但在市场经济的价值考量系统下(即任何价值的评估都得以市场的现实利益来衡量),人文学科的功利性和时效性显得相形见绌,他们指点江山、激扬文字的激情已成昨日黄花,明显被边缘化了。

3. 后现代文化的冲击与当前我国知识分子的价值多元化

知识分子的道德标准在市场经济的价值考量下本就发生了道德标准的分化,而后现代的解构更促进了知识分子的价值多元。所谓后现代就是"质疑和反思现代,为现代设限的。它以怀疑的眼光打量一切,不再相信某种万能的、神圣的东西,强调少数主义、差异性、边缘话语存在的合法性,甚至不惜以彻底否定主义和虚无主义的姿态消解传统价值,消解一切"①。在后现代主义的冲击下,知识分子已经由原来的"立法者"变成了"阐释者"。即在现代社会中,知识分子因掌握一套客观化的知识,从而拥有了仲裁的权威性。但在后现代社会,整个知识场已经分解为彼此不可通约的,各自拥有知识范式和知识传统的共同体,知识分子只是这些共同体在交流过程中防止彼此被扭曲的"阐释者"。从"立法者"到"阐释者",知识分子不仅原有的作为价值系统的神圣和至高无上等权威被消解,而其原来所代表的价值系统的权威性也不复存在了。整个社会的总价值取向被消解了,取而代之的是各自文化共同体内部认同的价值观念。这种后现代主义的旋风使一切价值观念都可以在知识分子那里寻求到载体,他们打着深奥学术的大旗利用大众科学思维的缺乏为自己的价值观开道。他们有的提倡资产阶级自由化,妄图否定中国特色社会主义理论和毛泽东思想的意识形态;有的提倡"合理利己主义",妄图消解中国的集体主义原则;有的则干脆消解一切道德规范,把道德约束归于虚无。但一切理论背后都有其利益支持。所谓"合理利己主义"不过是国内少数资产巨头的利益代表,而所谓消解一切道德规范的"非道德主义"不过是"指这

① 陈占彪:《说还是不说——当代知识分子公共言说之窘》[J],《民主与科学》,2006年第3期。

样一种行为取向,即反对任何道德约束,主张放任自流,用虚无主义来对待社会提倡的道德理想和行为规范。非道德主义的实质是极端个人主义和颓废主义的结合体"①。因此,无论后现代主义的理论多么前卫与新潮都无法消解经过人类历史实践所证明了的人类宝贵文化遗产;无论社会发展到何等程度的"后",也无法取缔有利于人类社会发展的合理规范,无法消解人们对社会良知、正义和真理的追求。

三、我国当代知识分子道德人格的建构

面临着市场经济的冲击和后现代文化的解构,知识分子被卷入了多元化的价值冲突之中,他们不仅要与自身的功名利欲斗争,而且还要以清醒的头脑应对各种各样的后现代文化解构。我国共产党的意识形态和政治体制提供给他们一定的理论支持和话语权力,却也由于社会主义建设本身的不成熟在体制方面限制了其话语的充分自由,这些都是我国当前知识分子道德人格与大众心理预期相距甚远的原因所在,因此,我国当前不仅要从主观上强调知识分子道德人格的建构,还要积极从体制方面保障正义知识分子的充分话语权。但就本书来讲,知识分子既要应对新事物、新时代积极发展新的品格,又要从传统中汲取有益的优良的成分,重塑知识分子的道德人格。

1. 知识分子的社会批判意识

我国当前大部分知识分子的工作部门属于体制内的。他们有的直接属于国家权力机构,如党政机关系统的公务员;有的属于半独立的教育、研究机构,如科学技术文化教育和研究机关的教师、研究人员;有的被聘为政府机构的顾问或咨询委员等等。因此,他们所从事的教育、研究工作与中国共产党的政治意识形态是方向一致的,他们对社会的主导价值导向是积极推动的。但这并不意味着我国当代知识分子就失去了对社会批判的话语动力。首先,我国目前正处于社会主义转型的关键时期,经济体制和政治体制改革中随时会有新情况和

---

① 段吉福、王刚:《现代人的道德困境与道德文明建设》[J],《西南民族学院学报》(社会科学版),2002 年第 2 期。

新问题的发生，相较于对现行政策的颂歌，我们更需要中肯的预警，从而为大政方针决策者提供拾遗补阙的机会，从而使我们的改革防患于未然。其次，我国的社会主义建设事业是前无古人的创举，尤其我国的社会主义起始于生产力水平比较低，民主法制意识比较薄弱的半殖民地半封建社会，我们在朝着远大理想、最高纲领奋进的征途中，最需要解决好的是近期目标的合理制定，相较于唯唯诺诺之徒，我们更需要耿直、睿智的知识分子从"应然"的目标出发对党和政府提出决策参考，提出不同意见，广开言路，从而使政策的制定更为科学、合理。再次，在社会主义民主和法治建设的过程中，封建权力思想还余孽未消，旧势力的残余还依然顽固，在人民当家做主的广袤国土中、职能部门里依然还有一些大大小小的土皇帝，一些土政策、土方案依然痼疾难除，造成国家的政策和法令不能贯彻执行，造成人民的权利无法得到保障，我们需要仗义执言的知识分子，以其敏锐的洞察、缜密的思维、严密的论证、犀利的批判来对这些旧势的残余进行无畏的斗争，从而促进社会民主和法制的健康发展。最后，在我国改革开放的过程中，国外的各种新思想和新思潮也蜂拥而入，他们既丰富了人们的思想，开阔了人们的视野，但也造成了价值观的多元化，人们容易陷入迷茫的价值选择，对我国主导的价值观形成很大的冲击，因此，我们需要知识分子以清醒的头脑应对各种资产阶级思潮，对此进行科学的分析、解读，不因其部分合理性而全盘吸收，也不因其部分糟粕而拒之门外。我们需要知识分子科学合理地介绍西方的新思想、新文化，使我们的中华文明以开放、宽容的姿态吸收进步、科学的新鲜血液。我们需要知识分子及时针砭人民大众盲目追随西方生活模式的生活腐化之风、盲目追求感官刺激的堕落行为，及时纠正人民大众被扭曲的价值观。

2. 代言劳动大众的博爱精神

相较于古代儒者"泛爱众而亲仁"的博爱精神，当前的知识分子更能发挥代言人民大众的博爱精神。随着我国社会改革力度的加大，社会阶层的分化日益明显。尤其是随着私有制的不断扩大，私人对公众资源的大量占有，某些权力集团与某些市场主体结成联盟，导致大量腐败的产生，使公众的利益受到损害。这些都加剧了我国目前的贫富分化,而经济地位的分化导致了社会地位的落差,不同社会阶层之间的鸿沟越来越大,其对立情绪也越来越明显。我们应该清醒地看到,当前的改革开放成果很大一部分被既得利益群体所占有、享用,他们在权力和经济方面的优势使他们可以利用一部分所谓的知识精英为他们的利益占有进行合理论证,从而影响到执政党进一步改革的政策、方针的制定。因此,拥有社会良知的知识分子应该发扬古代儒者的人文关怀,保障人民大众的基本人权,关爱生命,促进社会和谐。知识分子应该勇为劳动大众代言,把他们的呼声、所受到的不公正待遇更为理性、清晰地上达视听;应该负责任地、理性地提出缓和阶层矛盾的解决方案,争取使国家的每一个人民都有尊严地生活,都有身为主人翁的自豪感。知识分子的社会良知、为劳动大众代言的博爱精神,他们的每一次道德善举固然只能解决个别问题,却对影响广大民众,净化社会风气起着积极的作用。而知识分子每一次犀利的针砭、慨然的言行、悲天悯人的呼唤都会引起中央对该类问题的思考和相应政策的积极调整。

3. 道德主体的责任意识

所谓道德主体的责任意识包含两方面的内容:其一是道德主体对自身应担当的道德责任的明确认知和判断;其二是对自身道德责任的主体必然性和合理性根据的深刻体认。其中,第一方面内容所解决的是道德主体在一定的道德情境中"应当做什么"的问题,它为道德主体指明了行为的任务和方向;第二方面内容则解决的是身为道德主体的身份认同问题,即对自身因为社会身份、角色所应担当道德责任的合理性依据。① 我国当前的知识分子面临的社会环境比较复杂,而由于各种各样的原因知识分子的道德激情也有所减弱,有些人甚至藏身于大学的象牙塔中,一心钻研科学技术。但"西方将道德教化功能已分工给传教士,知识分子的功能已经单纯许多,而中国知识分子却至今

---

① 参见高湘泽《道德责任意识建设:现实语境中公民道德建设的一项突出任务》[J],《道德与文明》,2006 年第三期。

无法回避哈姆莱特的诘问,无法摆脱西绪弗斯周而复始的痛苦劳役"①。中国的知识分子一直是社会良知的持有者,真理的追寻者,这不仅是大众的心理期待,也是知识分子自古沿袭下来的身份认同。因此,我国当代的知识分子无论把自己放逐到何等无人的学术原野,也无法断绝与整个人类社会的联系。所以作为群体的知识分子是不可回避其道德担当的,他们必须清醒地认同自身为人类崇高道德代表的身份,认同自身对社会良知的守护、对真理追求的责任。只有取得了知识分子的身份自觉认同,他们才能自觉地进行道德教育,加强道德修养,培养道德情感,磨炼道德意志,才能对混到知识分子群里的无德行为进行理智地清理和批评,从而成为真正的知识分子。

4. 文化传承与创新的担当精神

我国当前不仅面临着社会体制的转型,而且面临着与国际社会的接轨,其社会和文化现象都更为复杂,知识分子在民族文化和西方思潮之间必须保持清醒的头脑,不受强权与利益集团的禁锢和影响,具有文化传承与创新的担当精神。所谓文化传承,指民族文化的代代相袭。我们国家的民族文化凝聚了中华民族对社会发展和自然变动的认知,积淀为我们浑厚的民族精神,影响着民族的精神追求和价值取向。中华民族数经朝代更迭、局势动荡,历经几千年的历史沧桑,依然屹立在世界的东方,正是因为我们有着深厚的文化传统和强烈的民族认同感。我们的民族文化是支撑我们国家建设的文化软实力,是增强中华民族凝聚力的文化平台,是我们"共有的精神家园",更是我们吸收国外一切先进文化成果的基础。一个民族如果没有自身的文化根基,是无法对国外文化成果进行创造性吸收的。我国当前的知识分子应该意识到自身文化传承者的重要责任。文化的传承、发展与文化的创新是分不开的,否则民族文化就没有生命力,就无法跟上时代的发展。我国的知识分子在传承民族文化的基础上还要自主思考,独立创新,发现真理,揭示真理,不迷信、不盲从于任何所谓的知识权威。以

---

① 祝勇:《知识分子应该干什么——一部关乎命运的争鸣录》[M],北京:时事出版社,1999 年版,第 316 页。

求真的科学态度,坚持真理的勇气,应对复杂的时代变化。通过知识分子的文化传承与创新很好地搭起传统文化与现代文明的桥梁,使民族文化与时俱进,更有生命活力;同时也使我们的现代文明更具有民族的亲和力,更符合中国人民的心理习惯。知识分子通过自身的文化传承与创新有效地衔接了民生与科学技术之间的关系,不仅增强了民众的人文涵养,而且及时、有效地把科技创新应用于经济发展,更有利于人民生活的改善。当然,知识分子自主思考,理论创新,从而及时应对社会变革出现的新事物、新情况,解决新问题,不拘泥于旧传统,对现代社会变革中起到很好的预警作用,从而能够成为一般民众和政府联系的桥梁。

上述四个方面是重塑我国当前知识分子道德人格的努力方向,但重塑知识分子道德人格仅仅诉诸道德主观方面的努力是不够的,还必须从法律和制度层面稳定和改善党和国家的知识分子政策,维护知识分子言说的合法权利,确保任何腐败势力和利益集团都不能伤害知识分子的人格自由与尊严,从而为知识分子营造一个安全的言说环境。此外,我们还必须确保知识分子的经济地位,使其不必奔波于温饱的维持而耽搁和扰乱其静心科研或关注社会问题,科学合理地分配其所应得的劳动报酬。另一方面,我们也不能仅仅依靠制度和法律,而忽视了主观上的道德努力。人们必须先解决生存问题才能谈得上精神成果的发展,这是无可厚非的,但在生存问题解决之后,如何处理物质追求和精神追求则是知识分子主观上应该注意的问题了。就如古代曾经感动过我们的那些清高的儒者一样,当前我国的知识分子中也总有一部分人不屑于追求物欲享乐和衣食富足的,他们也许拿高薪,却并不以高薪为人生的追求;他们也许有政治上的抱负,却并不以高官厚禄为目标。所以他们虽满腹经济理论,却并不陷于金钱的束缚,沦为肠满脑肥的大贾;他们虽身在官位,却并没有为政治所奴役,沦为汲汲于权术的政客。因此,对于知识分子来说,经济、政治方面的追求可以有,但主观上要让位于真理的追求与发展,要让位于个人人格的独立与尊严,让位于社会良知的持有,只有如此,他们才是真正的知识分子,才是我们民族的脊梁。

（一）马克思主义经典读物

1.《马克思恩格斯选集》第 2 卷,北京:人民出版社,1972 年版。

2.《邓小平文选》第 2 卷,北京:人民出版社,1994 年版。

（二）中国传统典籍

1.《论语》[M],杨伯峻注译本,北京:中华书局,1980 年版。

2.《孟子》[M],杨伯峻注译本,北京:中华书局,1980 年版。

3.《荀子校释》[M],王天海校本,上海古籍出版社,2005 年版。

4.《老子注译及评介》[M],陈鼓应注译,北京:中华书局,1984 年版。

5.《庄子集释》[M],郭庆藩注释,北京:中华书局,1961 年版。

6.《战国策注释》[M],何建章注释,北京:中华书局,1990 年版。

7.《尚书》[M],长春:吉林人民出版社,1996 年版。

8.《春秋左传注》[M],杨伯峻,北京:中华书局,1981 年版。

9.《礼记正义》,《十三经注疏标点本》,李学勤注释,北京大学出版社,1999 年版。

10.［汉］司马迁:《史记·郦生陆贾列传》[M],团结出版社,1996
年版。

11. 阎丽注:《董子春秋繁露译注》[M],哈尔滨:黑龙江人民出版
社,2003 年版。

12.［清］苏舆:《春秋繁露义证》[M],北京:中华书局,1992 年
版。

13.［唐］颜师古注:《汉书》[M],北京:中华书局,1997 年版。

14.［晋］范晔:《后汉书》[M],北京:中华书局,1965 年版。

15.［唐］房玄龄等撰:《晋书》[M],北京:中华书局,1974 年版。

16.《四书集注》[M],朱熹注,王浩整理,南京:凤凰出版社,2008
年版。

17.《朱子语类》[M],黎靖德注,北京:中华书局,1986 年版。

18.《朱文公文集》(卷三十六)[M],合肥:安徽教育出版社,2002
年版。

19.《二程集》[M],中华书局,1981 年版。

20.《临川先生文集》(卷72)[M],中华书局,1959 年版。

21.《王文公文集》(卷2)[M],上海人民出版社,1974 年版。

22.《范仲淹全集》[M],李勇先、王蓉贵校点,成都:四川大学出版
社,2002 年版。

23.《宋史》(卷426)[M],北京:中华书局,1977 年版。

24.［元］刘因:《静修集》[M],影印文渊阁四库全书本。

25.［明］方孝孺:《逊志斋集》(卷21)[M],浙江人民出版社,1996
年版。

26.［明］王守仁:《王守仁全集》[M],上海古籍出版社,1992 年
版。

27. 张建业:《李贽文集》[M],北京:社会科学文献出版社,2000
年版。

28.［明］李贽:《焚书续焚书》[M],北京:中华书局,2011 年版。

29.［明］吕坤:《呻吟语正宗》[M],王国轩译,北京:华夏出版社,

2007 年版。

30. ［清］王夫之：《宋论》[M]，北京：中华书局，2003 年版。

31. ［清］张廷玉：《明史》，北京：中华书局，1974 年版。

32. ［清］王夫之：《读史鉴论》[M]，长沙：岳麓书社，1996 年版。

33. ［清］朱克敬：《暝庵杂识》[M]，长沙：岳麓书社，1983 年版。

34. ［清］顾炎武：《日知录》[M]，北京：商务印书馆，1933 年版。

35. ［清］黄宗羲：《明夷待访录》，《黄宗羲全集》，杭州：浙江古籍出版社，1985 年。

36. ［清］黄宗羲：《宋元学案》[M]，［清］全祖望补修，陈金生、梁连华点校，北京：中华书局，1986 年版。

37. ［清］龚自珍：《龚自珍全集》[M]，上海人民出版社，1975 年版。

（三）著作部分

1. 章炳麟：《诸子学略说》[M]，《章太炎文钞》卷三，《精刊章谭合钞》，上海国学扶轮社，1911 年版。

2. 梁启超：《论中国学术思想变迁之大势》[M]，上海古籍出版社，2001 年版。

3. 蔡尚思：《孔子思想体系》[M]，上海人民出版社，1982 年版。

4. 陈均：《皇朝编年备要·卷第十八》[M]，宋九朝编年备要。

5. 陈瑛、杨明等：《中国伦理思想史》[M]，长沙：湖南教育出版社，2004 年版。

6. 陈启能等：《马克思主义史学新探》[M]，北京：社会科学文献出版社，1999 年版。

7. 杜维明：《东亚价值与多元现代性》[M]，北京：中国社会科学出版社，2001 年版。

8. 杜维明：《道学政——论儒家知识分子》[M]，上海人民出版社，2000 年版。

9. 樊浩：《中国伦理精神的历史建构》[M]，中国台湾：文史哲出版社，1994 年版。

10. 樊浩:《中国特色的道德文明:传统伦理精神的结构形态与现代转化》[M],南京:河海大学出版社,1990 年版。

11. 费孝通:《费孝通选集》[M],天津人民出版社,1988 年版。

12. 冯友兰:《中国哲学史新编》[M],北京:人民出版社,2007 年版。

13. 冯天瑜、何晓明、周积明:《中华文化史》[M],上海人民出版社 1990 年版。

14. 郭广银:《伦理学原理》[M],南京大学出版社,2006 年版。

15. 郭广银、杨明:《当代中国道德建设》[M],南京:江苏人民出版社,2000 年版。

16. 郭齐勇:《中国哲学史》[M],北京:高等教育出版社,2006 年版。

17. 郭齐勇:《中国哲学智慧的探索》[M],北京:中华书局,2008 年版。

18. 焦国成:《传统伦理及其现代价值》[M],北京:教育科学出版社,2000 年版。

19. 李亦园、杨国枢:《中国人的性格》[M],南京:江苏教育出版社,2006 年版。

20. 林聚任、刘玉安:《社会科学研究方法》[M],济南:山东人民出版社,2008 年版。

21. 刘泽华:《士人与社会·先秦卷》[M],天津人民出版社,1988 年版。

22. 罗国杰:《伦理学》[M],北京:人民出版社,2007 年版。

23. 罗国杰:《中国伦理学百科全书》[M],长春:吉林人民出版社,1993 年版。

24. 罗国杰、朱贻庭、张锡勤:《中国传统道德》[M],北京:中国人民大学出版社,1995 年版。

25. 罗国杰:《中国伦理思想史》[M],北京:中国人民大学出版社,2008 年版。

26. 牟宗三:《道德的理想主义》[M],台北:学生书局出版社,

1985 年第 6 版。

27. 牟宗三:《道德理想主义的重建》[M],北京:中国广播电视出版社,1992 年版。

28. 钱穆:《国史大纲》[M],北京:商务印书馆,201 年版。

29. 钱穆:《中国文化史导论》(修订本)[M],北京:商务印书馆,1994 年版。

30. 钱穆:《中国近三百年学术史》[M],北京:商务印书馆,1997 年版。

31. 汤一介、张耀男、方铭:《中国儒学文化大观》[M],北京大学出版社,2001 年版。

32. 汤一介:《中国文化与中国哲学》[M],深圳大学国学研究所编,上海:三联书店,1991 年版。

33. 唐凯麟:《伦理学》[M],北京:高等教育出版社,2001 年版。

34. 唐凯麟、曹刚 等:《重释传统:儒家思想的现代价值评估》[M],上海:华东师范大学出版社,2000 年版。

35. 陶东风:《社会转型与当代知识分子》[M],上海:三联书店,1999 年版。

36. 万俊人:《寻求普世伦理》[M],北京大学出版社,2009 年版。

37. 王海明:《新伦理学》[M],北京:商务印书馆,2008 年版。

38. 王增进:《后现代与知识分子社会位置》[M],北京:中国社会科学出版社, 2003 年版。

39. 魏英敏:《新伦理学教程》[M],北京大学出版社,2003 年版。

40. 肖群忠:《伦理与传统》[M],北京:人民出版社,2006 年版。

41. 徐复观:《中国思想史论集续编》[M],上海书店出版社,2004 年版。

42. 徐复观:《学术与政治之间》[M],台湾:学生书局出版社,1980 年版。

43. 阎钢:《内圣外王——儒学人生哲理》[M],成都:四川人民出版社,1995 年版。

44. 杨明:《宗教与伦理》[M],南京:译林出版社,2010 年版。

45. 杨明:《现代儒学重构研究》[M],南京大学出版社,2002 年版。

46. 姚淦铭、王燕:《王国维文集(第一卷)》,《屈子文学之精神》[M],中国文史出版社,1997 年版。

47. 殷海光:《中国文化的展望》[M],北京:中国和平出版社,1988 年版。

48. 余英时:《士与中国文化》[M],上海人民出版社,2003 年版。

49. 余英时:《内在超越之路》[M],北京:中央广播电视出版社,1993 年版。

50. 余英时:《历史与思想》[M],台北:联经出版事业公司,1986 年版。

51. 余英时:《中国思想传统的现代诠释》[M],南京:江苏人民出版社,1998 年版。

52. 余英时:《余英时文集》第四卷[M],桂林:广西师范大学出版社,2004 年版。

53. 袁行霈:《国学研究》[M],北京大学国学研究院中国传统文化研究中心编,北京大学出版社,2006 年版。

54. 曾钊新、李建华:《道德心理学》[M],长沙:中南大学出版社,2002 年版。

55. 宗白华:《美学散步》[M],上海人民出版社, 1999 年版。

56. 张岱年:《中国伦理思想研究》[M],南京:江苏教育出版社,2005 年版。

57. 张岱年:《中国哲学大纲》[M],南京:江苏教育出版社,2005 年版。

58. 张岂之:《中国传统文化》[M],北京:高等教育出版社,2006 年版。

59. 张锡勤:《中国伦理思想通史》[M],哈尔滨:黑龙江教育出版社,1992 年版。

60. 张锡生、杨明:《中华传统道德修养概论》[M],南京大学出版社,1998 年版。

61. 周光庆:《中国读书人的理想人格》[M],汉口:湖北教育出版社,1998 年版。

62. 朱贻庭:《中国传统伦理思想史》[M],上海:华东师范大学出版社,2003 年版。

63. 朱贻庭:《伦理学大辞典》[M],上海辞书出版社,2002 年版。

64. 朱学勤:《风声·雨声·读书声》[M],上海:三联书店,1994 年版。

65. 朱义禄:《儒家理想人格与中国文化》[M],沈阳:辽宁教育出版社,1991 年版。

66. 祝勇:《知识分子应该干什么——一部关乎命运的争鸣录》[M],北京:时事出版社,1999 年版,

67.《简明不列颠百科全书》(第九卷)[M],北京:中国大百科全书出版社,1986 年版。

68. [奥]哈耶克:《知识分子与社会主义》,载《经济、科学与政治——哈耶克思想精粹》[M],冯克利译,南京:江苏人民出版社,2000 年版。

69. [美]西摩·马丁·李普塞特:《政治人——政治的社会基础》[M],张邵宗译,上海人民出版社,1997 年版。

70、[美]刘易斯·科塞:《理念人——一项社会学的考察》[M],郭方等译,北京:中央编译出版社,2001 年版。

71. [德]李博:《汉语中的马克思主义术语的起源与作用》[M],赵倩、王草、葛平竹译,北京:中国社会科学出版社,2003 年版。

72. 爱德华·W·萨义德:《知识分子论》[M],单德兴译,上海:三联书店,2002 年版。

(四)中国现当代学术期刊论文

1. 艾振刚:《孔子的理想人格思想解析》[J],《甘肃社会科学》,2005 年第 6 期。

2. 安云凤:《中国传统伦理政治思想论析》[J],《西南师范大学学报》(哲学社会科学版),1997 年第 3 期。

3. 白华：《汉代儒学官学化的动力及其影响》[J]，《甘肃社会科学》，2004 年第 2 期。

4. 蔡方鹿：《许衡求理、行道以治经的思想》[J]，《中华文化论坛》，2006 年第 4 期。

5. 陈代湘：《儒学"入世"特性及与专制主义的关系》[J]，《求索》，2004 年第 4 期。

6. 陈国忠：《略论"不拘儒者之节"的"通儒"马融》[J]，《南都学坛》（哲学社会科学版），2001 年第 21 卷第 4 期。

7. 陈寒鸣：《略论先秦儒学及其影响》[J]，《河北学刊》，1998 年第 3 期。

8. 陈徽：《从"学而时习"到"静坐穷理"——儒学的笃行精神及其在宋明理学中的弱化》[J]，《安徽大学学报》（哲学社会科学版），2011 年第 4 期。

9. 陈劲松：《传统中国社会中"道统"的功能及其式微》[J]，《天津社会科学》，2006 年第 1 期。

10. 陈丽英：《庄子的理想人格刍议》[J]，《理论界》，2006 年第 5 期。

11. 陈良中：《"十六字心传"理论的形成及内蕴》[J]，《兰州学刊》，2007 年第 4 期。

12. 陈晓萍：《先秦儒道理想人格之比较》[J]，《江西社会科学》，1999 年第 8 期。

13. 陈占彪：《何谓知识分子》[J]，《天府新论》，2007 年第 2 期。

14. 陈占彪：《说还是不说——当代知识分子公共言说之窘》[J]，《民主与科学》，2006 年第 3 期。

15. 成其圣：《体察天道 维护治道 传承学道——论郑玄之圣人情结和拯世情怀》[J]，《中国文化研究》，1999 冬之卷。

16. 戴桂斌：《儒道理想人格的会通互补及其启示》[J]，《武汉大学学报》（哲学社会科学版），1999 年第 3 期。

17. 邓晓芒：《当代知识分子的身份意识》[J]，《书屋》，2004 年第 8 期。

18. 段吉福、王刚:《现代人的道德困境与道德文明建设》[J],《西南民族学院学报》(社会科学版),2002 年第 2 期。

19. 方同义:《儒家道势关系论》[J],《孔子研究》,1993 年第 1 期。

20. 房雪琴:《士志于道——中国古代知识分子理想人格》[J],《天府新论》,2003 年第 4 期。

21. 冯达文:《古代儒家的本体追求与当代儒者的形而上学建构》[J],《现代哲学》,1991 年第 1 期。

22. 甘子超:《论明中叶"三大传奇"的道势观》[J],《古典戏曲今论》,2010 年第 1 期。

23. 高恒天:《孔子与中国道德人格之转型》[J],《道德与文明》,2008 年第 2 期。

24. 高克勤:《道宗当世名重本朝——简论范仲淹与王安石》[J],《苏州大学学报》(哲学社会科学版),2003 年 1 月第 1 期。

25. 高湘泽:《道德责任意识建设:现实语境中公民道德建设的一项突出任务》[J],《道德与文明》,2006 年第 3 期。

26. 葛荃:《论政治思维定势与东林党人的困境》[J],《天津社会科学》,2001 年第 6 期。

27. 郭广银、杨明:《儒家伦理与当代理想人格》[J],《学术研究》,1996 年第 2 期。

28. 郭广银:《论儒家理想人格及其现代价值》[J],《江海学刊》,1996 年第 4 期。

29. 郭广银:《传统伦理精华对建构公民道德的启示》[J],《江海学刊》,1999 年第 1 期。

30. 郭齐勇:《孔孟儒学的人格境界论》[J],《华中师范大学学报》(人文社会科学版),2000 年 11 月第 39 卷第 6 期。

31. 郭淑新:《孔、庄理想人格观比较》[J],《安徽师范大学学报》(人文社会科学版),2000 年 11 月第 28 卷第 4 期。

32. 郭学信:《宋代士大夫隐逸思潮探析》[J],《山东师范大学学报》(人文社会科学版),2009 年第 6 期。

33. 韩震:《中国文化中的圣贤崇拜》[J],《理论前沿》,1996 年第 89 期。

34. 何显明:《儒家政治哲学的内在理路及其限制》[J],《哲学研究》,2004 年第 5 期。

35. 洪修平:《传统与现代:对"国学热"的双向思考》[J],《探索与争鸣》,2007 年第 4 期。

36. 洪修平:《论儒学的人文精神及其现代意义》[J],《中国社会科学》,2000 年第 6 期。

37. 胡爱玲:《从知识分子的身份流变看当代知识分子的角色地位》[J],《求索》,2011 年第 1 期。

38. 胡继明、黄希庭:《君子——孔子的理想人格》[J],《西南大学学报》(社会科学版),2009 年 7 月第 35 卷第 4 期。

39. 黄克剑:《儒道·儒教·儒者——我之儒学观》[J],《东南学术》,2000 年第 3 期。

40. 黄宛峰:《叔孙通、陆贾与汉初的儒学走向》[J],《史学月刊》,1995 年第 3 期。

41. 季小燕:《道统节制政统的历史性努力》[J],《许昌学院学报》,2010 年第 4 期。

42. 江湄:《北宋诸家〈春秋〉学的"王道"论述及其论辩关系》[J],《哲学研究》,2007 年第 7 期。

43. 蒋海怒:《本迹论与魏晋士人理想人格》[J],《学海》,2002 年第 4 期。

44. 金哲洙:《略论北宋"义理之学"的两个取向》[J],《东疆学刊》,2003 年第 20 卷第 2 期。

45. 柯育芳:《论中国古代知识分子的特征》[J],《江汉论坛》,2004 年第 3 期。

46. 雷平:《在"道"与"势"之间的抉择——关于中国古代士人处世原则的读史札记》[J],《湖北大学成人教育学院学报》,2005 年 4 月第 23 卷第 2 期。

47. 雷晓云:《道势相依:关于书院制度盛衰循环内在脉络的探

讨》[J],《湖南师范大学教育科学学报》,2004 年第 3 卷第 6 期。

48. 李斌:《儒家的人生哲学与理想人格》[J],《宁夏大学学报》(人文社会科学版),2004 年第 6 期。

49. 李春涛:《杀尽知识阶级的是谁》[J],《政治周报》,1925 年第 2 期。

50. 李存山:《程朱的"格君心之非"思想》[J],《中国社会科学院研究生院学报》,2006 年第 1 期。

51. 李红霞:《唐代隐逸兴盛成因的社会学阐释》[J],《史学月刊》,2005 年第 2 期。

52. 李建中、李立:《道可道,如何道——刘勰文学思想的本原之"道"与言说之"道"》[J],《中国文化研究》,2010 秋之卷。

53. 李娟、付以琼:《关于君权与中国古代知识分子身份意识的理性思考》[J],《江西社会科学》,2006 年第 12 期。

54. 李军:《从〈儒林外史〉看吴敬梓的理想人格》[J],《湖北师范学院学报》(哲学社会科学版),2001 年 3 月第 21 卷第 3 期。

55. 李兰芬:《政治伦理:"以德治国"的本体定位》[J],《伦理学研究》,2003 年第 6 期。

56. 李伦富:《论孟子理想人格的实践途径》[J],《贵州工业大学学报》(社会科学版),2008 年第 10 卷第 3 期。

57. 李申:《儒教、儒学和儒者》[J],《中国社会科学院研究生院学报》,1997 年第 1 期。

58. 李申:《什么是儒学——〈简明儒学史〉导言》[J],《社会科学战线》,2006 年第 2 期。

59. 李晓:《程朱理学的理想人格及其矛盾》[J],《青海师范大学学报》(哲学社会科学版),2002 年第 2 期。

60. 梁韦弦:《儒家学说中的道和道统》[J],《福建师范大学学报》(哲学社会科学版),2009 年第 2 期。

61. 刘宝村:《道与势之间——传统士人与政权的关系及其命运》[J],《人文杂志》,2000 年第 2 期。

62. 刘国民:《汉初儒者在道与势之间的艰难抉择》[J],《青海社会科学》,2004 年第 4 期。

63. 刘会新,武东生:《士、道统与政统——从教化的视角看古代儒士的历史作用》[J],《长白学刊》,2008 年第 3 期。

64. 刘悦迪:《"政统"、"道统"与"学统"——中国社会转型中"士人"向"知识分子"的身份转变》[J],《中国政法大学学报》,2008 年第 4 期。

65. 刘泽华:《王、圣相对二分与合而为一——中国传统社会与思想特点的考察之一》[J],《天津社会科学》,1998 年第 5 期。

66. 柳俊杰:《"家国一体"与中国古代伦理政治分析》[J],《内蒙古社会科学》(汉文版),2006 年第 6 期。

67. 卢有才:《荀子的理想人格》[J],《中州学刊》,1999 年第 5 期。

68. 陆敏珍:《王开祖及其观念:濂洛未起前的道学思想》[J],《中国哲学史》,2009 年第 3 期。

69. 路育松:《试论王安石的忠节观》[J],《江汉论坛》,2007 年第 7 期。

70. 吕变庭:《北宋士大夫的人格特征》[J],《北方论丛》,2005 年第 2 期。

71. 罗厚立:《道统与治统之间》[J],《读书》,1998 年第 7 期。

72. 马晓坤:《〈世说新语〉中魏晋士人——关于理想人格的建构与实现》[J],《人文杂志》,2008 年第 2 期。

73. 孟古托力:《辽代儒士传统品格探讨——兼论道统与政统的斗争》[J],《学习与探索》,1992 年第 2 期。

74. 孟天运:《荀子与儒者社会角色规范》[J],《辽宁大学学报》(哲学社会科学版),2003 年 9 月第 31 卷第 5 期。

75. 孟祥才:《论公孙弘》[J],《管子学刊》,2001 年第 4 期。

76. 孟祥才:《论郑玄的"官"意识》[J],《山东大学学报》(社会科学版),1999 年第 3 期。

77. 米礼宾:《从庆历新政到熙宁变法——范仲淹·王安石所面对的不同改革阻力及其影响》[J],《文史博览》,2011 年 6 月。

78. 那薇:《道家以虚静通于万物的理想人格》[J],《宁夏社会科学》,2007 年第 3 期。

79. 潘青:《从"士"阶层看中国知识分子优良特质的塑造和留存》[J],《辽宁行政学院学报》,2010 年第 12 期。

80. 潘树国:《论龚自珍的"豪杰"理想人格》[J],《苏州科技学院学报》(社会科学版),2008 年 11 月第 25 卷第 4 期。

81. 彭彦华:《中国传统哲学的"精神超越"——兼论中西哲学"精神超越"的相异与会通》[J],《东岳论丛》,2005 年第 5 期。

82. 齐素泓:《从"圣王之道"看中国古代统治者合法性的伦理特质》[J],《求索》,2009 年第 1 期。

83. 启良:《从公羊学看儒家政治伦理的尴尬》[J],《湘潭大学社会科学学报》,2000 年第 5 期。

84. 强中华:《叔孙通儒学实践批判之批判》[J],《西南交通大学学报》(社会科学版),2010 年第 6 期。

85. 强中华:《荀子势论爬梳》[J],《中南大学学报》(社会科学版),2009 年第 15 卷第 6 期。

86. 秦永州《论孔孟的人格范式》[J],《史学月刊》,2005 年第 7 期。

87. 任剑涛:《道德理想主义与伦理中心主义:儒家伦理的双旋结构》[J],《中山大学学报》(社会科学版),2002 年第 6 期。

88. 任剑涛:《儒家伦理政治与保守政治模式的建构》[J],《广东社会科学》,2002 年第 2 期。

89. 尚九玉:《论中国传统道德理想人格及其现代价值》[J],《社会科学辑刊》,1999 年第 2 期。

90. 宋艳萍:《重评公孙弘》[J],《山东大学学报》(哲社版),1999 年第 2 期。

91. 宋志明　许宁:《许衡与元代的文化认同》[J],《邯郸学院学报》,2006 年第 2 期。

92. 孙立群:《魏晋隐士及其品格》[J],《南开学报》,2001 年第 5 期。

93. 孙秀昌:《孔子时代"道"对"命"的超越与"崇高"意识的诞生》[J],《华中师范大学学报》(人文社会科学版),2011 年第 7 期。

94. 谭平:《儒家思想与帝国政治——董仲舒学说的历史际遇》[J],《中华文化论坛》,2009 年第 2 期。

95. 汤其领:《试论魏晋士人的狂放风貌》[J],《苏州大学学报》(哲学社会科学版),1994 年第 4 期。

96. 汤一介、庄印、金春峰:《论"治统"与"道统"》[J],《北京大学学报》,1964 年。

97. 唐国军、吕昌华:《许衡在元初倡导理学的思想动机及其实践效果》[J],《广西民族学院学报》(哲学社会科学版),1994 年第 3 期。

98. 唐国军:《公孙弘与汉代国家政权模式的转换——兼论其为学与从政的儒者角色变化》[J],《学术交流》,2011 年第 11 期。

99. 唐凯麟:《道德人格论》[J],《求索》,1994 年第 5 期。

100. 唐玲:《论范仲淹的"儒隐"情结》[J],《广西大学学报》(哲学社会科学版),2009 年第 31 卷第 4 期。

101. 万国崔:《从"道势"关系的演进谈先秦儒家之君臣论》[J],《重庆师范大学学报》(哲学社会科学版),2011 年第 2 期。

102. 万俊人:《人为什么要有道德(上)》[J],《现代哲学》,2003 年第 1 期。

103. 万俊人:《人为什么要有道德(下)》[J],《现代哲学》,2003 年第 2 期。

104. 汪建华:《论"内圣"和"外王"的统一与矛盾》[J]《船山学刊》,2000 年第 3 期。

105. 王丰先:《孔子的理想人格思想》[J],《兰州交通大学学报》(社会科学版),2005 年第 24 卷第 2 期。

106. 王国良:《从忠君到天下为公——儒家君臣关系论的演变》[J],《孔子研究》,2000 年第 5 期。

107. 王国胜:《隐士和隐逸文化初探》[J],《晋阳学刊》,2006 年第 3 期。

108. 王继训:《汉代"隐逸"考辨》[J],《理论学刊》,2005 年第 5

期。

109. 王继训:《论郑玄、王肃对汉末儒学的改造与创新》[J],《济南大学学报》,2007年第1期。

110. 王继训:《也评叔孙通其人其学》[J],《齐鲁学刊》,1996年第5期。

111. 王进:《古代儒者的"士气"与当代知识分子的节操》[J],《重庆社会科学》,2006年第5期。

112. 王琨:《道统与政统——中国古代政治传统的形成与演化》[J],《江淮论坛》,1996年第6期。

113. 王瑞来:《将错就错:宋代士大夫"原道"略说——以范仲淹的君臣关系论为中心的考察》[J],《学术月刊》,2009年第41卷。

114. 王云萍:《儒家的道德人格是自律的吗——种比较分析的视角》[J],《孔子研究》,2002年第1期。

115. 王中江:《荀学与儒家的学统和道统》[J],《南昌大学学报》(人文社会科学版),2002年第1期。

116. 王忠阁:《爱闲元不为青山——也谈刘因的隐逸》[J],《河南大学学报》(社会科学版),1999年第5期。

117. 卫东海:《试论颜回理想人格的学术价值》[J],《兰州学刊》,2007年第10期。

118. 吴圣正:《先秦儒家的精神实质从道德理性主义到道德理想主义》[J],《青海社会科学》,2004年第9期。

119. 吴晓棠:《生命中不能承受之重——论中国古代知识分子的仕宦情结》[J],《伊犁师范学院学报》,2001年第3期。

120. 吴一根:《陆象山非醇儒及其非儒说》[J],《江西社会科学》,1994年第3期。

121. 吴祖春:《〈史〉〈汉〉"儒宗"差异探析——以叔孙通、董仲舒为中心》[J],《现代哲学》,2009年第6期。

122. 夏伟东:《儒家的"圣人榜"及其政治伦理目的》[J],《淮阴师范学院学报》(哲学社会科学版),2004年第5期。

123. 向红:《道德人格生成逻辑探析》[J],《广西社会科学》,2009

年第 6 期。

124. 萧汉明:《濂溪易学与北宋中期的政治改革》[J],《中国哲学史》,1996 年第 3 期。

125. 肖会舜、毛磊燚:《论孔孟道德的内在超越性》[J],《学术论坛》,2007 年第 8 期。

126. 肖群忠:《儒者的安身立命之道》[J],《哲学研究》,2010 年第 2 期。

127. 肖永明:《北宋理学诸子的经世追求》[J],《湖湘论坛》,2000 年第 2 期。

128. 谢红星:《"民本"视野下的"尊君"——先秦儒家民本主义尊君理论的现代解读》[J],《孔子研究》,2009 年第 6 期。

129. 谢谦:《春秋时代非宗教化的礼乐文化观与道、墨二家反礼乐文化的思想》[J],《四川师范大学学报》(社会科学版),1993 年 10 月第 20 卷第 4 期。

130. 谢远笋:《传统政治结构中的儒家知识分子》[J],《武汉大学学报》(人文科学版),2009 年第 62 卷第 6 期。

131. 邢宗兰:《传统文化与中国知识分子人格心理》[J],《中央社会主义学院学报》,1998 年第 2 期。

132. 徐长安、洪修平:《试论中国传统文化的"完人"人格》[J],《南京政治学院学报》,1995 年第 3 期。

133. 徐林:《明中后期狂士的社会交往生活与江南士林风气》[J],《北方论丛》,2004 年第 2 期。

134. 徐庆文:《儒家传承中的道统与政统——兼论儒学形成的地域性特征》[J],《东岳论丛》,2011 年第 32 卷第 11 期。

135. 徐中舒:《甲骨文中所见的儒》[J],《四川大学学报》,1975 年第 4 期。

136. 徐子方:《人格自尊与文化尊道——刘因心态剖析》[J],《徐州师范大学学报》(哲学社会科学版),2003 年第 4 期。

137. 徐子方:《与道共进退——许衡及其心态》[J],《南通师范学院学报》(哲学社会科学版),2001 年第 1 期。

138. 许辉:《西晋的债臣与后党评析》[J],《江苏社会科学》,1992年第 2 期。

139. 许建良:《郭象"不损己为物"的理想人格论》[J],《江淮论坛》,2002 年第 5 期。

140. 许建良:《试论阮籍的理想人格》[J],《东南大学学报》(哲学社会科学版),2003 年 3 月第 5 卷第 2 期。

141. 闫秀敏:《贾谊人格精神探析》[J],《船山学刊》,2004 年第 2 期。

142. 严正:《论中国传统儒者的生存特征》[J],《北方论丛》,2007 年第 1 期。

143. 阎续瑞:《从魏晋南北朝文人家训看其理想人格的建构与实践》[J],《河南师范大学学报》(哲学社会科学版),2004 年第 31 卷第 2 期。

144. 晏选军:《刘因却聘原因再探讨》[J],《湖南师范大学社会科学学报》,2004 年第 1 期。

145. 杨爱民:《叔孙通"与时变化"新议》[J],《山东社会科学》,2000 年第 4 期。

146. 杨高男　何咏梅:《原始儒家伦理政治的理论创设》[J],《云南社会科学》,2006 年第 1 期。

147. 杨国荣:《儒家心性之学的二重路向》[J],《传统文化与现代化》,1996 年第 3 期。

148. 杨黎光:《中国士人的理想与困境——透过民族精英的命运看人文精神的沦落》[J],《深圳大学学报》(人文社会科学版),2009 年第 26 卷第 4 期。

149. 杨明:《儒家伦理与经济发展》[J],《中国哲学史》,1996 年第 4 期。

150. 杨明、玥清:《儒学的利民价值观》[J],《中国哲学史》,1999 年第 1 期。

151. 杨明:《以德治国的客观依据和科学思路》[J],《道德与文明》,2001 年第 4 期。

152. 杨谦:《理想人格与成人之道——孔孟人格论再议》[J],《道德与文明》,2004 年第 4 期。

153. 杨天宇:《郑玄生平事迹考略》[J],《河南大学学报》(社会科学版),2001 年第 41 卷第 5 期。

154. 殷迈:《儒学"内圣外王"到心性之学的转变》[J],《山西师大学报》(社会科学版),1998 年第 4 期。

155. 虞斌龙:《中国当代知识分子道德人格塑造》[J],《社科纵横》,2009 年 11 月第 24 卷第 11 期。

156. 翟爱玲:《当代知识分子的裂变与未来发展趋向》[J],《求索》,2009 年第 8 期。

157. 张德建:《明代隐逸思想的变迁》[J],《中国文化研究》,2007 年秋之卷。

158. 张桂珍:《论王弼的理想人格》[J],《经济与社会发展》,2007 年 4 月第 5 卷第 4 期。

159. 张家成:《论阳明心学的人格理想》[J],《浙江大学学报》,1994 年第 8 卷第 3 期。

160. 张建民:《道势之间——宋儒得君行道的理想与实践》[J],《国学研究》,2011 年第 4 期。

161. 张其凡:《"皇帝与士大夫共治天下"试析——北宋政治架构探微》[J],《暨南学报》(哲学社会科学),2001 年第 23 卷第 6 期。

162. 张瑞雪:《论先秦儒家理想人格的三个层次》[J],长安大学学报(社会科学版),2005 年 9 月第 7 卷第 3 期。

163. 张晓虎:《礼乐文化——制度与思想的双重建构》[J],深圳大学学报(人文社会科学版),2009 年 11 月第 26 卷第 6 期。

164. 张之锋:《孟子笔下的道统与政统》[J],《江淮论坛》,2004 年第 3 期。

165. 张志宏:《儒道"隐逸"思想之比较研究》[J],《理论界》,2012 年 12 期。

166. 张自慧:《古代儒者的人格追求与形象定位》[J],《郑州大学学报》(哲学社会科学版),2005 年第 38 卷第 6 期。

167. 章继光:《杜甫的儒家理想人格与对杜诗的伦理评价》[J],《求索》,1998 年第 4 期。

168. 章义和:《论汉魏六朝的隐逸之风》[J],《探索与争鸣》,1990 年第 1 期。

169. 赵明:《论作为政治哲学的先秦儒学》[J],《山东大学学报》,(哲学社会科学版),2005 年第 3 期。

170. 郑日昌:《当代知识分子的压力及应对》[J],《宁波大学学报》(教育科学版),2006 年第 6 期。

171. 周炽成、潘继恩:《儒家人生理想与中国古代知识分子的人生现实》[J],《华南师范大学学报》(社会科学版),1995 年第 3 期。

172. 周春兰:《论董仲舒的理想人格》[J],《唐都学刊》,2009 年第 25 卷第 6 期。

173. 周桂钿:《"内圣外王"疏》[J],《河北学刊》,2009 年第 29 卷第 5 期。

174. 周桂钿:《儒家民本观》[J],《湖南社会科学》,2009 年第 1 期。

175. 周佳峰:《孔子的"君子"人格理论探析》[J],《长春理工大学学报》(社会科学版),2007 年第 10 卷第 6 期。

176. 周学军:《明亡后江南士大夫的行为选择与价值观念》[J],《探索与争鸣》,1990 年第 2 期。

177. 朱松美:《对朱熹君权制约论的历史性考察》[J],《山东师范大学学报》(人文社会科学版),2004 年第 49 卷第 2 期

178. 朱松美:《孔子道德理想的现实失落》[J],《辽宁大学学报》(哲学社会科学版),2000 年第 28 卷第 5 期。

179. 朱贻庭:《论儒道对世俗功利的超越精神》[J],《道德与文明》,2011 年第 1 期。

180. 诸葛忆兵:《范仲淹与北宋士风演变》[J],《中国人民大学学报》,2006 年第 5 期。

后 记

终于完成了对博士毕业论文的修改与完善，我长出一口气，信步至窗前，发觉已是暮春时节，窗外绿色恣意渲染，窗内我的心绪亦久久起伏难定。往事如昨，过往的光阴凝成我今生永远珍藏的记忆。

师恩难忘！首先感谢导师郭广银教授，我本愚钝，承蒙导师不弃，对我悉心教诲。三年来，导师渊博的学识、严谨的治学之风、高尚的品格都潜移默化地影响着我，激励着我不断地努力学习，加强修养。感谢杨明教授，他风趣的谈吐、儒雅的举止、广博的知识成为课堂独特的风景，谦和的为人处事更添其人格魅力。感谢妙语连珠、激情洋溢的张晓东教授和温文尔雅、柔和甜美的赵华老师，当然还有我们温柔、羞涩的郭良婧老师。正是他们这个亲和不失威严、风趣不失严谨的学术团队三年来辛苦地培养，才有了我们今天的成长；正是他们从选题、提纲修改到论文写作的悉心指导和严格筛查才有了我们今天的成文。

校园情真！南京大学是一所百年名校，浑厚的知识底蕴形成其海纳百川的学术襟怀，历史的沧桑凝练为其虚怀若谷的学术品格。三年来我们浸润在知识的海洋里，亦沐浴在南大温情的关怀中。这种学术品质的滋养蕴发为同学们蓬勃的学术青春和热情。也促使我不断地努力奋进。而今经年已过，在这里我感谢可爱、可敬的同学们，感谢你们以纯真的友谊包容我，以辛勤地学习激励我，以缜密地辩论启发我，愿我们的友谊永驻！

学术无界！感谢学术界的前辈和时贤学者们，我们虽未曾谋面，但你们的学术真知坚固了我的理论基础，启发了我的灵感，加深了我的思考。

还有我现在上海电力学院的领导与同事，他们给了我很大的帮助与关怀，本文付梓之际，得到了上海电力学院社会科学部中国特色社会主义研究中心的资助，特此一并感谢！

最后，我要把感谢给予我的家人。已过而立之年的我原本应处在"一地鸡毛"的生活疲惫中，是他们分揽了属于我的家务，减轻了我的烦扰，才使我得以轻松地投入到学习工作中。这种感激更加强了我的家庭责任感，唯愿能尽职尽责地呵护他们。

曾经的学习、工作与思考凝成我的这本小书，但正如笛卡尔所演示的，知识越多，圆圈越大，圆周与外界空白的接触面也就越大，未知领域也就越多。在该文的写作与修改中，我深深地明白了这个道理，我的论文也许还存在很多不尽如人意的地方，但我将在今后的学习中查缺补漏，严谨、勤奋地继续钻研。

戚卫红

2014 年 5 月